高等职业教育经管专业基础课
我爱MOOC系列新形态一体化教材

经济法

主　编　黄亚宇　李玉民　潘劲松
副主编　欧阳琳　乔　颖　谭　星

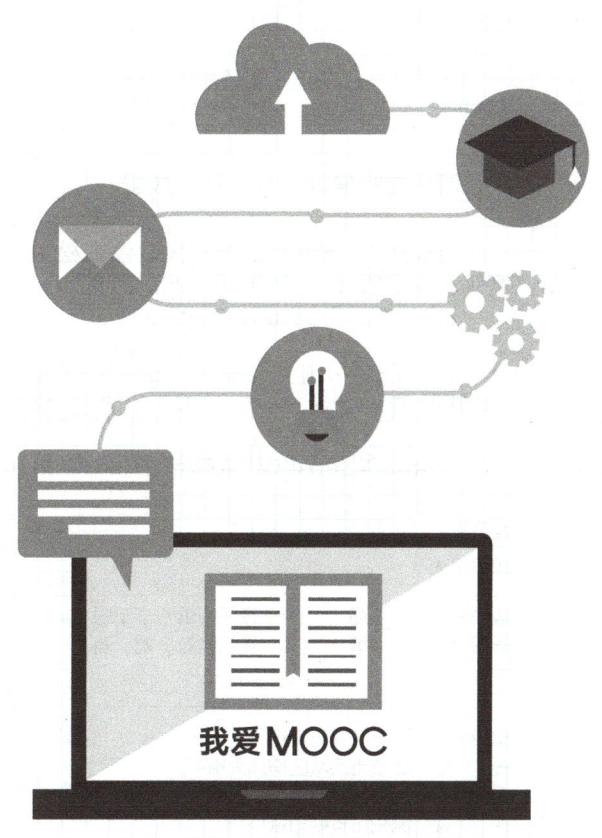

高等教育出版社·北京

内容提要

本教材是高等职业教育经管专业基础课"我爱MOOC"系列新形态一体化教材，省级精品在线开放课程"经济法"配套教材。

本教材以黄亚宇主编主持的省级教学成果奖一等奖获奖成果"SPOC混合式教学模式：高职财经类专业'经济法'课程教学创新与实践"为基础进行编写，并融入了李玉民主编主持的国家级教学成果奖一等奖获奖成果"机电类专业创客型工匠'六创共振'培养模式研究与实践"，将创客教育与经济法教学相融合，"六创共振"培养"崇德向善、德法兼修"的高职创客型财经商贸人才。

本教材编写突出以下鲜明特色：一是以《中华人民共和国民法典》为依据编写教材内容。二是采取"专业经济法通用模块＋学生核心技能实训＋财经商贸类各专业自选模块"的编写体系，其中，财经商贸类专业经济法通用模块包括经济法律概述、合同法律制度、公司法律制度、市场规制法律制度、劳动与社会保险法律制度、经济仲裁与诉讼六部分；学生核心技能实训包括学生模拟创办公司实训、模拟法庭实训、模拟仲裁庭实训三部分；财经商贸类各专业自选模块包括财经法律法规简介、营销法律法规简介、电子商务法律法规简介、金融法律法规简介、国际贸易术语简介五个部分，并融入了国际化视野。三是结合后疫情时代出现的经济法律问题，每个项目均设计了"后疫情时代中的经济法"互动讨论。四是融入了省级课程思政说课比赛作品成果，每个模块都设计了"课程思政"板块。

本书已在智慧职教平台（www.icve.com.cn）和爱课程（中国大学MOOC）平台上建有"经济法"在线开放课程，包括法律微课、视频、动画等丰富数字化资源，并精选优质资源做成二维码标注于教材边白处。此外，本书还配有PPT、习题答案等丰富数字化资源，具体获取方式详见书后"郑重声明"页的资源服务提示。

本书既适用于高职高专财经商贸类各专业学生学习使用，也可以作为自学者和相关从业人员的重要参考用书。

图书在版编目（CIP）数据

经济法 / 黄亚宇，李玉民，潘劲松主编. -- 北京：高等教育出版社，2020.9（2025.1重印）
ISBN 978-7-04-054958-4

Ⅰ．①经… Ⅱ．①黄… ②李… ③潘… Ⅲ．①经济法-中国-高等职业教育-教材 Ⅳ．①D922.29

中国版本图书馆CIP数据核字(2020)第160159号

经济法
JINGJIFA

策划编辑	李聪聪	责任编辑	李聪聪	封面设计	赵 阳	版式设计	杜微言
插图绘制	于 博	责任校对	刘 莉	责任印制	刁 毅		

出版发行	高等教育出版社	网　　址	http://www.hep.edu.cn
社　　址	北京市西城区德外大街4号		http://www.hep.com.cn
邮政编码	100120	网上订购	http://www.hepmall.com.cn
印　　刷	涿州市京南印刷厂		http://www.hepmall.com
开　　本	787 mm×1092 mm　1/16		http://www.hepmall.cn
印　　张	19		
字　　数	370千字	版　　次	2020年9月第1版
购书热线	010-58581118	印　　次	2025年1月第5次印刷
咨询电话	400-810-0598	定　　价	44.80元

本书如有缺页、倒页、脱页等质量问题，请到所购图书销售部门联系调换
版权所有　侵权必究
物 料 号　54958-A0

"智慧职教"服务指南

"智慧职教"是由高等教育出版社建设和运营的职业教育数字教学资源共建共享平台和在线课程教学服务平台,包括职业教育数字化学习中心平台(www.icve.com.cn)、职教云平台(zjy2.icve.com.cn)和云课堂智慧职教App。用户在以下任一平台注册账号,均可登录并使用各个平台。

● 职业教育数字化学习中心平台(www.icve.com.cn):为学习者提供本教材配套课程及资源的浏览服务。

登录中心平台,在首页搜索框中搜索"经济法",找到对应作者主持的课程,加入课程参加学习,即可浏览课程资源。

● 职教云(zjy2.icve.com.cn):帮助任课教师对本教材配套课程进行引用、修改,再发布为个性化课程(SPOC)。

1. 登录职教云,在首页单击"申请教材配套课程服务"按钮,在弹出的申请页面填写相关真实信息,申请开通教材配套课程的调用权限。

2. 开通权限后,单击"新增课程"按钮,根据提示设置要构建的个性化课程的基本信息。

3. 进入个性化课程编辑页面,在"课程设计"中"导入"教材配套课程,并根据教学需要进行修改,再发布为个性化课程。

● 云课堂智慧职教App:帮助任课教师和学生基于新构建的个性化课程开展线上线下混合式、智能化教与学。

1. 在安卓或苹果应用市场,搜索"云课堂智慧职教"App,下载安装。

2. 登录App,任课教师指导学生加入个性化课程,并利用App提供的各类功能,开展课前、课中、课后的教学互动,构建智慧课堂。

"智慧职教"使用帮助及常见问题解答请访问 help.icve.com.cn。

"经济法"课程介绍

主讲人：黄亚宇

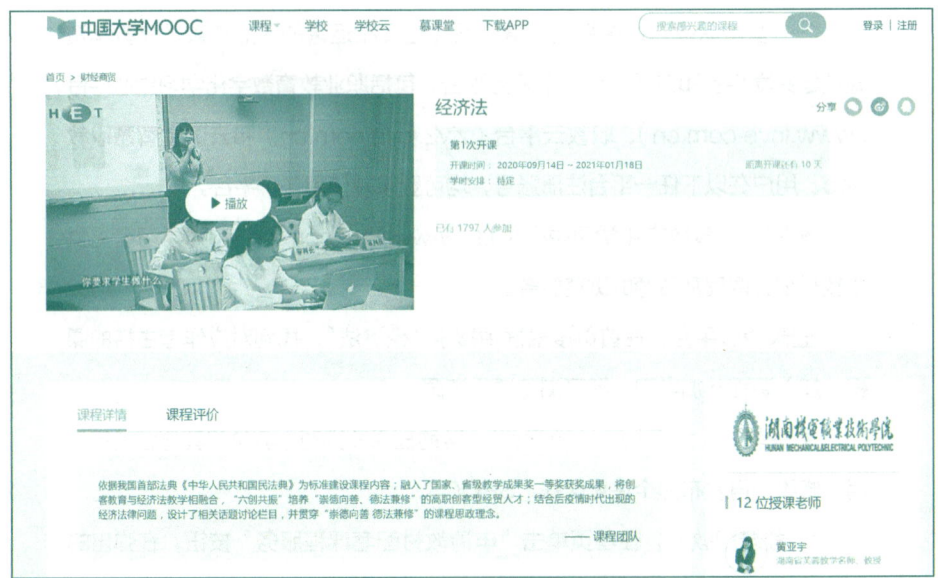

爱课程（www.icourses.cn）

智慧职教（www.icve.com.cn）

主编简介

黄亚宇，教授、律师，全国黄炎培职业教育杰出教师、湖南省芙蓉教学名师、湖南省法学教育研究会副秘书长，省黄炎培职业教育杰出教师、省黄炎培职业教育优秀理论研究奖得主。主持获得省级教学成果奖一等奖1项，主持获得省级教育科学研究优秀成果奖一等奖1项；主持省级名师空间项目结项并获优秀等级、主持省级精品在线开放课程等教学项目。曾以第一主讲身份获得国家级、省级教学竞赛奖励7次；主持全国教育科学规划教育部重点课题、教育部人文社会科学研究项目等10余项科研项目。在《江西社会科学》《湖南社会科学》等期刊上发表论文40余篇，出版专著1本。

李玉民，硕士研究生，教授，湖南机电职业技术学院副校长，湖南"十三五"创客教育研究基地首席研究员，湖南高职创客教育专业委员会副主任委员，机械职业教育专业建设指导委员会委员，主要从事高职创客教育研究。主持国家级教学成果一等奖1项，主持省级教学成果特等奖1项。主持及参与国家级、省部级课题8项，发表论文32篇，出版专著2本。组织学院省级重点项目申报，立项示范特色专业群1个、示范特色专业2个、特色专业2个、生产性实训基地3个、信息化项目4个。

潘劲松，硕士研究生，教授，湖南机电职业技术学院经济贸易学院院长，主要从事高职人文素质课程改革研究。获得省级教学成果二等奖1次，获得省级以上先进奖励3次，指导学生竞赛获得省部级一等奖和二等奖各1次，个人先进事迹被光明网、红网多次报道。在《统计研究》《统计与决策》《湖南师范大学学报》等期刊以独著或第一作者发表论文50余篇，主持省级自然科学研究计划、省级社科基金及省级教研教改等省部级研究项目6项，主要参与省级及以上研究项目10余项，出版专著1部，主编规划教材2本，参编规划教材2本。

前　言

"经济法"课程在财经商贸类专业群中处于专业基础课的地位。本教材作为省级精品在线开放课程"经济法"的配套教材，依据2020年5月28日十三届全国人大三次会议通过，2021年1月1日施行的《中华人民共和国民法典》编写相关内容。以校企合作申报的省级教学成果奖一等奖为建设基础，融入了省级课程思政说课比赛二等奖作品、国家级教学成果奖一等奖获奖成果，将创客教育与经济法教学相融合，以"六创共振"模式培养"崇德向善、德法兼修"的高职创客型财经商贸人才。本教材编写特色如下：

1. 以丰富的数字化课程资源做支撑

本教材对应的教学资源已在爱课程（中国大学MOOC）平台同步上线，网址https：//www.icourse163.org/spoc/course/HNJDZY-1455303164。线上教学平台的课程资源主要包括课程视频、教学课件、教案、作业库、试卷库、资料库、知识拓展、章节习题等。目前，已建有教学视频90个，测试/作业500题，考试题库200题，非视频资源200个，便于学生配合教材进行线上自主学习或者线上线下混合式学习。下一步，教学团队将依托湖南机电职业技术学院提供的视频资源，继续拓展教材微课视频，计划近三年每年增录不少于30个微课视频，并且根据经济法律法规的变化，及时更新教材对应的平台课程资源。

2. 以"崇德向善、德法兼修"为课程思政编写理念

本教材以学生为中心，设计了"财经商贸类专业"职业元素+"德智体美劳"通用元素+"德法兼修"特有元素相结合的课程思政编写体系，并加以教学实践，以期实现"经济法"课程思政与思政课程的同向同行。第一，本教材结合财经商贸类专业人才培养目标，设计了爱岗敬业、诚实守信、廉洁自律、创新能力、客观公正、强化服务等职业元素。第二，本教材在每个项目后面都设计了"后疫情时代中的经济法"栏目，围绕"新型冠状肺炎"引发的一系列经济法律问题组织学生进行互动讨论，培养学生树立正确的人生观、价值观。第三，本教材编写针对相关教学内容，每个教学模块都设计了1~2个"课程思政"话题讨论栏目，旨在提高学生对经济法的认知水平过程中，培养学生的思想道德修养。

3. 以务实的产教融合、校企合作为依托，培养学生的创客素养

编写团队与湖南睿邦律师事务所等企事业单位共同进行教材建设和课程开发。第

一，律师事务所为本教材编写提供了近年来有代表性的经济案件，并且选派业务能手参与课程教学。编写团队利用课程校外实习实训基地，在教材编写中加入了"模拟法庭实训""模拟仲裁庭实训"等实践教学内容。第二，在"思维导图实训"板块，编入了学生思维导图作品。课堂上组织学生分组在黑板上用多种颜色的粉笔，描绘"树枝状"记忆链，在加深学生对知识点记忆的同时，培养学生的创新思维和美育素养。第三，在教材编写中加入了"学生模拟创办公司实训"的实践模块，并依托国家级教学成果奖一等奖获奖成果《机电类专业创客型工匠"六创共振"培养模式研究与实践》，将创客教育与"经济法"课程教学相融合，以"创客学习、创客文化、创客教师、创客课程、创客空间、创客社团"为基础，通过"六创共振"模式培养"崇德向善、德法兼修"的高职创客型经贸人才。

4. 教材编写采取"通用模块＋专业模块＋实训模块"的体系，并融入了国际化视野

本教材编写采用财经商贸类专业经济法通用模块、财经商贸各专业自选模块、学生实训相结合的编写体系。建议教学总课时为48学时，其中，财经商贸类专业通用模块（即项目一到项目六）32学时，学生实训模块（即项目七）6学时，财经商贸类各专业自选模块（即项目八）10学时。第一，财经商贸类专业通用的法律法规包括合同法律制度、公司法律制度、劳动与社会保险法律制度、市场规制法律制度等，各专业自选的法律法规包括财经法律法规、营销法律法规、电子商务法律法规、金融法律法规等，学生技能实训包括模拟创办公司实训、模拟法庭实训、模拟仲裁庭实训等内容。第二，随着高职教育的国际化发展趋势，本教材融入了国际经济交往过程中所必须掌握的经济法律法规，特别设有"跨境电子商务法律实务"和"国际贸易术语简介"模块，为高职教育的国际化发展提供经济法律保障。

本教材编写团队由湖南机电职业技术学院黄亚宇、李玉民、潘劲松、董佳佳、麻之语，湖南商务职业技术学院乔颖、谭星、洪娟、曾碧漪、彭梦雅，湖南财经工业职业技术学院欧阳琳、李皎洁，长沙职业技术学院李儒群，长沙商贸旅游职业技术学院李诗云组成。本教材由黄亚宇、李玉民、潘劲松担任主编，由欧阳琳、乔颖、谭星担任副主编。全书共八个项目，项目一经济法律概述，由黄亚宇编写；项目二合同法律制度，由黄亚宇编写；项目三公司法律制度，模块一和模块二由欧阳琳编写，模块三由李皎洁编写，模块四由黄亚宇编写；项目四市场规制法律制度，由李儒群编写；项目五劳动与社会保险法律制度，由乔颖编写；项目六经济仲裁与诉讼，由曾碧漪编写；项目七学生核心技能实训，模块一和模块二由李玉民编写，模块三由潘劲松编写；项目八财经商贸类各专业经济法规简介，模块一由洪娟编写，模块二由李诗云编写，模块三由谭星编写，模块四由董佳佳编写，模块五由麻之语编写。潘劲松负责全书校对，彭梦雅负责全书"思维导图"

制作，黄亚宇负责全书总纂和最后统稿。教材资源同步在爱课程（中国大学 MOOC）平台上线，由湖南机电职业技术学院教务处冉成科负责平台管理和维护。

由于教学团队水平有限，教材中难免出现不妥之处，恳请读者批评指正。

编 者

2020 年 7 月

目　录

项目一　经济法律概述 ·· 1
　　模块一　法律基础知识 ··· 2
　　模块二　经济法律基础 ··· 10
　　后疫情时代中的经济法 ··· 18
　　同步练习 ··· 18

项目二　合同法律制度 ·· 21
　　模块一　合同的订立 ··· 22
　　模块二　合同的效力 ··· 32
　　模块三　合同履行、合同保全 ··· 38
　　模块四　合同的担保 ··· 43
　　模块五　合同转让、合同终止、合同责任 ··· 54
　　后疫情时代中的经济法 ··· 64
　　同步练习 ··· 65

项目三　公司法律制度 ·· 69
　　模块一　有限责任公司 ··· 70
　　模块二　股份有限公司 ··· 79
　　模块三　公司法其他重要规定 ··· 86
　　模块四　公司破产法律制度 ··· 92
　　后疫情时代中的经济法 ··· 105
　　同步练习 ··· 105

项目四　市场规制法律制度 ··· 109
　　模块一　消费者权益保护法 ··· 110
　　模块二　反不正当竞争法与反垄断法 ··· 120

后疫情时代中的经济法 ·· 133
　　　同步练习 ·· 133

项目五　劳动与社会保险法律制度 ··· 136
　　　模块一　劳动合同法律制度 ·· 137
　　　模块二　社会保险法律制度 ·· 153
　　　后疫情时代中的经济法 ·· 164
　　　同步练习 ·· 165

项目六　经济仲裁与诉讼 ··· 168
　　　模块一　经济仲裁 ·· 169
　　　模块二　民事诉讼 ·· 177
　　　后疫情时代中的经济法 ·· 189
　　　同步练习 ·· 189

项目七　学生核心技能实训 ··· 193
　　　模块一　模拟创办公司实训 ·· 194
　　　模块二　模拟法庭实训 ·· 198
　　　模块三　模拟仲裁庭实训 ·· 204
　　　后疫情时代中的经济法 ·· 213
　　　同步练习 ·· 213

项目八　财经商贸各专业经济法规简介 ······································· 215
　　　模块一　财经法律法规简介 ·· 216
　　　模块二　营销法律法规简介 ·· 235
　　　模块三　电子商务法律法规简介 ·· 251
　　　模块四　金融法律法规简介 ·· 263
　　　模块五　国际贸易术语简介 ·· 275
　　　后疫情时代中的经济法 ·· 285
　　　同步练习 ·· 285

参考文献 ·· 289

项目一

经济法律概述

【知识目标】

- 法的本质、法的特征、法律关系的构成要素、法律渊源、法律责任。
- 经济法的定义，经济法与民法、行政法的区别。
- 代理的概念与种类、表见代理的认定、诉讼时效的种类。

【能力目标】

- 培养学生知法、懂法、守法的能力。
- 培养学生运用所学的经济法知识解决实际问题的能力。

【思政目标】

- 培养学生具有坚定的政治立场、爱国主义精神和浓厚的家国情怀。
- 培养学生自觉维护稳定的社会经济发展秩序。

【学习参考法律法规】

- 《中华人民共和国宪法》
- 《中华人民共和国立法法》
- 《中华人民共和国民法典》

2019年6月1日，甲公司与乙学校签订买卖合同，约定2019年9月1日甲公司向乙学校转让并运送其专门为乙学校制造的一批教学仪器，乙学校货到后即付款。2019年8月20日甲公司所在地发生地震，甲公司办公楼倒塌，该批教学仪器被毁坏，不能按期履行合同。甲公司据此解除了双方的买卖合同。请分析该案例中，法律关系建立的法律事实是什么？双方法律关系终止的法律事实是什么？

【案例启示】
（1）法律事实能够引起法律关系产生、变更、消灭。
（2）行为和事件的区别。

模块一　法律基础知识

一、法律概述

（一）法律的概念

法律是由国家制定或认可，并由国家强制力保证实施的，反映统治阶级意志的规范体系。"法律"一词可从广义、狭义两方面进行理解。狭义的法律专指拥有立法权的国家机关依照立法程序制定和颁布的规范性文件；而广义的法律则指法的整体，即国家制定或认可，并由国家强制力保证实施的各种行为规范的总和。一般把广义上的法律称为法。

（二）法的本质

法是统治阶级意志的体现。法所体现的统治阶级的意志，是由统治阶级的物质生活条件决定的，是社会客观需要的反映。它体现的是统治阶级的整体意志和根本利益，而不是统治阶级每个成员个人意志的简单相加。

（三）法的特征

法作为一种特殊的行为规则和社会规范，不仅具有一般行为规则、社会规范的共性，还具有自己的特征。其特征主要有以下四个方面：

（1）法是通过国家制定或认可而形成的规范。制定或认可，是国家创制法的两种方式，也是统治阶级把自己的意志变为国家意志的两条途径。法是通过国家制定和发布的，但并不是国家发布的任何文件都是法。首先，法是国家发布的规范性文件；其次，法是按照法定的职权和方式制定和发布的，有确定的表现形式。也就是说，法需要通过特定的国家机关、按照特定的方式、表现为特定的法律文件形式，才能成立。

（2）法凭借国家强制力的保证而获得普遍遵行的效力。法的强制性是由国家提供和保证的，因而与一般社会规范的强制性不同。其他社会规范虽然也有一定的强制性，如道德主要依靠社会舆论的强制，习惯受到巨大习惯势力的强制，但这些强制都不同于国家的强制。国家强制力是以国家的强制机构（如军队、警察、法庭、监狱）为后盾，和国家制裁相联系，表现为对违法者采取国家强制措施。法是最具有强制力的规范。

（3）法是确定人们在社会关系中的权利和义务的行为规范。法的主要内容是由规定权利、义务的条文构成的，它通过规定人们在社会关系中的权利、义务来实现统治阶级的意志和要求，维持社会秩序。

（4）法是明确而普遍适用的规范。法具有明确的内容，能使人们预知自己或他人一定行为的法律后果。法具有普遍适用性，凡是在国家权力管辖和法律调整的范围、期限内，对所有社会成员及其活动普遍适用。

随堂练习1-1

下列表述属于法的特征的是（　　）。

A．法是国家制定或认可而形成的规范

B．法凭借国家强制力来保障实施

C．法是确定人们在社会关系中的权利和义务的行为规范

D．法是明确而普遍适用的规范

课程思政1-1

谈谈《民法典》给我们的生活带来了哪些影响？

《民法典》被称为"社会生活的百科全书"，是中华人民共和国第一部以法典命名的法律，在法律体系中居于基础性地位，也是市场经济的基本法。这一民商事领域的基础性、综合性法律和我们每个人息息相关，不论是工作、结婚、生育、继承等人生大事，还是物业服务、饲养动物等生活日常。翻开这部民法典，处处可见对个体自由、尊严、权利的保护，对时代变化的回应，对中华民族精神内涵和价值追求的彰显。《民法典》共7编、1260条，各编依次为总则、物权、合同、人格权、

婚姻家庭、继承、侵权责任，以及附则，于 2021 年 1 月 1 日起正式施行。

思政要点：培养学生依法依规，并能理解中华民族的精神内涵和价值追求。

二、法律关系

（一）法律关系的概念

法律关系是法律规范在调整人们的行为过程中所形成的一种特殊的社会关系，即法律上的权利与义务关系。或者说，法律关系是指被法律规范所调整的权利与义务关系。社会关系是多种多样的，因而调整它的法律规范也是多种多样的，如调整平等主体之间的财产关系和人身关系而形成的法律关系，称为民事法律关系；调整行政管理关系而形成的法律关系，称为行政法律关系；调整国家在对经济活动进行管理过程中所发生的法律关系，称为经济法律关系；调整犯罪与刑罚关系而形成的法律关系，称为刑事法律关系。

微课：民事法律关系

（二）法律关系的构成要素

法律关系是由法律关系的主体、法律关系的内容和法律关系的客体三个要素构成的。缺少其中任何一个要素，都不能构成法律关系。

1. 法律关系的主体

法律关系的主体，即法律关系的参加者，是指参加法律关系，依法享有权利和承担义务的当事人。享有权利的一方为权利人，承担义务的一方为义务人。

（1）自然人。自然人既包括本国公民，也包括居住在一国境内或在境内活动的外国公民和无国籍人。

（2）法人。法人是具有民事权利能力和民事行为能力，依法独立享有民事权利和承担民事义务的组织。《中华人民共和国民法典》（简称《民法典》）将法人分为营利法人、非营利法人和特别法人。其中，营利法人是以取得利润并分配给股东等出资人为目的成立的法人，包括有限责任公司、股份有限公司等；非营利法人是为公益目的或者其他非营利目的成立，不向出资人、设立人或者会员分配所取得利润的法人，包括事业单位、社会团体等；特别法人包括机关法人、农村集体经济组织法人、城镇农村的合作经济组织法人、基层群众性自治组织法人。

（3）非法人组织。非法人组织是不具有法人资格，但是能够依法以自己的名义从事民事活动的组织，包括个人独资企业、合伙企业、不具有法人资格的专业服务机构等。

（4）国家。在特殊情况下，国家可以作为一个整体成为法律关系主体。例如，国家作为主权者是国际公法关系的主体，可以成为对外经济贸易关系中的债权人和债务人；在国内法上，国家可以直接以自己的名义参与国内法律关系。

2. 法律关系的内容

法律关系的内容，是指法律关系主体所享有的权利和承担的义务。权利和义务是相互依存、密不可分的，没有无权利的义务，也没有无义务的权利。权利和义务同时产生，又同时消灭。

（1）权利。权利是指法律关系主体依法享有的权益，表现为权利享有者依照法律规定具有的自主决定作出或者不作出某种行为、要求他人作出或者不作出某种行为的自由。如公民享有继承权，也可以放弃继承。

（2）义务。义务是指法律关系主体依照法律规定所承担的必须作出某种行为或者不得作出某种行为的负担或约束。义务主体以积极的作为方式去履行义务，称为积极义务，如纳税、服兵役等；义务主体以消极的不作为方式去履行义务，称为消极义务，如不得毁坏公共财物，不得侵害他人生命财产安全等。

3. 法律关系的客体

法律关系的客体，是指法律关系主体的权利和义务所共同指向的对象。法律关系的客体主要包括以下几类：

（1）物。物是指可为人们控制的，具有一定经济价值的物质财产。物可以是自然物，如土地、矿藏、水流、森林；也可以是人造物，如建筑物、机器、各种产品等；还可以是财产物品的一般价值表现形式，如货币及有价证券。

（2）行为。行为作为法律关系的客体不是指人们的一切行为，而是指法律关系的主体为达到一定目的所进行的作为（积极行为）或不作为（消极行为），是人的有意识的活动。如在家庭关系中子女得到"抚养教育"的权利、父母得到"赡养扶助"的权利等所指向的对象正是对方的行为。如货物运输合同关系中的客体，是按约定的条件将货物送至指定地点的行为，而不是货物。

（3）人格利益。人格利益是人身权法律关系的客体，也是诸多行政、刑事法律关系的客体。具体包括公民或组织的姓名或者名称，公民的肖像、名誉、尊严，公民的人身、人格和身份等。

（4）智力成果。人类智力活动创造的成果，包括科学著作、文学艺术作品、专利、商标等，是人们脑力活动的产物，称为智力成果。智力成果常成为知识产权法律关系的客体。

知识拓展1-1

《民法典》第127条：法律对数据、网络虚拟财产的保护有规定的，依照其规定。

随堂练习1-2

1. 下列各项中，可以成为法律关系主体的有（　　）。
   A. 某市财政局　　B. 某研究院　　C. 某公司的子公司　　D. 公民陈某
2. 下列各项中，属于法律关系客体的有（　　）。
   A. 经济管理行为　　B. 自然灾害　　C. 智力成果　　D. 战争

（三）法律关系的产生、变更和消灭

引起法律关系变化的原因，是法律事实。所谓法律事实，是指法律规范所规定的，能够引起法律后果即法律关系产生、变更和消灭的客观现象。法律事实根据其是否以权利主体的意志为转移可以分为行为和事件两类。

（1）行为。行为是指以权利主体的意志为转移，能够引起法律后果的法律事实。根据人的行为是否属于表意行为，可以分为法律行为和事实行为两类。①法律行为，即以行为人的意思表示为要素的行为。行为人作出意思表示应当具有相应的行为能力。②事实行为，即与意思表示无关的行为，如创作行为、侵权行为等。由于事实行为通常与表意无关，因此事实行为不受行为人行为能力的影响。

（2）事件。事件指与当事人意志无关，但能够引起法律关系发生、变更和消灭的客观情况。常见的如下：①人的出生与死亡。人的出生与死亡能够引起民事主体资格的产生和消灭，也可能导致人格权的产生和继承的开始等。②自然灾害与意外事件。通常自然灾害等可构成法律上的不可抗力，常成为免除法律责任或消灭法律关系的原因。意外事件可能导致风险或不利后果的法律分配，也可能成为某些法律关系的免责事由。③时间的经过。时间经过可引起一些请求权的发生或消灭。例如，时效的经过，将导致债权的效力受到减损。

随堂练习1-3

指出引起下列法律关系变动的原因：

1. 甲与乙因订立有效合同发生合同关系。
2. 因甲公司对乙公司的侵权行为，甲公司应当对乙公司承担民事赔偿责任。
3. 因发生约定的自然灾害，甲保险公司应对投保人乙公司承担保险责任。
4. 因甲死亡，继承人乙继承了房屋的所有权。

三、法律渊源

法律渊源是指法律规范的效力来源，包括法律规范的创制方式和外部表现形式。我国法律制度在形式上属于成文法，因此，判例不作为我国的法律渊源。根据《中华人民共和国宪法》（简称《宪法》）和《中华人民共和国立法法》（简称《立法法》）的规定，我国的法律渊源主要有以下几类：

（1）宪法。宪法规定了国家的根本制度和根本任务，是国家的根本大法，具有最高的法律效力。它是国家其他法律的立法依据。

（2）法律。法律包括由全国人大制定的基本法律和全国人大常委会制定的除基本法之外的其他法律。它的效力仅次于宪法，是法的重要渊源。此外，全国人民代表大会及其常务委员会所作出的决议或决定，具有规范性内容的，也属于法律的范畴，与法律具有同等效力。

（3）行政法规。行政法规由国务院制定。它的数量远比法律要多，地位次于宪法和法律。

（4）地方性法规。下列主体可以制定地方性法规：省、自治区、直辖市的人民代表大会及其常务委员会；省、自治区人民政府所在地的市和经国务院批准的较大的市的人民代表大会及其常务委员会；经全国人大及其常委会特别授权的经济特区的人民代表大会及其常务委员会。地方性法规在本行政区域内具有法律效力。

（5）规章。规章包括部、委规章和地方政府规章。部、委规章由国务院各部、委制定；地方政府规章由省、自治区、直辖市人民政府，省、自治区人民政府所在地的市人民政府和国务院批准的较大的市以及经济特区市的人民政府制定。

（6）自治条例和单行条例。自治条例和单行条例由民族自治地方的人民代表大会制定。自治条例和单行条例报上一级人大常委会批准后生效。

（7）特别行政区基本法和特别行政区法律。特别行政区基本法是由全国人民代表大会通过，并在特别行政区施行的基本法律。目前，我国有两部基本法即《中华人民共和国香港特别行政区基本法》和《中华人民共和国澳门特别行政区基本法》，以及《中华人民共和国香港特别行政区维护国家安全法》。

（8）国际条约。国际条约是两个或两个以上的国家就政治、经济、贸易、军事、法律、文化等方面的问题确定其相互权利和义务关系的协议。

> **课堂思考 1-1**
>
> 法院的判决能成为我国的法律渊源吗？

随堂练习 1-4

下列规范性文件中，属于法律的是（　　）。
A. 全国人民代表大会常务委员会制定的《中华人民共和国公司法》
B. 国务院制定的《中华人民共和国外汇管理条例》
C. 深圳市人民代表大会制定的《深圳经济特区注册会计师条例》
D. 中国人民银行制定的《人民币银行结算账户管理办法》

四、法律责任

法律责任是指因违反了法定义务或契约义务，或不当行使法律权利、权力所产生的，由行为人承担的不利后果。根据违法行为所违反的法律的性质，通常法律责任可以分为民事责任、行政责任、刑事责任三种。

（一）民事责任

民事责任是指民事法律关系主体因为违反合同义务或法定民事义务，依法应承担的法律责任。根据《民法典》第179条规定，承担民事责任的方式主要有：停止侵害；排除妨碍；消除危险；返还财产；恢复原状；修理、重作、更换；继续履行；赔偿损失；支付违约金；消除影响、恢复名誉；赔礼道歉。承担民事责任的方式，可以单独适用，也可以合并适用。

（二）刑事责任

刑事责任是指行为人因其犯罪行为所必须承担的、由司法机关代表国家所确定的法律后果。产生刑事责任的原因是行为人行为的严重社会危害性、刑事违法性和应受刑罚处罚性。承担刑事责任的形式包括主刑和附加刑。主刑有管制、拘役、有期徒刑、无期徒刑和死刑；附加刑有罚金、剥夺政治权利、没收财产。

（三）行政责任

行政责任是指行政法律关系主体因为违反行政法律或者不履行行政法律义务依法应承担的法律责任。承担行政责任的形式又分为行政处罚和行政处分两种。行政处罚的对象是行政相对人，行政处罚的形式主要有警告、罚款、没收违法所得和非法财物、责令停产停业、暂扣或吊销许可证或执照、行政拘留。行政处分的对象是行政机关工作人员，行政处分的形式有警告、记过、记大过、降级、撤职、开除。

思维导图实训1-1

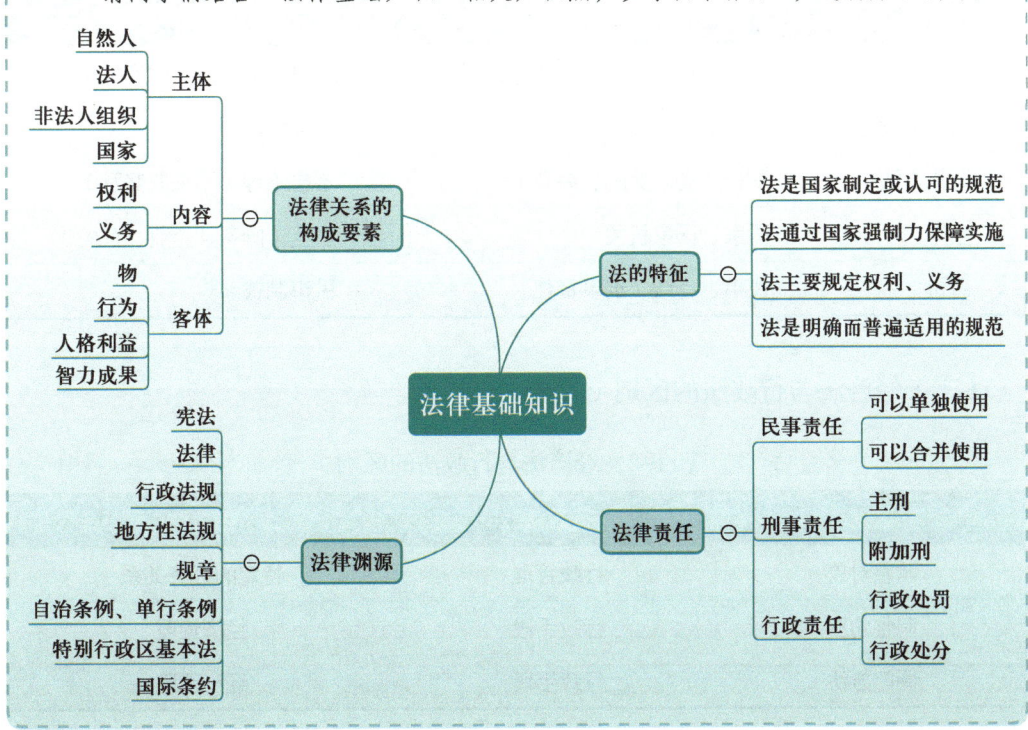

请同学们结合"法律基础知识"相关知识点，参考以下作品①，进行分组训练。

---

① 本教材提到的"作品"，均为编者在一线教学中学生提交的思维导图作品。

模块二 经济法律基础

一、经济法的定义

经济法是指国家在干预和管理经济运行过程中形成的各种经济关系,即特定的经济关系。包括以下经济关系:①经济组织关系,如企业设立、变更、终止发生的管理关系。②市场管理关系,如反不正当竞争、反垄断、产品质量等。③宏观调控关系,如票据、证券、保险、劳动等。④经济监督关系,如经济监控手段、消费者权益保护等。

二、经济法与民法、行政法的区别

(一)经济法与民法的区别(见表1-1)

表1-1 经济法与民法的区别

区别	经济法	民法
调整对象	特定经济法关系(干预、管理)	平等主体人身、财产关系
调整角度	社会经济整体	个体经济角度
调整方法	积极主动(奖励、惩罚)	不告不理(不采取奖励)
主体	国家、国家机关	广泛(国家、企业、公民)
惩罚	民事、行政、刑事责任	民事制裁

(二)经济法与行政法的区别(见表1-2)

表1-2 经济法与行政法的区别

区别	行政法	经济法
调整对象	行政管理	特定的经济关系
调整角度	行政手段	经济管理
调整方法	行政手段	经济手段

 课程思政 1-2

从国家口罩价格谈经济法的重要性

2020年面对新冠疫情，有的商家哄抬口罩价格，大发国难财。为此，国家市场监督管理总局将密切跟踪口罩等防疫用品价格情况，指导督促各级市场监管部门从严、从重、从快查处以口罩为代表的防疫用品相关价格违法行为。

思政要点：培养学生自觉维护稳定的社会经济发展秩序。

三、代理

（一）代理的概念

代理，是指代理人在代理权范围内以被代理人名义与第三人实施的，法律效果直接归属于被代理人的民事法律行为。在代理制度中，代他人为法律行为的人，称为代理人；由他人代替自己行为并承受法律后果的人，称为被代理人（或称本人）。代理行为有以下法律特征：

1. 代理行为是民事法律行为

代理人从事的行为主要包括三类：

（1）民事法律行为。并非所有的民事法律行为都可以代理，某些具有人身性质的民事法律行为不能代理。

（2）民事诉讼。

（3）某些财政、行政行为，如代理专利申请、代理商标注册。

2. 代理人必须是以被代理人的名义进行法律行为

由于代理的任务和目的，就是通过代理人的代理行为，在被代理人与第三人之间设立、变更或者终止某种权利义务关系。这就决定了代理人必须以被代理人的名义为法律行为，而不能以自己的名义为法律行为。

3. 代理人在被代理人授权范围内独立作出意思表示

在代理关系中，代理人之所以能够代替被代理人实施法律行为，就是因为代理人拥有代理权，代理权是代理人代替被代理人实施法律行为的法律依据。同时，代理人虽拥有代理权，也必须在代理权的范围内代替被代理人实施法律行为，不能超越代理权限实施行为，否则属于无权代理。

4. 代理行为产生的法律后果由被代理人承受

代理人在代理权限内所为的代理行为产生的法律后果，直接由被代理人承受。代理人在为代理行为时由于自己的过失所造成的损失，也应由被代理人承担。

下列行为，可以进行代理的是（　　）。
A. 甲代理乙与丙签订买卖合同的行为
B. 丙代理丁的民事案件参加法院通知的开庭行为
C. 丁代表公司董事长王某发表新年贺词的行为
D. 乙代表任课老师黄老师收作业的行为

（二）代理的种类

1. 委托代理

委托代理是代理人根据被代理人的委托授权而产生的代理。委托代理的基础可以是合同关系，也可以是职务关系（销售员），还可以是合伙关系。

2. 法定代理

法定代理是代理人根据法律的规定直接取得代理权的代理。这种代理主要适用无民事行为能力和限制民事行为能力人的活动。法定代理的最突出特点在于，代理权直接根据法律的规定而产生，代理的权限范围也由法律直接规定。

3. 指定代理

指定代理是指根据人民法院或指定机构的指定而产生的代理。通常，对于无法定代理人或法定代理人丧失行为能力的未成年人和其他丧失行为能力人，有权指定机关可以为其指定监护人，由监护人代理他们参与民事活动。

（三）代理权的行使

1. 滥用代理权

滥用代理权，是指代理人行使代理权时，违背代理权的设定宗旨和代理行为的基本准则，有损被代理人利益的行为。滥用代理权包括以下三种类型：①自己代理，即代理人以被代理人的名义与自己实施民事行为。②双方代理，即代理人代理双方或多方当事人进行民事活动。③代理人和第三人恶意串通，进行损害被代理人利益的行为。

2. 无权代理

无权代理，是指没有代理权而实施的代理、超越代理权实施的代理、代理权终止后实施的代理。在无权代理的情况下，只有经过被代理人的追认，被代理人才承担民事责任。未经被代理人追认的行为，由行为人承担民事责任。

（四）表见代理

1. 表见代理的法律规定

《民法典》第172条规定，行为人没有代理权、超越代理权或者代理权终止后，仍然实施代理行为，相对人有理由相信行为人有代理权的，代理行为有效。我国法律设立表见代理制度的目的，在于维护人们对代理制度的信赖，保护善意相对人，保障公平交易。

微课：
表见代理

2. 表见代理的构成要件

表见代理由以下几个部分构成：

（1）行为人无代理权。无代理权是指行为人实施代理行为的时候无代理权或者对于所实施的代理行为无代理权。若代理人拥有代理权，则属于有权代理，不发生表见代理的问题。

（2）有使相对人相信行为人具有代理权的表面要件。如盖有公章的空白合同书、名片、印章、介绍信等足以使相对人误以为行为人具有代理权。

（3）相对人主观上为善意。相对人不知道行为人所实施的行为是无权代理。如果相对人明知他人是无权代理，仍然与其实施民事行为，就失去了法律的保护，也就不能成立表见代理。

（4）行为人与相对人之间所实施的民事行为必须合法有效。即不得违反法律或者社会公共利益等；否则，也不构成表见代理。

3. 表见代理的法律后果

表见代理的法律后果如下：

（1）表见代理成立，订立的合同有效。

（2）被代理人对相对人（善意第三人）要承担民事责任。

（3）代理人对被代理人承担民事赔偿责任。

 随堂练习1-6

甲公司委托业务员张某到某地采购一批等离子电视机，张某到该地后意外发现当地乙公司的液晶电视机很畅销，就用盖有甲公司公章的空白介绍信和空白合同书与乙公司签订了购买200台液晶电视机的合同，并约定货到付款。货到后，甲公司拒绝付款。下列表述正确的有（　　）。

A. 甲公司有权拒绝付款
B. 甲公司应接受货物并向乙公司付款
C. 张某无权代理签订购买液晶电视机合同
D. 若甲公司因该液晶电视机买卖合同受到损失，有权向张某追偿

（五）代理权的消灭

代理关系是根据一定的法律事实而产生的，同样也可以根据相应的法律事实的出现而终止。代理人完成代理使命或出现法律规定的原因后，代理关系终止。

委托代理因下述事实的出现而消灭：①代理期间届满或代理事务完成；②被代理人取消委托或代理人辞去委托；③代理人死亡；④代理人丧失民事行为能力；⑤作为被代理人或代理人的法人终止或解散。

> **课堂思考1-2**
>
> 乙使用伪造的甲公司合同专用章，与善意的丙公司订立合同的行为，是否构成表见代理？订立的合同是否有效？

法定代理或指定代理因以下情况而消灭：①被代理人取得或恢复民事行为能力；②被代理人或代理人死亡或者代理人丧失民事行为能力；③指定代理的人民法院或者指定机关取消指定；④代理人与被代理人之间的监护关系消灭。

四、诉讼时效

（一）诉讼时效的概念和种类

1. 诉讼时效的概念

诉讼时效是指民事权利受到侵害的权利人在法定的时效期间内不行使权利，当时效期间届满时，权利人将失去胜诉权利，即胜诉权利归于消灭。

（1）诉讼时效期间届满并不消灭实体权利。诉讼时效期间的经过，不影响债权人提起诉讼，即不丧失起诉权。债权人起诉后，法院确认诉讼时效届满的情况下，应驳回其诉讼请求，即丧失胜诉权。

（2）诉讼时效具有强制性。

（3）诉讼时效适用于债权请求权，其他请求权（如《民法典》中的物上请求权）不

适用诉讼时效制度。

2. 诉讼时效的种类

诉讼时效的种类如下：

（1）普通诉讼时效为3年。除了法律有特别规定，民事权利适用3年的普通诉讼时效期间，从知道或者应该知道权利受到侵害之日起计算。

（2）长期诉讼时效为4年。《民法典》第594条规定，因国际货物买卖合同和技术进出口合同争议提起诉讼或者申请仲裁的时效期限为4年。

（3）最长诉讼时效为20年。最长诉讼时效自权利侵害"实际发生"之日起计算。

随堂练习1-7

1988年2月8日夜，赵某回家路上被人用木棍从背后击伤。经过长时间的访查，赵某于2007年10月31日掌握确凿证据证明将其打伤的是钱某。赵某要求钱某赔偿的诉讼时效届满日应为（　　）。

A. 1990年2月8日　　　　　　B. 2008年2月8日
C. 2008年10月31日　　　　　D. 2010年10月31日

知识拓展1-2

《民法典》对诉讼时效的特殊规定

第189条：当事人约定同一债务分期履行的，诉讼时效期间自最后一期履行期限届满之日起计算。

第190条：无民事行为能力人或者限制民事行为能力人对其法定代理人的请求权的诉讼时效期间，自该法定代理终止之日起计算。

第191条：未成年人遭受性侵害的损害赔偿请求权的诉讼时效期间，自受害人年满十八周岁之日起计算。

（二）诉讼时效的中止、中断和延长

1. 诉讼时效的中止

（1）诉讼时效中止的事由。诉讼时效中止，指在诉讼时效期间的最后6个月内，因不可抗力或者其他障碍致使权利人不能行使请求权的，诉讼时效期间暂时停止计算。从中止时效的原因消除之日起，诉讼时效期间继续计算。所谓其他障碍包括：

①权利被侵害的无民事行为能力人、限制民事行为能力人没有法定代理人,或者法定代理人死亡、丧失代理权、丧失行为能力;②继承开始后未确定继承人或遗产管理人;③权利人被义务人或其他人控制无法主张权利;④其他导致权利人不能主张权利的客观情形。

(2)诉讼时效中止的时间。①只有在诉讼时效期间的最后 6 个月内发生中止事由,才能中止诉讼时效。②如果在诉讼时效期间的最后 6 个月前发生中止事由,至最后 6 个月时中止事由已消失,则不能中止诉讼时效。③如果在诉讼时效期间的最后 6 个月前发生中止事由,至最后 6 个月时中止事由仍然继续存在,则应在最后 6 个月时中止诉讼时效。

随堂练习 1-8

2018 年 5 月 5 日,甲拒绝向乙支付到期租金,乙忙于事务一直未向甲主张权利。2019 年 8 月,乙因出差遇险无法行使请求权的时间为 20 天。乙请求人民法院保护其权利的诉讼时效期间是(　　)。

A. 自 2018 年 5 月 5 日至 2021 年 5 月 5 日
B. 自 2018 年 5 月 5 日至 2021 年 5 月 25 日
C. 自 2018 年 5 月 5 日至 2020 年 5 月 5 日
D. 自 2018 年 5 月 5 日至 2020 年 5 月 25 日

2. 诉讼时效的中断

诉讼时效的中断是指在诉讼时效期间,当事人提起诉讼、当事人一方提出要求或者同意履行义务,而使已经经过的时效期间全部归于无效。从中断时起,诉讼时效期间重新计算。诉讼时效的中断可以多次进行,但不得超过 20 年的最长诉讼时效。在诉讼时效已过的情况下,如果义务人履行了债务的,则履行有效,不得以不当得利要求返还。如果双方当事人就债务履行达成和解(如延期清偿协议),不应看作诉讼时效的中断,而应视为新的法律关系成立,该法律关系受法律保护。

3. 诉讼时效的延长

诉讼时效的延长是指在诉讼时效期间届满后,权利人基于某种正当理由要求法院根据具体情况延长时效期间,经法院审查确认后决定延长的制度。

表 1-3 为诉讼时效中止与诉讼时效中断的区别。

表 1-3 诉讼时效中止与诉讼时效中断的区别

区别	诉讼时效中止	诉讼时效中断
法定事由	不可抗力或者其他障碍（客观）	起诉、请求、许诺、调解、仲裁（主观）
期间要求	时效期间最后 6 个月内	时效期间的任何时候
法律后果	扣除中止的时间，时效期间继续计算	中断前的时效期间统归无效，时效期间重新计算

思维导图实训 1-2

经济法律基础

请同学们结合"经济法律基础"相关知识点，参考以下作品进行分组训练。

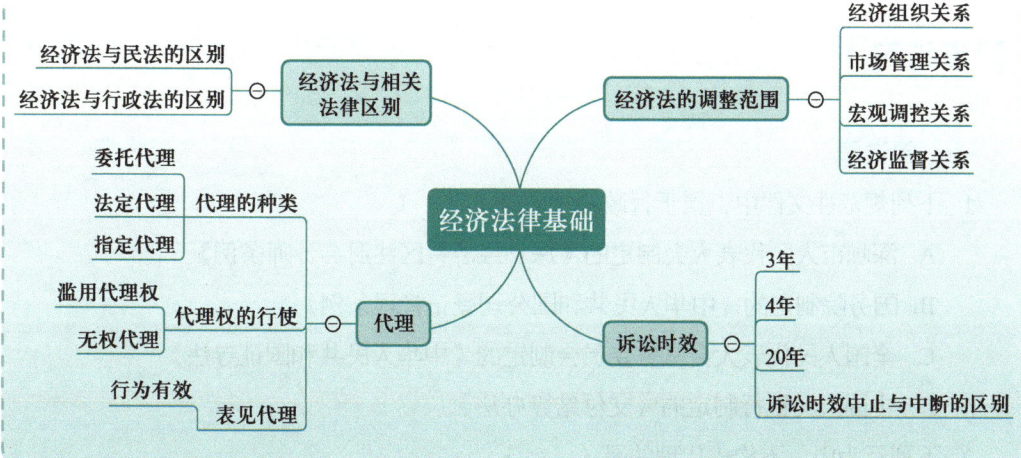

综合案例分析

1. 甲国家机关为举办会议需要向乙单位租借礼堂，双方为此签订了租借合同。但在会议举行日，乙单位因未能腾出礼堂供甲国家机关使用，致使会议不能如期举行。甲国家机关据此解除了与乙单位的租借合同。

请问：本案引起双方法律关系产生和终止的法律事实是什么？

2. 2019 年 7 月 5 日，甲授权乙以甲的名义将甲的一台笔记本电脑出售，价格不得低于 8 000 元。乙的好友丙欲以 6 000 元的价格购买。乙遂对丙说："大家都是好朋友，甲说最低要 8 000 元，但我想 6 000 元卖给你，他肯定也会同意的。"乙遂以甲的名义以 6 000 元将笔记本电脑卖给丙。

请问：本案是否构成表见代理？

【后疫情时代中的经济法】

1. 疫情期间,国家干预和管理口罩的市场价格是否体现了经济法的作用?

【要点提示】 规范了市场秩序,体现了经济法调节、规范、保障市场经济正常运行的作用。

2. 疫情期间,当事人因系肺炎患者、疑似肺炎患者或者被隔离对象等因素不能及时行使请求权的,诉讼时效如何计算?

【要点提示】 在诉讼时效期间最后 6 个月内,因不可抗力不能行使请求权的,诉讼时效中止。在疫情事件构成不可抗力的情形下,当事人可以举证因疫情影响而导致其自身不能及时行使请求权的具体情形,进而请求诉讼时效中止。

【同步练习】

一、单选题

1. 下列规范性文件中,属于行政法规的是（　　）。
   A. 深圳市人民代表大会制定的《深圳经济特区注册会计师条例》
   B. 国务院制定的《中华人民共和国公司登记管理条例》
   C. 全国人民代表大会常务委员会制定的《中华人民共和国证券法》
   D. 中国人民银行制定的《支付结算办法》

2. 下列行为中,不构成代理的是（　　）。
   A. 甲受公司委托,代为处理公司的民事诉讼纠纷
   B. 乙受公司委托,以该公司名义与他人签订买卖合同
   C. 丙受公司委托,代为申请专利
   D. 丁受公司委托,代表公司在宴会上致辞

3. 甲将行李寄存于火车站寄存处,提取时被告知该行李丢失。甲要求寄存处承担赔偿责任的诉讼时效为（　　）。
   A. 1 年　　　　B. 2 年　　　　C. 3 年　　　　D. 4 年

4. 甲向乙借款 1 万元,借款到期后甲分文未还。在诉讼时效期间内发生的下列情形中,不产生时效中断效果的是（　　）。
   A. 乙在大街上碰到甲,甲主动向乙表示将在 3 日内先支付约定的利息
   B. 乙以特快专递发送催款函件给甲,甲签收后未拆封

C. 甲遇到车祸，变成了植物人，且没有法定代理人

D. 乙向人民法院申请支付令

5. 甲、乙双方签订一份修理1台精密设备的合同，由此形成的法律关系客体是（　　）。

  A. 乙方修理的该设备　　　　B. 甲、乙双方

  C. 乙方承接修理设备的劳务行为　D. 甲、乙双方承担的权利和义务

6. 下列各项中不属于法律特征的是（　　）。

  A. 法是通过国家制定或认可而形成的规范

  B. 法凭借国家强制力的保证而获得普遍遵行的效力

  C. 法是确定人们在社会关系中的权利和义务的行为规范

  D. 法体现了统治阶级的意志

二、多选题

1. 以下各项中，可以作为经济法律关系客体的有（　　）。

  A. 医用氧气　　B. 公民的肖像　　C. 经济决策行为　　D. 非专利技术

2. 根据《民法典》规定，下列选项中不属于无效民事行为的有（　　）。

  A. 因乘人之危实施的民事行为

  B. 恶意串通损害第三人利益的民事行为

  C. 所附条件尚未成就的附条件民事行为

  D. 因重大误解而实施的民事行为

3. 下列行为中，不属于代理的是（　　）。

  A. 行纪行为　　B. 居间行为　　C. 代人保管物品　　D. 寄售

4. 下列情形中，属于代理权滥用的是（　　）。

  A. 代理他人与自己进行民事活动

  B. 超越代理权的代理

  C. 代理双方当事人进行同一民事行为

  D. 代理人与第三人恶意串通，损害被代理人的利益

5. 下列情形中，引起诉讼时效中断的有（　　）。

  A. 当事人申请仲裁

  B. 当事人为主张权利而申请宣告义务人失踪或死亡

  C. 义务人作出分期履行的承诺

  D. 双方当事人就债务履行达成和解

6. 下列各项中，属于法律关系主体的有（　　　　）。
   A. 个体工商户　　　　　　　B. 某市人民政府
   C. 某市艺术团　　　　　　　D. 外商投资企业

三、判断题

1. 宪法规定了国家的根本制度和根本任务，是国家的根本大法，具有最高的法律效力。（　）
2. 国务院制定的《中华人民共和国外汇管理条例》属于行政法规。（　）
3. 代理人可以以被代理人的名义与自己实施民事行为。（　）
4. 最长诉讼时效期间为 2 年，从权利被侵害之日起开始计算。（　）
5. 诉讼时效中止只能发生在诉讼时效期间的最后 6 个月内。（　）
6. 法定代理是代理人根据法律的规定直接取得代理权的代理。（　）

项目二
合同法律制度

【知识目标】

- 合同的概念和分类、合同的形式和内容、合同订立的程序、格式条款。
- 合同生效条件、附条件附期限合同、无效合同、效力待定合同、可变更可撤销合同。
- 合同的履行规则，合同履行中的抗辩权、撤销权、代位权。
- 保证、定金、抵押、质押、留置。
- 合同的变更、合同的转让、合同的终止、缔约过失责任、违约责任。

【能力目标】

- 培养学生独立分析并签订合同的能力。
- 培养学生能运用合同法律知识解决合同纠纷的能力。

【思政目标】

- 培养学生诚信、平等、公正、法治、和谐的社会主义核心价值观。
- 提高学生信贷风险意识，引导学生进行理性消费。
- 培养学生自觉维护社会公共利益的责任感。

【学习参考法律法规】

《中华人民共和国民法典》

项目二　合同法律制度

甲企业（本题下称"甲"）向乙企业（本题下称"乙"）发出传真订货，该传真列明了货物的种类、数量、质量、供货时间、交货方式等，并要求乙在10日内报价。乙接受甲发出传真列明的条件并按期报价，亦要求甲在10日内回复；甲按期复电同意其价格，并要求签订书面合同。乙在未签订书面合同的情况下按甲提出的条件发货，甲收货后未提出异议，亦未付货款。后因市场发生变化，该货物价格下降。甲遂向乙提出，由于双方未签订书面合同，买卖关系不能成立，故乙应尽快取回货物。乙不同意甲的意见，要求其偿付货款。随后，乙发现甲放弃其对关联企业的到期债权，并向其关联企业无偿转让财产，可能使自己的货款无法得到清偿，遂向人民法院提起诉讼。

要求：根据上述情况，分析回答下列问题：

（1）试述甲传真订货、乙报价、甲回复报价行为的法律性质。

（2）买卖合同是否成立？并说明理由。

（3）对甲放弃到期债权、无偿转让财产的行为，乙可向人民法院提出何种权利请求，以保护其利益不受侵害？对乙行使该权利的期限，法律有何规定？

【案例启示】

（1）要约与要约邀请的区别。

（2）双方未按约定签订书面合同，但一方已实际履行合同义务，对方亦接受，未及时提出异议，合同是否成立？

（3）撤销权行使的情形、时效。

模块一　合同的订立

一、合同的概念与分类

（一）合同的概念

《民法典》第464条规定：合同是民事主体之间设立、变更、终止民事法律关系的协议。婚姻、收养、监护等有关身份关系的协议，适用有关该身份关系的法律规定；没有规定的，可以根据其性质参照适用本编规定。

合同具有以下法律特征：

（1）合同是双方或多方民事主体实施的一种民事法律行为。合同必须是两个或两个以上的当事人参加，并经协商而达成合意的民事法律行为。合同的各方当事人都需具有相应的民事行为能力，并且意思表示真实，不违反法律、行政法规的强制性规定，不违背公序良俗。

（2）合同以设立、变更或终止民事权利义务关系为目的。作为民事法律行为的合同，其合同当事人的目的就是设立、变更、终止一定的民事权利义务关系。不以设立、变更、终止民事权利义务关系为目的的协议不是合同，如两人达成结伴出游的协议就不是合同。

（3）合同是当事人依法对合同的主要条款达成协议的法律行为。合同是当事人依法对合同的主要条款（并不是一切条款）经过协商一致，达成协议的法律行为。合同当事人可以是自然人，也可以是法人或其他组织。但应当具有民事权力能力与民事行为能力，也可以委托代理人订立合同。

随堂练习 2-1

以下法律关系中属于《民法典》调整的有（　　）。
A. 收养关系　　　B. 婚姻关系　　　C. 房屋租赁关系
D. 劳动合同关系　E. 行政合同关系　F. 商品买卖关系

知识拓展 2-1

合同应遵循的基本原则

根据《民法典》第5条、第6条、第7条、第8条、第9条的规定，合同是当事人之间协商一致的结果，在合同订立、履行以及终止后，当事人要贯彻平等、自愿、公平、诚实守信、守法、公序良俗以及节约资源、保护生态环境等原则。

（二）合同的分类

1. 有名合同、无名合同、准合同

根据在《民法典》合同篇的第二分篇典型合同上有无名称，可分为有名合同、无名合同、准合同。《民法典》合同篇中规定了买卖合同，供用电、水、气、热力合同，赠与合同，借款合同，保证合同，租赁合同，融资租赁合同，保理合同，承揽合同，建设工

程合同，运输合同，技术合同，保管合同，仓储合同，委托合同，物业服务合同，行纪合同，中介合同，合伙合同共19个有名合同。无名合同是指在《民法典》合同篇的第二分篇典型合同中没有赋予具体名称的合同，如借用合同、旅游合同等，对于无名合同只能适用《民法典》合同编的第一分篇通则的一般规则和参照第二分篇典型合同最相类似的规定执行。准合同是指《民法典》合同篇的第三分编中规定的无因管理、不当得利这两种准合同。

2. 单务合同与双务合同

根据是一方负有义务还是双方互负义务，可分为单务合同与双务合同。只有一方当事人负有义务的合同是单务合同，如赠与合同；双方都负有义务的合同是双务合同，如买卖合同、租赁合同。

3. 有偿合同与无偿合同

根据是否支付对价为标准，可分为有偿合同与无偿合同。凡双方当事人都因向对方给付而获得相应利益的合同就叫作有偿合同，如买卖合同；凡向对方给予而不能取得利益的合同就叫作无偿合同，如赠与合同。

4. 诺成合同与实践合同

根据是否以标的物的交付为要件，可分为诺成合同与实践合同。凡双方当事人意思表示一致即可有效的合同就叫作诺成合同，如买卖合同、租赁合同；凡以标的物的交付作为合同有效要件的合同就叫作实践合同，如赠与合同、保管合同。

5. 要式合同与不要式合同

根据是否需要履行特定的形式和手续，可分为要式合同与不要式合同。凡法律规定必须具备一定的形式和手续的合同是要式合同，如房屋买卖合同；凡法律规定不需要具备一定的形式和手续的合同是不要式合同。

6. 主合同与从合同

根据合同能否独立存在，可分为主合同与从合同。能够独立存在的合同是主合同；依附于主合同才能存在的合同是从合同，如保证合同。

二、合同的形式与内容

（一）合同的形式

根据《民法典》第469条第1款规定，当事人订立合同，可以采用书面形式、口头形式或者其他形式。当事人有权自由选择合同的形式，但法律对合同形式有规定的，应当采用法律规定的合同形式。

1. 书面形式

《民法典》第 469 条第 2 款规定，书面形式是合同书、信件、电报、电传、传真等可以有形地表现所载内容的形式。该条第 3 款规定，以电子数据交换、电子邮件等方式能够有形地表现所载内容，并可以随时调取查用的数据电文，视为书面形式。我国法律规定房屋买卖合同、建设工程合同、技术开发合同、涉外合同、涉及金额较大的合同都应当采用书面的形式订立。

2. 口头形式

口头形式的合同是指当事人直接以对话的方式订立的合同。口头合同广泛应用于社会生活的各个领域，与人们的衣食住行密切相关，如在市场买菜、在商店买衣服。

3. 其他形式

合同的其他形式是指采用除书面形式、口头形式以外的方式订立合同的形式，如推定形式和默示形式。

微课：
口头合同的效力

> **课程思政 2-1**
>
> **口头合同应如何举证？**
>
> 《民法典》第 469 条：当事人订立合同，可以采用书面形式、口头形式或者其他形式。
>
> 偷录的录音带只要不侵害他人合法权益或者不违反法律禁止性规定，都可以作为合法的证据使用。侵害他人合法权益，如违反社会公共道德或公共利益侵犯他人隐私；不违反法律禁止性规定，如擅自安装窃听器窃听。其他证据不得视为非法证据。
>
> **思政要点**：侧重于培养学生诚实守信、公平正义的价值观。

（二）合同的内容

合同的内容以合同的条款体现，合同当事人依据合同的条款确定各自享有的权利和承担的义务，并根据合同约定的条款判定其行为是否构成违约行为。根据我国《民法典》第 470 条规定，合同的一般条款包括：①当事人的姓名或者名称和住所；②标的；③数量；④质量；⑤价款或者报酬；⑥履行期限、地点和方式；⑦违约责任；⑧解决争议的方法。不同种类的合同对合同的条款有不同的要求，当事人订立合同时，应根据所订合同的性质确定合同的条款。但是，造成对方人身伤害，以及因故意或者重大过失造成对方财产损失的免责条款无效。

项目二　合同法律制度

微课：
合同订立的
过程

三、合同订立的程序

《民法典》第471条规定，当事人订立合同，可以采取要约、承诺方式或者其他方式。

（一）要约

1. 要约的构成要件

要约是指希望和他人订立合同的意思表示。发出要约的当事人为要约人，接受要约的人为受要约人。有效的要约应符合以下条件：①内容具体确定。此处的"内容具体确定"并不是要求要约具备《民法典》第470条规定的所有条款。根据有关司法解释的规定，当事人对合同是否成立存在争议，法院能够确定当事人名称或姓名、标的和数量的，一般应认定为合同成立。②表明经受要约人承诺，要约人即受该意思表示的约束。

> **课堂思考 2-1**
>
> 以下两个案例是否构成要约？为什么？
>
> 案例一，甲对乙说：我正在考虑卖掉家中祖传红木家具，价格20万元。
>
> 案例二，甲对乙说：我愿意卖掉家中祖传红木家具，价格20万元。

2. 要约邀请

《民法典》第473条规定，要约邀请是希望他人向自己发出要约的表示。拍卖公告、招标公告、招股说明书、债券募集办法、基金招募说明书、商业广告和宣传、寄送的价目表等为要约邀请。商业广告和宣传的内容符合要约条件的，构成要约。要约和要约邀请的区别主要包括以下两点：第一，要约的内容应当具体明确，如果缺少某一主要条款（如数量、价款），则属于要约邀请；第二，要约具有法律约束力，而要约邀请没有法律约束力。

随堂练习 2-2

甲公司7月1日通过报纸发布广告，称其有某型号的计算机出售，每台售价8 000元，随到随购，数量不限，广告有效期至7月30日。乙公司委托王某携带金额16万元的支票于7月28日到甲公司购买计算机，但甲公司称广告所述计算机已全部售完。乙公司为此受到一定的经济损失。根据《民法典》的规定，下列表述正确的是（　　）。

A. 甲公司的广告构成要约，乙公司的行为构成承诺，甲公司不承担违约责任
B. 甲公司的广告构成要约，乙公司的行为构成承诺，甲公司应当承担违约责任
C. 甲公司的广告不构成要约，乙公司的行为不构成承诺，甲公司不承担民事责任
D. 甲公司的广告构成要约，乙公司的行为不构成承诺，甲公司不承担民事责任

3. 要约的生效时间

要约生效的时间适用《民法典》第137条的规定：以对话方式作出的意思表示，相对人知道其内容时生效。以非对话方式作出的意思表示，到达相对人时生效。以非对话方式作出的采用数据电文形式的意思表示，相对人指定特定系统接收数据电文的，该数据电文进入该特定系统时生效；未指定特定系统的，相对人知道或者应当知道该数据电文进入其系统时生效。当事人对采用数据电文形式的意思表示的生效时间另有约定的，按照其约定。

4. 要约的撤回及撤销

要约可以撤回。根据《民法典》第141条规定，行为人可以撤回意思表示。撤回意思表示的通知应当在意思表示到达相对人前或者与意思表示同时到达相对人。

要约可以撤销。根据《民法典》第476条规定，要约可以撤销，但是有下列情形之一的除外：①要约人以确定承诺期限或者其他形式明示要约不可撤销；②受要约人有理由认为要约是不可撤销的，并已经为履行合同做了合理准备工作。《民法典》第477条规定，撤销要约的意思表示以对话方式作出的，该意思表示的内容应当在受要约人作出承诺之前为受要约人所知道；撤销要约的意思表示以非对话方式作出的，应当在受要约人作出承诺之前到达受要约人。

5. 要约的失效

要约失效的情形主要有以下几种：①要约被拒绝；②要约被依法撤销；③承诺期限届满，受要约人未作出承诺；④受要约人对要约的内容作出实质性变更。

随堂练习2-3

甲收集了很多奇石，乙多次想购买，但甲都不同意。但后来甲因急需用钱，便打电话给乙，说愿意以1万元的价格将自己收集的所有奇石转让给乙，乙表示第二天给甲答复，甲同意。下列说法正确的有（　　）。

A. 甲可以将其要约撤回
B. 甲可以撤销其要约
C. 乙如果第二天不作出承诺，要约失败
D. 乙可以提出反要约

（二）承诺

承诺是受要约人同意要约的意思表示。承诺应当以通知的方式作出；但是，根据交易习惯或者要约表明可以通过行为作出承诺的除外。承诺应该由受要约人向要约人作出，并在要约确定的期限内到达要约人。

1. 承诺期限

要约确定了承诺期的，承诺应当在要约确定的期限内到达要约人。要约未确定承诺期限的，以对话方式作出的，应当即时作出承诺，但当事人另有约定的除外；以非对话方式作出的，承诺应当在合理期限内到达。

《民法典》第482条对承诺期限的计算作出了规定，要约以信件或者电报作出的，承诺期限自信件载明的日期或者电报交发之日开始计算。信件未载明日期的，自投寄该信件的邮戳日期开始计算。要约以电话、传真、电子邮件等快速通讯方式作出的，承诺期限自要约到达受要约人时开始计算。

2. 承诺的生效时间

以通知方式作出的承诺，生效的时间适用《民法典》第137条的规定。承诺不需要通知的，根据交易习惯或者要约的要求作出承诺的行为时生效。承诺生效时合同成立，但是法律另有规定或者当事人另有约定的除外。

3. 承诺的撤回

承诺可以撤回。根据《民法典》第141条的规定，行为人可以撤回意思表示。撤回意思表示的通知应当在意思表示到达相对人前或者与意思表示同时到达相对人。

受要约人超过承诺期限发出承诺，或者在承诺期限内发出承诺，按照通常情形不能及时到达要约人的，为新要约；但是，要约人及时通知受要约人该承诺有效的除外。受要约人在承诺期限内发出承诺，按照通常情形能够及时到达要约人，但是因其他原因致使承诺到达要约人时超过承诺期限的，除要约人及时通知受要约人因承诺超过期限不接受该承诺外，该承诺有效。

> **课堂思考 2-2**
>
> 想一想，承诺可以撤回，那承诺能不能撤销呢？

4. 承诺的内容

承诺的内容应当与要约的内容一致。承诺对要约的内容作出实质性变更的，则视为是对原要约的拒绝而作出的一项新的要约。所谓"实质性变更"，是指有关合同标的、数量、质量、价款或者报酬、履行期限、履行地点和方式、违约责任和解决争议方法等的变更。承诺对要约的内容作出非实质性变更的，除要约人及时表示反对或者要约表明承诺不得对要约内容作出任何变更的以外，该承诺有效，合同的内容以承诺的内容为准。

随堂练习 2-4

1. 陈某以信件发出要约，信件未载明承诺开始日期，仅规定承诺期限为10天。5月8日，陈某将信件投入邮箱；邮局将信件加盖5月9日邮戳发出；5月11日，信件送达受要约人李某的办公室；李某因外出，直至5月15日才知悉信件内容。根据《民法典》的规定，该承诺期限的起算日为（　　）。

　　A. 5月8日　　　　B. 5月9日　　　　C. 5月11日　　　　D. 5月15日

2. 甲商场向乙企业发出采购100台电冰箱的要约，乙企业于5月1日寄出承诺信件，5月8日信件寄至甲商场，时逢其总经理外出，5月9日总经理知悉了该信内容，遂于5月10日电话告知乙收到承诺。根据《民法典》的规定，该承诺的生效时间是（　　）。

　　A. 5月1日　　　　B. 5月8日　　　　C. 5月9日　　　　D. 5月10日

四、合同成立的时间、地点

当事人采用合同书形式订立合同的，自当事人均签名、盖章或者按指印时合同成立。在签名、盖章或者按指印之前，当事人一方已经履行主要义务，对方接受时，该合同成立。法律、行政法规规定或者当事人约定合同应当采用书面形式订立，当事人未采用书面形式但是一方已经履行主要义务，对方接受时，该合同成立。《民法典》第491条规定，当事人采用信件、数据电文等形式订立合同要求签订确认书的，签订确认书时合同成立。当事人一方通过互联网等信息网络发布的商品或者服务信息符合要约条件的，对方选择该商品或者服务并提交订单成功时合同成立，但是当事人另有约定的除外。

承诺生效的地点为合同成立的地点。采用数据电文形式订立合同的，收件人的主营业地为合同成立的地点；没有主营业地的，其住所地为合同成立的地点。当事人另有约定的，按照其约定。当事人采用合同书形式订立合同的，最后签名、盖章或者按指印的地点为合同成立的地点，但是当事人另有约定的除外。

知识拓展 2-2

预约合同

《民法典》第 495 条规定，当事人约定在将来一定期限内订立合同的认购书、订购书、预订书等，构成预约合同。当事人一方不履行预约合同约定的订立合同义务的，对方可以请求其承担预约合同的违约责任。

五、格式条款

微课：
格式条款与
霸王条款

格式条款是当事人为了重复使用而预先拟定，并在订立合同时未与对方协商的条款。根据《民法典》第 496 条规定，采用格式条款订立合同的，提供格式条款的一方应当遵循公平原则确定当事人之间的权利和义务，并采取合理的方式提示对方注意免除或者减轻其责任等与对方有重大利害关系的条款，按照对方的要求，对该条款予以说明。提供格式条款的一方未履行提示或者说明义务，致使对方没有注意或者理解与其有重大利害关系的条款的，对方可以主张该条款不成为合同的内容。

知识拓展 2-3

霸王条款

霸王条款是一些经营者单方面制定的逃避法定义务、减免自身责任的不平等格式合同、通知、声明和店堂告示或者行业惯例等，限制消费者权利，严重侵害群众利益。格式条款不一定是霸王条款，而霸王条款往往是格式条款。遇到霸王条款怎样维权？建议保留证据，与商家协商解决，或向市场监管部门反映，也可以拨打 12315 消费者权益保护热线等。

（1）格式条款无效的情形。《民法典》第 497 条规定，有下列情形之一的，该格式条款无效：①格式条款具有《民法典》第一编第六章第三节和本法第 506 条规定的无效情形；②提供格式条款一方不合理地免除或者减轻其责任、加重对方责任、限制对方主要权利；③提供格式条款一方排除对方主要权利。

课程思政 2-2

从身边的格式条款谈合同订立的原则

根据《民法典》规定，缔约当事人在订立合同的过程中应当遵守的原则有：当事人地位平等、自愿、公平、诚实信用、守法、公序良俗以及节约资源、保护生态环境等原则。《民法典》从维护公平、保护弱者出发，对格式条款做出了一些限制性规定。

思政要点：引导学生增强维护社会公共秩序和善良风俗的责任感、使命感。

（2）格式条款的解释规则。对格式条款的解释，应遵循以下规则：①当事人对格式条款的理解发生争议的，应当按照通常理解予以解释。②对格式条款有两种以上解释的，应当作出不利于提供格式条款一方的解释。③格式条款与非格式条款不一致的，应当采用非格式条款。

随堂练习 2-5

根据《民法典》的规定，属于无效格式条款的有（　　）。

A. 有两种以上解释的格式条款

B. 恶意串通损害国家利益的格式条款

C. 损害社会公共利益的格式条款

D. 违反法律强制性规定的格式条款

思维导图实训 2-1

合同的订立

请同学们结合"合同的订立"相关知识点，参考以下作品进行分组训练。

作品名称：《合同的订立》

作者：谭思璐　卜小洁　谭祖香　何花（2016 会计 4 班）

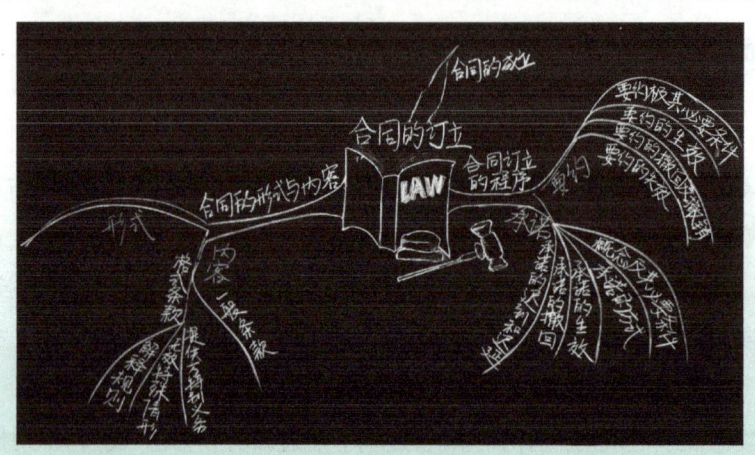

作品名称:《合同的订立》

作者：吴纯利　马甜甜　宋银昆　胡春艳（2016 会计 4 班）

模块二　合同的效力

合同是一种典型的民事法律行为，有关合同有效、无效、可撤销、效力待定等问题，适用《民法典》第一篇第六章第三节，关于民事法律行为效力的规定。

一、合同的生效

合同的生效，是指已经依法成立的合同，发生相应的法律效力。《民法典》根据不同的合同类型，分别规定了不同的合同生效时间。

（1）依法成立的合同，自成立时生效，但是法律另有规定或者当事人另有约定的除外。

（2）依照法律、行政法规的规定，合同应当办理批准等手续的，依照其规定。未办理批准等手续影响合同生效的，不影响合同中履行报批等义务条款以及相关条款的效力。应当办理申请批准等手续的当事人未履行义务的，对方可以请求其承担违反该义务的责任。依照法律、行政法规的规定，合同的变更、转让、解除等情形应当办理批准等手续的，适用此规定。

（3）当事人对合同的效力可以附条件或者附期限。根据《民法典》关于民事法律行为附条件和附期限的规定，民事法律行为可以附条件，但是根据其性质不得附条件的除外。附生效条件的民事法律行为，自条件成就时生效。附解除条件的民事法律行为，自条件成就时失效。附条件的民事法律行为，当事人为自己的利益不正当地阻止条件成就的，视为条件已经成就；不正当地促成条件成就的，视为条件不成就。民事法律行为可以附期限，但是根据其性质不得附期限的除外。附生效期限的民事法律行为，自期限届至时生效。附终止期限的民事法律行为，自期限届满时失效。

随堂练习 2-6

讨论下列合同的生效时间

1. 甲、乙于 6 月 1 日签订水果买卖合同。
2. 甲将一专利技术转让给外商乙，两人于 6 月 1 日签订合同，6 月 2 日报国家专利局审核，国家专利局于 6 月 28 日批准并登记。
3. 甲与乙于 6 月 1 日订立房屋租赁合同，约定若明年甲出国定居的话，乙可搬进来住。
4. 甲与乙于 6 月 1 日订立房屋租赁合同，约定如果甲父死亡，则甲将房屋租给乙居住。

二、无效合同

（一）无效合同的概念

无效合同是指合同虽已成立，但因欠缺不违反法律和社会公共利益的合同生效要件，而自始就不具有法律约束力的合同。无效合同具有以下特征：①合同自始无效。无效合同从订立时起就不具法律约束力，而并非以合同无效原因发现之日起或合同无效原因确认之日起，合同才失去法律效力。②合同绝对无效。无效合同不仅自订立时起无效，而且此后的任何事实都不能使之变为有效。如内容违法，即使履行完毕也不受法律保护。③合同当然无效。无效合同不论当事人是否知道无效，也不论是否经仲裁机构或法院确认，都无效。

（二）合同无效的主要情形

根据《民法典》对民事法律行为效力的规定，有下列情形之一的，为无效民事法律行为：①无民事行为能力人实施的民事法律行为无效。②行为人与相对人以虚假的意思表示实施的民事法律行为无效。③违反法律、行政法规的强制性规定的民事法律行为无效。但是，该强制性规定不导致该民事法律行为无效的除外。④违背公序良俗的民事法律行为无效。⑤行为人与相对人恶意串通，损害他人合法权益的民事法律行为无效。民事法律行为部分无效，不影响其他部分效力的，其他部分仍然有效。

课程思政 2-3

谈谈维护社会公共利益的重要性

遵守法律，尊重公德，不得扰乱社会经济秩序，不得损害社会公共利益，是合同法的重要基本原则。一般来讲，合同的订立和履行，属于合同当事人之间的民事权利义务关系，主要涉及当事人的利益，只要当事人的意思不与强制性规范、社会公共利益和社会公德相抵触，就承认合同的法律效力。

思政启示：引导学生增强维护社会公共利益的责任感。

三、可撤销的合同

可撤销的合同指合同欠缺生效要件，但一方当事人可依照自己的意思使合同的效力归于消灭的合同。

合同一经成立，各方当事人就要全面履行合同，不得随意撤销。根据《民法典》对民事法律行为效力的规定，出现下列情形，经一方当事人请求，法院或者仲裁机构可以判定撤销该行为：①基于重大误解实施的民事法律行为；②一方以欺诈手段，使对方在违背真实意思的情况下实施的民事法律行为；③第三人实施欺诈行为，使一方在违背真实意思的情况下实施的民事法律行为，对方知道或者应当知道该欺诈行为的；④一方或者第三人以胁迫手段，使对方在违背真实意思的情况下实施的民事法律行为；⑤一方利用对方处于危困状态、缺乏判断能力等情形，致使民事法律行为成立时显失公平的。

知识拓展 2-4

"重大误解"与"欺诈"的区别

1. 重大误解，指行为人对行为的性质、对方当事人及标的物的品种、质量、规格、数量等的错误认识，使行为的后果与自己的意思相悖，造成较大损失的意思表示。
2. 欺诈，指当事人一方故意编造虚假情况或者隐瞒真实情况，使对方陷入错误而为违背自己真实意思表示的行为。
3. 两者相比，重大误解是行为人因自己认知水平有限，作出了违背自己真实意愿的行为；欺诈是行为人受到了他人故意欺骗或隐瞒，作出了违背自己真实意愿的行为。

有下列情形之一的，撤销权消灭：①当事人自知道或者应当知道撤销事由之日起1年内、重大误解的当事人自知道或者应当知道撤销事由之日起90日内没有行使撤销权；②当事人受胁迫，自胁迫行为终止之日起1年内没有行使撤销权；③当事人知道撤销事由后明确表示或者以自己的行为表明放弃撤销权。当事人自民事法律行为发生之日起5年内没有行使撤销权的，撤销权消灭。

民事法律行为无效、被撤销或者确定不发生效力后，行为人因该行为取得的财产，应当予以返还；不能返还或者没有必要返还的，应当折价补偿。有过错的一方应当赔偿对方由此所受到的损失；各方都有过错的，应当各自承担相应的责任。法律另有规定的，依照其规定。

> **课堂思考 2-3**
>
> **分析合同效力**
>
> 某手表厂为纪念千禧年特制纪念手表2 000只，每只销售2万元。某广告宣传主要内容为：①纪念表为金表；②纪念表镶有进口钻石。后经证实，该纪念表为镀金表；进口钻石为进口人造钻石，每粒价格为1元，手表的成本为100元。为此，顾客们与该厂发生纠纷。
>
> **请思考**：该合同有无效力？

四、效力待定的合同

效力待定的合同是指合同虽已成立，但因不完全符合合同生效要件，是否发生效力不能确定，须经有权人追认才能生效的合同。根据《民法典》的规定，有下列情形之一的，为效力待定行为：①限制民事行为能力人实施的纯获利益的民事法律行为或者与其年龄、智力、精神健康状况相适应的民事法律行为有效，实施的其他民事法律行为经法定代理人同意或者追认后有效。②行为人没有代理权、超越代理权或者代理权终止后以被代理人名义订立的合同，未经被代理人追认，对被代理人不发生效力，由行为人承担责任，但相对人有理由相信行为人有代理权的，该代理行为有效。无权代理人以被代理人的名义订立合同，被代理人已经开始履行合同义务或者接受相对人履行的，视为对合同的追认。

微课：
效力待定合同

随堂练习 2-7

2018年3月10日甲以其不动产为抵押，与乙签订为期1年的借款合同。2019年2月10日，乙将甲抵押的不动产作为标的与丙签订买卖合同，甲得知后对此表示反对。根据法律的规定，乙、丙所订合同在效力上属于（　　）。

A. 有效合同　　B. 无效合同　　C. 可撤销合同　　D. 效力待定合同

相对人可以催告被代理人自收到通知之日起 30 日内予以追认。被代理人未作表示的，视为拒绝追认。民事法律行为被追认前，善意相对人有撤销的权利。撤销应当以通知的方式作出。法人或者其他组织的法定代表人、负责人超越权限订立的合同，除相对人知道或者应当知道其超越权限的以外，该代表行为有效。当事人超越经营范围订立的合同的效力，应当依照《民法典》总则编第六章第三节民事法律行为效力和合同编的有关规定确定，不得仅以超越经营范围确认合同无效。

随堂练习 2-8

分析下列合同的效力

1. 甲有一子乙，15 岁。一日，乙携家中 1 万元到中关村某计算机交易市场从丙的门市部购买笔记本电脑一部。

2. 甲、乙为朋友，甲有一彩电委托乙保管，乙保管期间，不经甲同意，即以自己的名义与丙订立买卖合同。甲得知后，原谅乙的行为，并告知丙："我同意乙的行为"。

3. 公民甲与房地产开发商乙签订一份商品买卖合同，乙提出，为少交契税建议将部分购房款算作装修费用，甲未表示反对。

4. 甲为一乘客（老烟民，熟知烟的价格），乙为一小商贩。乙在火车车厢叫卖："红塔山香烟，10 元一条。"甲欣然买之。经查，该烟为假烟。

思维导图实训 2-2

合同的效力

请同学们结合"合同的效力"相关知识点，参考以下作品进行分组训练。

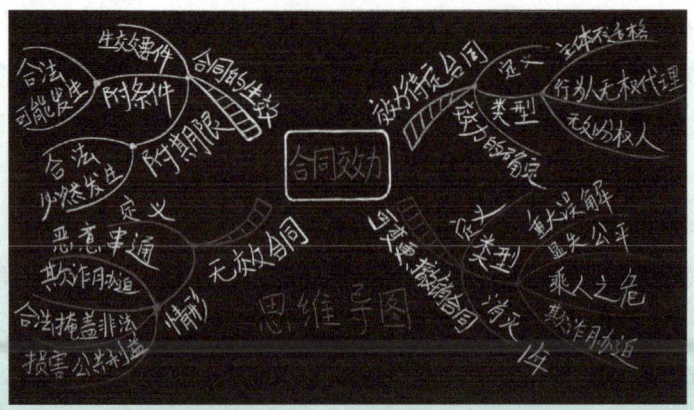

作品名称：《合同的效力》
作者：黄亚宇

模块二　合同的效力

作品名称：《合同的效力》
作者：李月　刘帆　王瑶　胡绣华（2016会计3班）

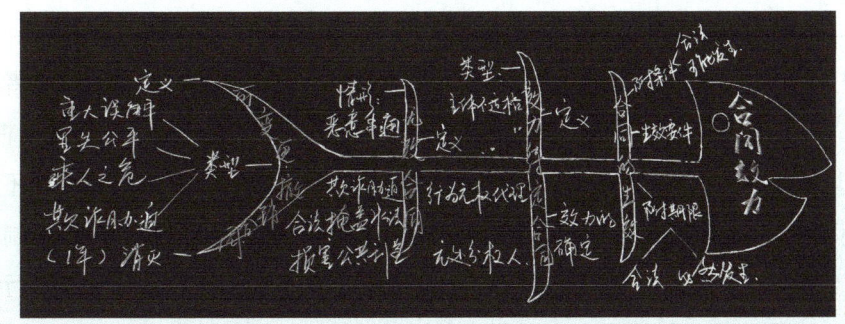

作品名称：《合同的效力》
作者：黄院英　张方敏　尹艳　张敏　黄健平（2016会计2班）

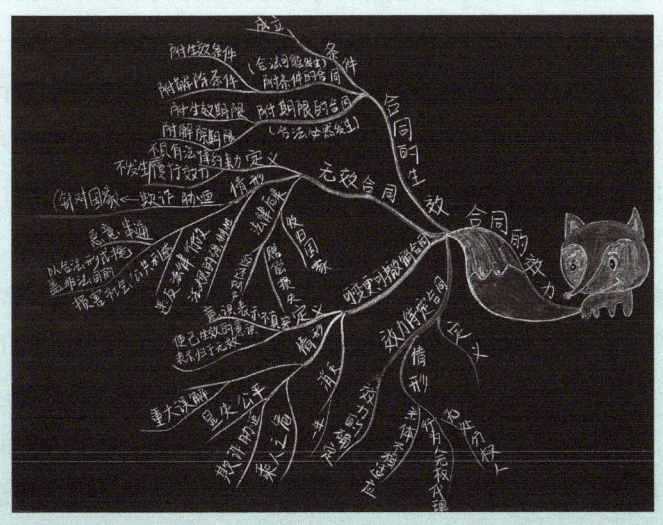

作品名称：《合同的效力》
作者：覃莉　杜欣榕　王谦　吴秘　谌攀芝（2016会计2班）

模块三　合同履行、合同保全

一、合同履行的规则

合同生效后,合同的双方当事人应当正确、适当、全面地完成合同中规定的各项义务,当事人不得因姓名、名称的变更或者法定代表人、负责人、承办人的变动而不履行合同义务。在合同履行中,当事人应该遵循诚实信用原则,根据合同的性质、目的和交易习惯履行通知、协助、保密等义务。当事人在履行合同过程中,应当避免浪费资源、污染环境和破坏生态。

(一)约定不明时合同内容的确定规则

合同生效后,当事人就质量、价款或者报酬、履行地点等内容没有约定或者约定不明确的,可以协议补充;不能达成补充协议的,按照合同有关条款或者交易习惯确定。《民法典》第511条规定,当事人就有关合同内容约定不明确,依据前条规定仍不能确定的,适用下列规定:①质量要求不明确的,按照强制性国家标准履行;没有强制性国家标准的,按照推荐性国家标准履行;没有推荐性国家标准的,按照行业标准履行;没有国家标准、行业标准的,按照通常标准或者符合合同目的的特定标准履行。②价款或者报酬不明确的,按照订立合同时履行地的市场价格履行;依法应当执行政府定价或者政府指导价的,按照规定履行。③履行地点不明确的,给付货币的,在接受货币一方所在地履行;交付不动产的,在不动产所在地履行;其他标的,在履行义务一方所在地履行。④履行期限不明确的,债务人可以随时履行,债权人也可以随时请求履行,但应当给对方必要的准备时间。⑤履行方式不明确的,按照有利于实现合同目的的方式履行。⑥履行费用的负担不明确的,由履行义务一方负担;因债权人原因增加的履行费用,由债权人负担。

《民法典》第512条规定,通过互联网等信息网络订立的电子合同的标的为交付商品并采用快递物流方式交付的,收货人的签收时间为交付时间。电子合同的标的为提供服务的,生成的电子凭证或者实物凭证中载明的时间为提供服务时间;前述凭证没有载明时间或者载明时间与实际提供服务时间不一致的,以实际提供服务的时间为准。电子合同的标的物为采用在线传输方式交付的,合同标的物进入对方当事人指定的特定系统且能够检索识别的时间为交付时间。电子合同当事人对交付商品或者提供服务的方式、时间另有约定的,按照其约定。

知识拓展 2-5

政府指导价

《民法典》第 513 条规定，执行政府定价或者政府指导价的，在合同约定的交付期限内政府价格调整时，按照交付时的价格计价。逾期交付标的物的，遇价格上涨时，按照原价格执行；价格下降时，按照新价格执行。逾期提取标的物或者逾期付款的，遇价格上涨时，按照新价格执行；价格下降时，按照原价格执行。

（二）涉及第三人的合同履行

向第三人履行合同，指债权人将自己所享有的债权转移给第三人，由债务人向该第三人履行债务的合同。当事人约定由债务人向第三人履行债务的，债务人未向第三人履行债务或者履行债务不符合约定，债务人应当向原债权人承担违约责任。法律规定或者当事人约定第三人可以直接请求债务人向其履行债务，第三人未在合理期限内明确拒绝，债务人未向第三人履行债务或者履行债务不符合约定的，第三人可以请求债务人承担违约责任；债务人对债权人的抗辩，可以向第三人主张。

由第三人履行的合同，指债务人将自己的债务转移给第三人，由第三人向债权人履行债务的合同。当事人约定由第三人向债权人履行债务的，第三人不履行债务或者履行债务不符合约定，应当由原债务人向债权人承担违约责任。债务人不履行债务，第三人对履行该债务具有合法利益的，第三人有权向债权人代为履行；但是，根据债务性质、按照当事人约定或者依照法律规定只能由债务人履行的除外。债权人接受第三人履行后，其对债务人的债权转让给第三人，但是债务人和第三人另有约定的除外。

课程思政 2-4

谈谈如何防范合同诈骗

防范合同诈骗的几点建议：①核实对方人员、单位的真实性。②多方搜集信息。厂商们可以利用各种社会关系，搜集不熟悉的交易对象的各种信息，着重获取对方经济实力、履行能力方面的信息。③注意交易过程中的反常现象。④最大限度避免出现人货分离的情况。

思政要点： 侧重于培养学生诚信、友善、和谐的社会主义核心价值观。

微课：
三种抗辩权
的比较

二、合同履行中的抗辩权

合同履行中的抗辩权是指在双务合同中，当事人一方在对方未履行或者不能保证履行合同义务时可以相应地不履行合同的权利。抗辩权包括同时履行抗辩权、后履行抗辩权和不安抗辩权。

（一）同时履行抗辩权

同时履行抗辩权是指合同当事人的债务没有先后履行的顺序时，一方在对方未为对待给付前，可以拒绝对方的履行要求。《民法典》第525条规定，当事人双方互负债务，没有先后履行顺序的，应当同时履行。一方在对方履行之前有权拒绝其履行要求。一方在对方履行债务不符合约定时，有权拒绝其相应的履行要求。

随堂练习 2-9

甲、乙订立一商品买卖合同，约定甲给付乙10吨货物，乙付款100万元。后甲交付了7吨货物，同时请求乙付款100万元。

问：乙应如何行使抗辩权？

（二）后履行抗辩权

后履行抗辩权是在双务合同中应当先履行的一方当事人届期未履行或者不适当履行时，对方当事人享有的不履行或部分履行的权利。《民法典》第526条规定，当事人互负债务，有先后履行顺序，先履行一方未履行的，后履行一方有权拒绝其履行要求。先履行一方履行债务不符合约定的，后履行一方有权拒绝其相应的履行要求。

随堂练习 2-10

1. 甲、乙订有一买卖合同，约定甲于6月1日前交货，乙收到货后1个月内付款。甲于5月8日请求乙付款，乙拒绝。问：乙拒绝的意思是否为行使后履行抗辩权？

2. 若上例中过了6月1日，甲未交货，但要求乙付款，乙称："你必须先交货，我1个月内再付款。"问：乙的主张有无道理？

（三）不安抗辩权

不安抗辩权是指合同当事人双方的债务有先后履行的顺序，依约定应先履行债务的当事人在有确切证据证明对方难以为对待给付并未提供担保之前，有权拒绝对方的履行要求。《民法典》第527条规定，应当先履行债务的当事人，有确切证据证明对方有下列情形之一的，可以中止履行：①经营状况严重恶化；②转移财产、抽逃资金，以逃避债务；③丧失商业信誉；④有丧失或者可能丧失履行债务能力的其他情形。

当事人没有确切证据中止履行的，应当承担违约责任。当事人中止履行的，应当及时通知对方。对方提供适当担保时，应当恢复履行。中止履行后，对方在合理期限内未恢复履行能力且未提供适当担保的，视为以自己的行为表明不履行主要债务，中止履行的一方可以解除合同并可以请求对方承担违约责任。

> **随堂练习 2-11**
>
> 甲与乙订立合同，规定甲应于2019年8月1日交货，乙应于同年8月7日付款。7月月底，甲发现乙财产状况恶化，无支付货款能力，并有确切证据，遂提出中止合同，但乙未同意。基于上述因素，甲于8月1日未按约定交货。
>
> 问：甲未交货是否要承担违约责任？

三、代位权

代位权是指因债务人怠于行使其债权或者与该债权有关的从权利，影响债权人的到期债权实现的，债权人可以向人民法院请求以自己的名义代位行使债务人对相对人的权利，但是该权利专属于债务人自身的除外。

行使代位权应注意以下几点：①债权人对债务人的债权合法有效。②债务人怠于行使其到期债权，给债权人造成损害。债务人的懈怠行为必须是债务人不以诉讼方式或者仲裁方式向次债务人主张其享有的具有金钱给付内容的到期债权。③债务人的债权已到期。根据相关司法解释的规定，债权人在主张代位权时，要求债务人的债权已经到期。④债务人的债权不是专属于债务人自身的债权。即基于扶养关系、抚养关系、赡养关系、继承关系产生的给付请求权和劳动报酬、退休金、养老金、抚恤金、安置费、人寿保险、人身伤害赔偿请求权等权利。⑤代位权的行

微课：
债务人入监服刑，债权人仍可诉请代位权

> **课堂思考 2-4**
>
> 代位权制度对解决现实生活中存在的"三角债"问题有无价值？

使范围以债权人的到期债权为限。债权人行使代位权的必要费用，由债务人负担。相对人对债务人的抗辩，可以向债权人主张。

四、撤销权

撤销权是指债权人对债务人不合理处分财产而造成债权人损害的行为，可以请求人民法院撤销的权利。行使撤销权应注意以下几点：①债务人以放弃其债权、放弃债权担保、无偿转让财产等方式无偿处分财产权益，或者恶意延长其到期债权的履行期限，影响债权人的债权实现的，债权人可以请求人民法院撤销债务人的行为。②债务人以明显不合理的低价转让财产、以明显不合理的高价受让他人财产或者为他人的债务提供担保，影响债权人的债权实现，债务人的相对人知道或者应当知道该情形的，债权人可以请求人民法院撤销债务人的行为。③撤销权的行使范围以债权人的债权为限。债权人行使撤销权的必要费用，由债务人负担。④撤销权自债权人知道或应当知道撤销事由之日起 1 年内行使。自债务人的行为发生之日起 5 年内没有行使撤销权的，该撤销权消灭。⑤债务人影响债权人的债权实现的行为被撤销的，自始没有法律约束力。

微课：
合同保全中的撤销权

> **随堂练习 2-12**
>
> 1. 乙欠甲债 10 万元，到期未还。乙无其他财产，但丙欠乙 10 万元，亦到期。一日，乙对丙发出通知，免除丙的债务，丙不知甲、乙的纠葛。问：甲可否行使撤销权？
>
> 2. 乙欠甲债 10 万元，到期未还。乙的财产仅有一辆汽车，价值 15 万元。一日，乙赠汽车与丙，丙不知甲、乙的纠葛。问：甲可否行使撤销权？
>
> 3. 若例 2 中乙以 3 万元将汽车卖予丙，丙不知甲、乙的纠葛。问：甲可否行使撤销权？

> **思维导图实训 2-3**
>
> 合同履行、合同保全
>
> 请同学们结合"合同履行、合同保全"相关知识点，参考以下作品进行分组训练。

作品名称:《合同的履行》

作者：梁良　唐云　张军霞　陆建秋　唐利婷（2016会计1班）

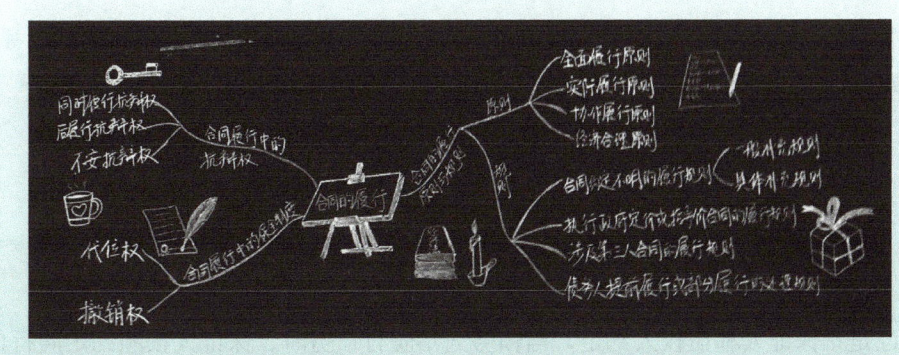

作品名称:《合同的履行》

作者：朱佳　朱清纯　苏彩霞　李雅婷（2016会计4班）

模块四　合同的担保

一、担保的概念

担保是指依照法律规定或者由当事人双方经过协商一致而约定，为保障合同债权实现的法律措施。合同担保的方式包括保证、定金、抵押、质押、留置。其中，抵押、质押、留置的法律规定，参见《民法典》的物权编；保证、定金的法律规定，参见《民法典》的合同编。

担保合同是指债权人与担保人约定的，以《民法典》规定的担保方式担保债权事项的合同。担保合同是主合同的从合同，担保合同的法律效力取决于主合同的法律效力，

微课：
合同担保的
种类

主合同无效,担保合同无效。在主合同有效,担保合同无效的情况下,不影响主合同照常履行,只是使主合同的实现失去了保障。因为,担保合同无效,担保人不再承担担保责任,仅对其在订立担保合同时的过错承担相应的责任。

> **随堂练习 2-13**
>
> 1. 甲欠乙债务 100 万元,丙为保证人,但甲、乙约定将债务变为 80 万元。问:丙的保证责任是多少?
> 2. 甲欠乙债务 100 万元,乙与丙签订抵押合同,以丙的房屋作抵押。后来甲、乙之债务合同被法院宣告无效。问:乙、丙之间的抵押合同有无效力?
> 3. 甲欠乙债务 1 000 万元,甲以自己所有的楼房作抵押,朋友丙以汽车一辆作质押,丁、戊作保证人。后甲如期偿还了乙 1 000 万元。问:本案中甲、乙的抵押合同,丙、乙的质押合同,丁、戊与乙的保证合同,应如何处理?

二、保证

微课:
从背锅侠也要自保谈保证的方式

保证是指保证人和债权人约定,当债务人不履行债务时,保证人按照约定履行债务或者承担责任的行为。《民法典》合同篇对保证合同做出了详细的规定。保证合同是为保障债权的实现,保证人和债权人约定,当债务人不履行到期债务或者发生当事人约定的情形时,保证人履行债务或者承担责任的合同。保证合同是主债权债务合同的从合同。主债权债务合同无效的,保证合同无效,但是法律另有规定的除外。保证合同被确认无效后,债务人、保证人、债权人有过错的,应当根据其过错各自承担相应的民事责任。保证合同的内容一般包括被保证的主债权的种类、数额、债务人履行债务的期限、保证的方式、范围和期间等条款。保证合同可以是单独订立的书面合同,也可以是主债权债务合同中的保证条款。第三人单方以书面形式向债权人作出保证,债权人接受且未提出异议的,保证合同成立。

(一)保证人的资格

保证人是具有代为清偿债务能力的法人、其他组织或者公民。机关法人不得为保证人,但是经国务院批准为使用外国政府或者国际经济组织贷款进行转贷的除外。以公益为目的的非营利法人、非法人组织不得为保证人。

（二）保证方式

《民法典》第 686 条规定，保证的方式包括一般保证和连带责任保证。当事人在保证合同中对保证方式没有约定或者约定不明确的，按照一般保证承担保证责任。

1. 一般保证

一般保证是指当事人在保证合同中约定，当债务人不能履行债务时，保证人承担保证责任的保证。一般保证的保证人对债权人享有先诉抗辩权，即在主合同纠纷未经审判或者仲裁，并就债务人财产依法强制执行仍不能履行债务前，对债权人可以拒绝承担保证责任。有下列情形之一的，保证人不得行使先诉抗辩权：①债务人下落不明，且无财产可供执行；②人民法院已经受理债务人破产案件；③债权人有证据证明债务人的财产不足以履行全部债务或者丧失履行债务能力；④保证人书面表示放弃本款规定的权利。

2. 连带责任保证

连带责任保证是指当事人在保证合同中约定保证人与债务人对债务承担连带责任的保证。连带责任保证的债务人在主合同规定的债务履行期届满没有履行债务的，债权人可要求债务人履行债务，也可以要求保证人在其保证范围内承担保证责任。

保证人可以要求债务人提供反担保。保证人与债权人可以协商订立最高额保证的合同，约定在最高债权额限度内就一定期间连续发生的债权提供保证。

（三）保证责任

1. 保证责任的范围

保证责任的范围包括主债权及利息、违约金、损害赔偿金和实现债权的费用。保证合同另有约定的，按照约定。

2. 保证期间

保证期间是确定保证人承担保证责任的期间，不发生中止、中断和延长。债权人与保证人可以约定保证期间，但是约定的保证期间早于主债务履行期限或者与主债务履行期限同时届满的，视为没有约定；没有约定或者约定不明确的，保证期间为主债务履行期限届满之日起 6 个月。债权人与债务人对主债务履行期限没有约定或者约定不明确的，保证期间自债权人请求债务人履行债务的宽限期届满之日起计算。

3. 保证责任的免除

一般保证的债权人未在保证期间对债务人提起诉讼或者申请仲裁的，保证人不再承担保证责任。连带责任保证的债权人未在保证期间请求保证人承担保证责任的，保证人不再承担保证责任。一般保证的保证人在主债务履行期限届满后，向债权人提供债务人可供执行财产的真实情况，债权人放弃或者怠于行使权利致使该财产不能被执行的，保证人在其提供可供执行财产的价值范围内不再承担保证责任。

4. 主合同的变更

债权人和债务人未经保证人书面同意，协商变更主债权债务合同内容，减轻债务的，保证人仍对变更后的债务承担保证责任；加重债务的，保证人对加重的部分不承担保证责任。债权人和债务人变更主债权债务合同的履行期限，未经保证人书面同意的，保证期间不受影响。

5. 主合同的转让

债权人转让全部或者部分债权，未通知保证人的，该转让对保证人不发生效力。保证人与债权人约定禁止债权转让，债权人未经保证人书面同意转让债权的，保证人对受让人不再承担保证责任。债权人未经保证人书面同意，允许债务人转移全部或者部分债务，保证人对未经其同意转移的债务不再承担保证责任，但是债权人和保证人另有约定的除外。第三人加入债务的，保证人的保证责任不受影响。

随堂练习 2-14

1. 甲欠乙1 000万元，甲以楼房作抵押，丙为保证人。现甲不能偿还债务。楼房拍卖800万元，丙的保证责任是多少？

2. 若例1中，乙放弃对甲的抵押权，丙的保证责任是多少？

3. 若例1中，主债务还未到期，大楼突然被洪水冲走，丙的保证责任是多少？

4. 若例1中，后法院查明甲、乙签订合同时，恶意串通骗取丙的保证金。则丙的保证责任是多少？

课程思政 2-5

谈谈如何防范校园贷

2016年4月，教育部与银监会（现银保监会）联合发布了《关于加强校园不良网络借贷风险防范和教育引导工作的通知》，明确要求各高校建立校园不良网络借贷日常监测机制和实时预警机制，同时，建立校园不良网络借贷应对处置机制。

2017年9月6日，教育部明确发布"取缔校园贷款业务，任何网络贷款机构都不允许向在校大学生发放贷款"。

《民法典》第680条规定，禁止高利放贷，借款的利率不得违反国家有关规定。

思政要点：提高学生信贷风险意识，引导学生进行理性消费。

三、定金

定金是由合同一方当事人预先向对方当事人交付一定数额的货币,以保证合同的订立或履行的担保方式。

(一)定金合同

定金应当以书面形式约定。定金合同从实际交付定金之日起成立。定金的数额由当事人约定,但不得超过主合同标的额的 20%。当事人约定的定金数额超过这一标准的,其超过部分无效。实际交付的定金数额多于或者少于约定数额,视为变更定金合同;收受定金一方提出异议并拒绝接受定金的,定金合同不生效。

(二)定金的效力

《民法典》第 587 条规定,债务人履行债务的,定金应当抵作价款或者收回。给付定金的一方不履行债务或者履行债务不符合约定,致使不能实现合同目的的,无权请求返还定金;收受定金的一方不履行债务或者履行债务不符合约定,致使不能实现合同目的的,应当双倍返还定金。

当事人一方不完全履行合同的,应按照未履行部分所占合同约定内容的比例,适用定金罚则。因当事人一方迟延履行或者有其他违约行为,致使合同目的不能实现,可以适用定金罚则。但法律另有规定或当事人另有约定的除外。因不可抗力、意外事件致使主合同不能履行的,不适用定金罚则。因合同关系以外第三人的过错,致使主合同不能履行的,适用定金罚则。受定金处罚的一方当事人,可以依法向第三人追偿。

四、抵押

抵押权是指为担保债务的履行,债务人或者第三人不转移财产的占有,将该财产抵押给债权人的,债务人不履行到期债务或者发生当事人约定的实现抵押权的情形,债权人有权就该财产优先受偿的权利。债务人或者第三人为抵押人,债权人为抵押权人,提供担保的财产为抵押物。

(一)抵押物

《民法典》第 395 条规定,债务人或者第三人有权处分的下列财产可以抵押:①建筑物和其他土地附着物;②建设用地使用权;③海域使用权;④生产设备、原材料、半成品、产品；⑤正在建造的建筑物、船舶、航空器；⑥交通运输工具；⑦法律、行政法规未禁止抵押的其他财产。抵押人可以将前款所列财产一并抵押。

《民法典》第399条规定，下列财产不得抵押：①土地所有权；②宅基地、自留地、自留山等集体所有土地的使用权，但是法律规定可以抵押的除外；③学校、幼儿园、医疗机构等为公益目的成立的非营利法人的教育设施、医疗卫生设施和其他公益设施；④所有权、使用权不明或者有争议的财产；⑤依法被查封、扣押、监管的财产；⑥法律、行政法规规定不得抵押的其他财产。

（二）抵押登记

（1）必须登记，登记生效。以《民法典》第395条第1款第1项至第3项规定的财产或者第5项规定的正在建造的建筑物抵押的，应当办理抵押登记。抵押权自登记时设立。如果当事人未办理登记，只是抵押权未设立，但不影响抵押合同的生效。抵押合同自签订之日起成立并生效，是否登记不影响抵押合同的生效，只影响抵押权的设立。

> **课堂思考 2-5**
> 甲企业以建设用地使用权作为抵押向乙银行贷款1 000万元，双方4月1日签订了抵押合同，4月10日办理了抵押登记。问：抵押合同的生效日期？抵押权设立的时间？

（2）可以不登记，但登记了可以对抗第三人。当事人以生产设备、原材料、半成品、产品，正在建造的船舶、航空器，交通运输工具设定抵押，抵押权自抵押合同生效时（签订时）设立。但未经登记，不得对抗善意第三人。以动产抵押的，不得对抗正常经营活动中已经支付合理价款并取得抵押财产的买受人。

（三）抵押权的效力

1. 抵押人的权利

（1）占有权。抵押设定后，除法律和合同另有约定以外，抵押人有权继续占有抵押物，并有权取得抵押物的孳息。但是，债务人不履行到期债务致使抵押财产被人民法院依法扣押的，自扣押之日起抵押权人有权收取该抵押财产的天然孳息或者法定孳息，但抵押权人未通知应当清偿法定孳息的义务人的除外。

（2）收益权。如果出租在先，抵押在后，租赁合同在有效期内对抵押物的受让人继续有效；如果抵押权设定在先，出租在后，抵押权实现后，租赁合同对受让人不具有约束力。

（3）处分权。抵押期间，抵押人可以转让抵押财产。当事人另有约定的，按照其约定。抵押财产转让的，抵押权不受影响。抵押人转让抵押财产的，应当及时通知抵押权人。抵押权人能够证明抵押财产转让可能损害抵押权的，可以请求抵押人将转让所得的价款向抵押权人提前清偿债务或者提存。转让的价款超过债权数额的部分归抵押人所有，不足部分由债务人清偿。抵押权不得与债权分离而单独转让或者作为其他债权的担保。债权转让的，担保该债权的抵押权一并转让，但是法律另有规定或者当事人另有约定的除外。

2. 抵押权人的权利

（1）抵押权顺位的变更。抵押权人与抵押人可以协议变更抵押权顺位以及被担保的债权数额等内容。但抵押权的变更未经其他抵押权人书面同意的，不得对其他抵押权人产生不利影响。

（2）放弃抵押权。债务人以自己的财产设定抵押，抵押权人放弃该抵押权、抵押权顺位或者变更抵押权的，其他担保人在抵押权人丧失优先受偿权益的范围内免除担保责任，但是其他担保人承诺仍然提供担保的除外。

随堂练习 2-15

黄河公司以其房屋作抵押，先后向甲银行借款 100 万元，向乙银行借款 300 万元，向丙银行借款 500 万元，并依次办理了抵押登记。后丙银行与甲银行商定交换各自抵押权的顺位，并办理了变更登记，但乙银行并不知情。因黄河公司无力偿还三家银行的到期债务，银行拍卖其房屋，仅得价款 600 万元。根据法律规定，关于三家银行对该价款的分配，下列选项中正确的是（　　）。

A. 甲银行 100 万元、乙银行 300 万元、丙银行 200 万元
B. 甲银行得不到清偿、乙银行 100 万元、丙银行 500 万元
C. 甲银行得不到清偿、乙银行 300 万元、丙银行 300 万元
D. 甲银行 100 万元、乙银行 200 万元、丙银行 300 万元

（四）抵押权的实现

（1）担保物权（抵押、质押、留置）的担保范围包括主债权及利息、违约金、损害赔偿金、保管担保财产和实现担保物权的费用。当事人另有约定的，按照约定。

（2）债务人不履行到期债务时，抵押权人可以与抵押人协议以抵押财产折价或者以拍卖、变卖该抵押财产所得的价款优先受偿。协议损害其他债权人利益的，其他债权人可以在知道或者应当知道撤销事由之日起 1 年内请求人民法院撤销该协议。

（3）抵押物拍卖价款的清偿顺序：①实现抵押权的费用；②主债权的利息；③主债权。《民法典》第416条规定，动产抵押担保的主债权是抵押物的价款，标的物交付后十日内办理抵押登记的，该抵押权人优先于抵押物买受人的其他担保物权人受偿，但是留置权人除外。

（五）物权重合时的清偿顺序

（1）同一财产向两个以上债权人设定抵押时的清偿顺序。

①抵押权已登记的，按照登记的先后顺序清偿；②抵押权已登记的先于未登记的受偿；③抵押权未登记的，按照债权比例清偿。其他可以登记的担保物权，清偿顺序参照适用前款规定。

（2）同一财产既设立抵押权又设立质权的，拍卖、变卖该财产所得的价款按照登记、交付的时间先后确定清偿顺序。

随堂练习2-16

甲向乙借款10万元，并以一台机器作抵押，办理了抵押登记。随后，甲又将该机器质押给丙。丙在占有该机器期间，将其交给丁修理，因拖欠修理费而被丁留置。根据《民法典》规定，下列表述中，正确的是（　　）。

A. 乙优先于丙受偿　　　　B. 丙优先于丁受偿
C. 丁优先于乙受偿　　　　D. 丙优先于乙受偿

知识拓展2-6

最高额抵押

《民法典》第420条规定，为担保债务的履行，债务人或者第三人对一定期间内将要连续发生的债权提供担保财产的，债务人不履行到期债务或者发生当事人约定的实现抵押权的情形，抵押权人有权在最高债权额限度内就该担保财产优先受偿。

五、质押

质权也称质押权，是指为担保债务的履行，债务人或者第三人以其动产、权利作为出质标的，由债权人占有，债务人不履行到期债务或者发生当事人约定的实现质权的情形时，债权人有权就该标的优先受偿的权利。债务人或者第三人为出质人，债权人为质权人，提供担保的财产为质押财产。法律、行政法规禁止转让的动产不得出质。

（一）动产质押

（1）质权自出质人交付质押财产时设立。出质人以间接占有的财产出质的，书面通知送达占有人时视为移交。

（2）质权人在质权存续期间，未经出质人同意，擅自使用、处分质押财产，给出质人造成损害的，应当承担赔偿责任。质权人负有妥善保管质押财产的义务；因保管不善致使质押财产毁损、灭失的，应当承担赔偿责任。质权人的行为可能使质押财产毁损、灭失的，出质人可以请求质权人将质押财产提存，或者请求提前清偿债务并返还质押财产。质权人在质权存续期间，未经出质人同意转质，造成质押财产毁损、灭失的，应当承担赔偿责任。

（3）动产质押设立后，在主债务清偿以前，质权人有权占有质物，并有权收取质物所生的孳息，孳息应当先充抵收取孳息的费用。质权人收取孳息，并非取得孳息的所有权，而是将孳息作为质押标的。

（4）质权人可以放弃质权。债务人以自己的财产出质，质权人放弃该质权的，其他担保人在质权人丧失优先受偿权益的范围内免除担保责任，但是其他担保人承诺仍然提供担保的除外。

（5）质权因质物灭失而消灭。因灭失所得的赔偿金，应当作为出质财产。

（6）出质人与质权人可以协议设立最高额质权。

随堂练习 2-17

10月5日甲向乙借款1 000元，同时签订了一份质押合同，约定甲于10月8日将一头母牛作为质物交付给乙，甲如期交付。12月6日，母牛生下一头小牛。下列表述中正确的是（　　）。

A. 质押合同的生效时间为10月5日
B. 质权的设立时间为10月8日
C. 小牛应归乙所有
D. 小牛应归甲所有，但可作为质权的标的

（二）权利质权

权利质权是以可转让的权利为标的物的质权。作为权利质权标的物的权利必须是可让与、不违背质权移转占有性质的财产权。债务人或者第三人有权处分的下列权利可以出质：①汇票、支票、本票；②债券、存款单；③仓单、提单；④可以转让的基金份额、股权；⑤可以转让的注册商标专用权、专利权、著作权等知识产权中的财产权；⑥现有的以及将有的应收账款；⑦法律、行政法规规定可以出质的其他财产权利。

物权变动见表 2-1。

表 2-1 物权变动

类型	情形	物权变动
动产	一般动产的所有权	交付生效
	船舶、航空器、机动车的所有权	交付生效、登记对抗
	动产的抵押权	登记对抗
	动产的质权	交付生效
不动产	房屋的所有权	登记生效
	房屋的抵押权	登记生效
	建设用地使用权的取得	登记生效
	建设用地使用权的抵押	登记生效
	土地承包经营权	登记对抗
	地役权	登记对抗
	宅基地使用权	登记对抗
权利	基金份额、股权的质押	登记生效
	知识产权的质押	登记生效
	应收账款的质押	登记生效
	票据、债权、存单、提单的质押	交付（登记）生效

六、留置

微课：留置

留置权是指在债务人不履行到期债务时，债权人可以留置已经合法占有的债务人的财产，并就该动产优先受偿的权利。债权人为留置权人，占有的动产为留置财产。留置权属于法定的担保物权。留置权只有在符合法律规定的条件时产生，并非依当事人约定产生，但当事人可以通过合同约定排除留置权的适用。

（一）留置权的善意取得

如果债权人合法占有债务人交付的动产时，不知债务人无处分该动产的权利，债权人仍可以行使留置权。

（二）留置权的适用范围

（1）债权人留置的动产，应与债权属于同一法律关系，但企业之间留置的除外。留置财产为可分物的，留置财产的价值应当相当于债务的金额。留置权的适用范围不再局限于特定的合同关系，不当得利、无因管理等准合同关系也可以产生留置权。在承揽合同、运输合同、保管合同、仓储合同、行纪合同中可以产生留置权。

（2）对于企业之间留置权的行使，可以不以同一债权债务关系为要件。

（三）留置权的效力

（1）留置权人负有妥善保管留置财产的义务；因保管不善致使留置财产毁损、灭失的，应当承担赔偿责任。

（2）留置权的效力还及于从物、孳息和代位物。质权、留置权的效力及于孳息，但抵押权一般不及于孳息。只有债务人不履行到期债务致使抵押财产被人民法院依法扣押的，自扣押之日起抵押权人才有权收取该抵押财产的天然孳息或者法定孳息。

（3）同一动产上已设立抵押权或者质权，该动产又被留置，留置权人优先受偿。

（四）留置权的行使

（1）留置标的物。留置权人与债务人应当约定留置财产后的债务履行期限；没有约定或者约定不明确的，留置权人应当给债务人60日以上履行债务的期限，但是鲜活易腐等不易保管的动产除外。

（2）优先受偿。债务人超过规定的期限仍不履行其债务时，留置权人可依法以留置物折价或拍卖、变卖所得价款优先受偿。

（五）留置权的消灭

留置权人对留置财产丧失占有或者留置权人接受债务人另行提供担保的，留置权消灭。

随堂练习 2-18

甲从乙处偷来一台电视机，因故障送至丙处修理。丙不知该电视机为赃物，将该电视修好后，甲迟迟不支付修理费。在丙占有该电视机期间，该电视机被丁偷走。根据法律规定，下列表述正确的有（　　）。

A. 在丙占有该电视机期间，丙对该电视机不享有留置权
B. 在丙占有该电视机期间，丙对该电视机享有留置权
C. 丙对丁不享有占有返还请求权
D. 丙对丁享有占有返还请求权

思维导图实训 2-4

合同的担保

请同学们结合"合同的担保"相关知识点，参考以下作品进行分组训练。

作品名称：《合同的担保》
作者：温莎　廖雅媛　彭珏　龚桂莲　陈凤（2016 会计 1 班）

模块五　合同转让、合同终止、合同责任

一、合同的变更

《民法典》所称合同的变更是指合同内容的变更，不包括合同主体的变更。合同主体

的变更属于合同的转让。

合同是双方当事人合意的体现，因此经当事人协商一致，可以变更合同。但法律、行政法规规定变更合同应当办理批准、登记等手续的，应当办理相应手续。《民法典》第544条规定，当事人对合同变更的内容约定不明确的，推定为未变更。除了双方通过合意变更合同外，还存在法定变更的情形，即一方当事人单方通知对方变更合同的权利。合同的变更，除当事人另有约定的以外，仅对变更后未履行的部分有效，对已履行的部分无溯及力。

知识拓展 2-7

合同法定变更的情形

1.《民法典》第777条：定作人中途变更承揽工作的要求，造成承揽人损失的，应当赔偿损失。

2.《民法典》第829条：在承运人将货物交付收货人之前，托运人可以要求承运人中止运输、返还货物、变更到达地或者将货物交给其他收货人，但是应当赔偿承运人因此受到的损失。

二、合同的转让

合同的转让，即合同主体的改变，是指当事人将合同的权利和义务全部或部分转让给第三人。合同转让包括债权转让、债务转移和债权债务的概括转让。

（一）债权转让

债权转让指债权人通过合同将其债权全部或部分转让给第三人的行为。债权人可以将合同的权利全部或者部分转让给第三人，但有下列情形之一的除外：①根据债权性质不得转让，如出版合同、赠与合同、委托合同等。②按照当事人约定不得转让。③依照法律规定不得转让。如企业被宣告破产后，破产企业不得将其债权转让给第三人，以免损害其债权人的利益。当事人约定非金钱债权不得转让的，不得对抗善意第三人。当事人约定金钱债权不得转让的，不得对抗第三人。

债权人转让权利需要注意以下几点：①债权人转让权利，不需要经债务人同意，但应当通知债务人。未经通知，该转让对债务人不发生效力。债权转让的通知不得撤销，但是经受让人同意的除外。②债权人转让权利的，受让人同时取得与主债权有关的从权

微课：
债权转让惹纠纷，不交清余款限水电

利（如抵押权、质权）。受让人取得从权利不因该从权利未办理转移登记手续或者未转移占有而受到影响。③债务人接到转让通知后，对让与人的抗辩（如债权无效）可以向受让人主张。④有下列情形之一的，债务人可以向受让人主张抵销：债务人接到债权转让通知时，债务人对让与人享有债权，且债务人的债权先于转让的债权到期或者同时到期；债务人的债权与转让的债权是基于同一合同产生。⑤因债权转让增加的履行费用，由让与人负担。

随堂练习 2-19

甲对乙享有 10 万元的合同债权，该债权具有可转让性，甲将其债权转让给丙。根据合同法律制度的规定，下列表述中，正确的是（   ）。
A. 如甲未取得乙的同意，甲与丙之间的债权转让协议无效
B. 如甲未通知乙，甲与丙之间的债权转让协议无效
C. 如甲未通知乙，甲与丙之间的债权转让协议有效，但对乙不发生效力
D. 如甲未通知乙，甲与丙之间的债权转让协议有效，协议对甲、乙、丙均发生效力

（二）债务转移

债务转移指当事人将依据合同应当承担的义务全部或者部分转移给第三人。债务人将合同的义务全部或者部分转移给第三人的，应当经债权人同意。债务人或者第三人可以催告债权人在合理期限内予以同意，债权人未作表示的，视为不同意。《民法典》第552条规定，第三人与债务人约定加入债务并通知债权人，或者第三人向债权人表示愿意加入债务，债权人未在合理期限内明确拒绝的，债权人可以请求第三人在其愿意承担的债务范围内和债务人承担连带债务。债务人转移债务的，新债务人可以主张原债务人对债权人的抗辩。原债务人对债权人享有债权的，新债务人不得向债权人主张抵销。债务人转移债务的，新债务人应当承担与主债务有关的从债务，但该从债务专属于原债务人自身的除外。

（三）概括转让

概括转让指当事人将自己在合同中的权利和义务一并转让给第三人的行为。在概括转让的情形下，当事人一方将自己在合同中的权利和义务一并转让给第三人，须经对方同意。合同的转让，法律、行政法规规定应该办理批准、登记等手续的，依照其规定。

三、合同的终止

合同的终止,是指因发生法律规定或当事人约定的情况,使当事人之间的权利义务关系消灭,而使合同终止法律效力。债权债务终止后,当事人应当遵循诚信等原则,根据交易习惯履行通知、协助、保密、旧物回收等义务。债权债务终止时,债权的从权利同时消灭,但是法律另有规定或者当事人另有约定的除外。

根据《民法典》的规定,导致合同终止的原因如下:

(1)债务已经按照约定履行。

(2)合同解除。

① 约定解除。双方在订立合同时,约定了合同当事人一方解除合同的条件。一旦该条件成就,解除权人就可以通过行使解除权而终止合同。

② 协商解除。合同订立后,经当事人协商一致,也可以解除合同。

③ 法定解除。法定解除的情形:A.因不可抗力致使不能实现合同目的;B.在履行期限届满之前,当事人一方明确表示或者以自己的行为表明不履行主要债务;C.当事人一方迟延履行主要债务,经催告后在合理期限内仍未履行;D.当事人一方迟延履行债务或者有其他违约行为致使不能实现合同目的;E.法律规定的其他情形。以持续履行的债务为内容的不定期合同,当事人可以随时解除合同,但是应当在合理期限之前通知对方。

当事人一方主张解除合同时,应当通知对方,合同自通知到达对方时解除。对方有异议的,可以请求人民法院或者仲裁机构确认解除合同的效力。通知载明债务人在一定期限内不履行债务则合同自动解除,债务人在该期限内未履行债务的,合同自通知载明的期限届满时解除。对方对解除合同有异议的,任何一方当事人均可以请求人民法院或者仲裁机构确认解除行为的效力。当事人一方未通知对方,直接以提起诉讼或者申请仲裁的方式依法主张解除合同,人民法院或者仲裁机构确认该主张的,合同自起诉状副本或者仲裁申请书副本送达对方时解除。

合同解除后,尚未履行的,终止履行;已经履行的,根据履行情况和合同性质,当事人可以要求恢复原状、采取其他补救措施,并要求赔偿损失。合同因违约解除的,解除权人可以请求违约方承担违约责任,但是当事人另有约定的除外。主合同解除后,担保人对债务人应当承担的民事责任仍应当承担担保责任,但是担保合同另有约定的除外。合同的解除不影响合同中结算和清理条款的效力。

随堂练习 2-20

甲与乙签订了一份买卖合同，约定甲将其收藏的一幅名画以20万元卖给乙。其后，甲将其对乙的20万元债权转让给丙并通知了乙。甲将名画依约交付给乙前，该画因不可抗力灭失。根据《民法典》的规定，正确的有（　　）。

A. 乙对甲主张解除合同，并拒绝丙的给付请求
B. 乙对甲主张解除合同，但不得拒绝丙的给付请求
C. 乙不得对甲主张解除合同，但可以拒绝丙的给付请求
D. 乙不得对甲主张解除合同，也不得拒绝丙的给付请求

课程思政 2-6

合同解除就不用还债了吗？

合同解除权不可以滥用。合同解除后，尚未履行的，终止履行；已经履行的，根据履行情况和合同性质，可以要求恢复原状、采取其他补救措施，并有权要求赔偿损失。

思政要点：培养学生诚实守信的人生观、价值观。

（3）债务抵销。债务抵销包括法定抵销和约定抵销两种形式：①法定抵销，指当事人互负到期债务，债务标的物种类、品质相同的，任何一方均可主张抵销。当事人主张抵销的，应当通知对方。通知自到达对方时生效。抵销不得附条件或者附期限。②约定抵销，指当事人互负债务，标的物种类、品质不相同的，经双方协商一致，也可以抵销。

（4）标的物提存。提存是指因债权人的原因而无法向债权人给付债之标的物时，债务人可以将该标的物提交给提存机关而使合同权利义务关系终止的行为。债务人将标的物或者将标的物依法拍卖、变卖所得价款交付提存部门时，提存成立。提存成立的，视为债务人在其提存范围内已经交付标的物。标的物提存后，债务人应当及时通知债权人或者债权人的继承人、遗产管理人、监护人、财产代管人。

《民法典》第570条规定，有下列情形之一，难以履行债务的，债务人可以将标的物提存：①债权人无正当理由拒绝受领；②债权人下落不明；③债权人死亡未确定继承人、遗产管理人，或者丧失民事行为能力未确定监护人；④法律规定的其他情形。标的物不适于提存或者提存费用过高的，债务人依法可以拍卖或者变卖标的物，提存所得的价款。

提存的法律效力如下：①毁损、灭失的风险由债权人承担；②标的物的孳息归债权人所有；③提存费用由债权人负担。④债权人可以随时领取提存物。但是，债权人对债务人

负有到期债务的,在债权人未履行债务或者提供担保之前,提存部门根据债务人的要求应当拒绝其领取提存物。债权人领取提存物的权利,自提存之日起 5 年内不行使而消灭,提存物扣除提存费用后归国家所有。但是,债权人未履行对债务人的到期债务,或者债权人向提存部门书面表示放弃领取提存物权利的,债务人负担提存费用后有权取回提存物。

随堂练习 2-21

甲与乙签订销售空调 100 台的合同,但当甲向乙交付时,乙以空调市场疲软为由,拒绝受领,要求甲返还货款。根据《民法典》的规定,下列选项正确的是(   )。

A. 甲可以向有关部门提存这批空调

B. 空调在向当地公证机关提存后,因遇火灾烧毁 5 台,其损失应由甲承担

C. 提存费用应由乙支付

D. 若自提存之日起 5 年内乙不领取空调,则归甲所有

(5)债务免除。债务免除是指债权人放弃部分或全部债权,免除债务人部分或者全部债务的一种单方法律行为。债权人免除债务人部分或者全部债务的,合同的权利义务部分或者全部终止,但是债务人在合理期限内拒绝的除外。

(6)混同。混同是指债权人和债务人同归于一人,从而使合同关系消灭。债权和债务同归于一人的,合同的权利义务终止,但涉及第三人利益的除外。

(7)法律规定或者当事人约定终止的其他情形。

四、缔约过失责任

缔约过失责任,是指当事人在订立合同过程中由于过错违反先合同义务(通知、协助、保密等)而依法应当承担的民事责任。《民法典》第 500 条规定,当事人在订立合同过程中有下列情形之一,造成对方损失的,应当承担赔偿责任:①假借订立合同,恶意进行磋商。假借就是根本没有与对方订立合同的意思,与对方谈判的目的是损害对方的利益。恶意是假借磋商、谈判,而故意给对方造成损害的主观心理状态。②故意隐瞒与订立合同有关的重要事实或提供虚假情况。此种情况属于缔约过程中的欺诈行为。欺诈是指一方当事人故意实施某种欺骗他人的行为,并使他人陷入错误认识而订立的合同。③有其他违背诚实信用原则的行为。如一方当事人未尽到通知、协助、告知、照顾义务而造成对方人身或财产损失的情形。《民法典》第 501 条规定,当事人在订立合同过程中知悉的商业秘密或者其

微课:
缔约过失责任与违约责任的区别

他应当保密的信息，无论合同是否成立，不得泄露或者不正当地使用；泄露、不正当地使用该商业秘密或者信息，造成对方损失的，应当承担赔偿责任。

课程思政 2-7

恶意磋商又不签合同需要承担责任吗？

在合同订立过程中，一方因违背其依据的诚实信用原则所产生的义务，而致另一方信赖利益的损失，应承担损害赔偿责任。因此，恶意磋商又不签合同，需要承担责任，构成缔约过失责任。

思政要点：培养学生自觉维护社会公平正义的责任感。

五、违约责任

违约责任，是指合同当事人不履行合同义务或履行合同义务不符合约定时应承担的法律后果。我国《民法典》在对待违约责任的问题上采取严格责任原则。只要当事人不履行合同义务或者履行合同义务不符合约定，除存在不可抗力等法定免责事由或当事人另有约定外，不管违约方主观上是否存有过错，都需要承担违约责任。

（一）承担违约责任的方式

1. 继续履行

违约的当事人无论是否已经承担赔偿金或者违约金责任，都必须按照对方的要求，在自己能够履行的条件下，对原合同未履行的部分进行履行。继续履行合同，既是为了实现合同的目的，又是一种承担违约责任的方式。

2. 采取补救措施

采取补救措施，主要发生在标的物质量不符合约定的情况下。根据《民法典》第582条规定，履行不符合约定的，应当按照当事人的约定承担违约责任。对违约责任没有约定或者约定不明确，依照合同约定不明的补充规则仍不能确定的，受损害方根据标的的性质以及损失的大小，可以合理选择要求对方承担修理、重作、更换、退货、减少价款或者报酬等违约责任。

3. 赔偿损失

赔偿损失是指合同当事人一方不履行合同或者不适当履行合同给对方造成损失的，应依法或依照合同约定承担赔偿责任。当事人一方违约后承担了继续履行或者采取补救措施等违约责任后,对方还有其他损失的,仍应当赔偿损失。损失赔偿额不得超过违反合同一方订立合同时预见到或者应当预见到的因违反合同可能造成的损失。一方违约并造成损失后,另一方应及时采取合理的措施防止损失扩大;否则,无权请求违约方对扩大的损失进行赔偿。当事人因防止损失扩大而支出的费用由违约方承担。

微课:
快递丢失的赔偿责任

4. 违约金责任

违约金是指当事人约定一方违约时根据违约情况应向对方支付的一定数额的金钱。约定的违约金过分低于或高于造成的损失的,当事人可以请求人民法院或者仲裁机构予以增加或适当减少。当事人约定的违约金超过造成损失的30%的,一般可以认定为"过分高于造成的损失"。当事人认为约定的违约金过分低于造成的损失,请求人民法院增加违约金的,增加后的违约金数额以不超过实际损失额为限。当事人就迟延履行约定违约金的,违约方支付违约金后,还应当继续履行债务。

5. 定金责任

债务人履行债务的,定金应当抵作价款或者收回。给付定金的一方不履行债务或者履行债务不符合约定,致使不能实现合同目的的,无权请求返还定金;收受定金的一方不履行债务或者履行债务不符合约定,致使不能实现合同目的的,应当双倍返还定金。当事人既约定违约金,又约定定金的,一方违约时,对方可以选择适用违约金或者定金条款。定金不足以弥补一方违约造成的损失的,对方可以请求赔偿超过定金数额的损失。

> **课堂思考 2-6**
>
> **定金与违约金有什么区别?**
>
> 定金是以确保债权的实现为根本目的,因此定金属于担保的一种形式。而违约金的根本目的是制裁违约行为,是民事责任的承担方式,是约束双方履行合同的一种赔偿损失。

随堂练习 2-22

甲与乙订立了一份苹果购销合同,约定:甲向乙交付20万千克苹果,货款为40万元,乙向甲支付定金4万元;如任何一方不履行合同,应支付违约金6万元。甲因将苹果卖予丙而无法向乙交付苹果,乙提出的如下诉讼请求中,既能最大限度地保护自己的利益,又能获得法院支持的诉讼请求是(　　)

A. 请求甲双倍返还定金8万元

B. 请求甲双倍返还定金8万元,同时请求甲支付违约金6万元

C. 请求甲支付违约金6万元,同时请求返还支付的定金4万元

D. 请求甲支付违约金6万元

（二）违约责任的免除

违约责任的免除是指在合同履行过程中，由于法律规定的或者当事人约定的免责事由致使当事人不能履行合同义务或者履行合同义务不符合约定的，当事人可以免于承担违约责任。违约责任的免除主要有以下两种情形：

1. 不可抗力

微课：
不可抗力

不可抗力是指不能预见、不能避免并不能克服的客观情况。因不可抗力不能履行合同的，根据不可抗力的影响，部分或者全部免除责任。当事人迟延履行后发生不可抗力的，不能免除责任。不可抗力包括因自然原因引起的，如地震、暴雪等，也有因社会原因引起的，如战争、罢工等。当事人因不可抗力不能履行合同的，应及时通知对方，以减轻可能给对方造成的损失，并应在合理期限内提供证明。

2. 免责条款

免责条款是双方在合同中约定的免除或者限制其未来责任的条款。免责条款作为合同的组成部分，必须经合同当事人充分协商，并且其内容必须符合法律的规定，才具有法律效力。

 思维导图实训 2-5

合同转让、合同终止、合同责任

请同学们结合"合同转让、合同终止、合同责任"相关知识点，参考以下作品进行分组训练。

作品名称：《合同的终止》

作者：赵灵灵　熊秀　张燕　邓凡　王燕（2016 会计 2 班）

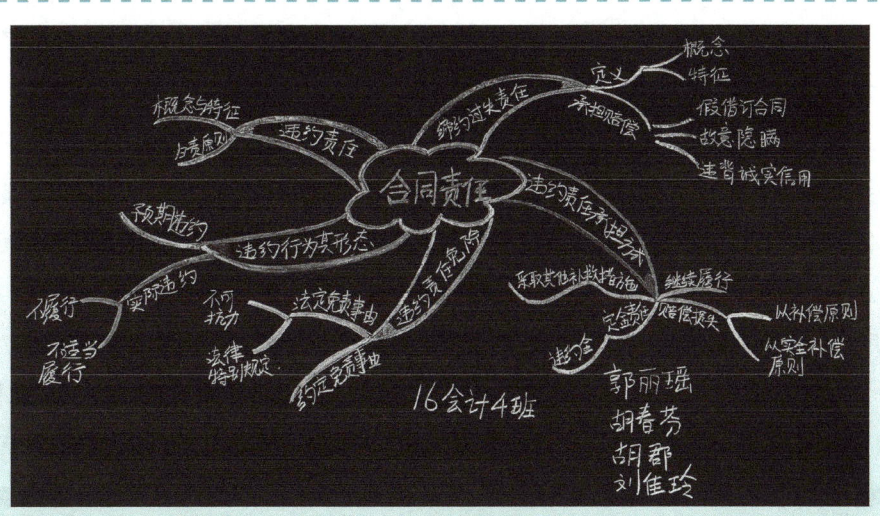

作品名称：《合同的责任》
作者：郭丽瑶　刘佳玲　胡春芬　胡郡（2016 会计 4 班）

综合案例分析

1. 甲、乙两公司采用合同书形式订立了一份买卖合同，双方约定由甲公司向乙公司提供 100 台精密仪器，甲公司于 8 月 31 日前交货，并负责将货物运至乙公司，乙公司在收到货物后 10 日内付清货款。合同订立后双方均未签字盖章。7 月 28 日，甲公司与丙运输公司订立货物运输合同，双方约定由丙公司将 100 台精密仪器运至乙公司。8 月 1 日，丙公司先运了 70 台精密仪器至乙公司，乙公司全部收到，并于 8 月 8 日将 70 台精密仪器的货款付清。8 月 20 日，甲公司掌握了乙公司转移财产、逃避债务的确切证据，随即通知丙公司暂停运输其余 30 台精密仪器，并通知乙公司中止交货，要求乙公司提供担保；乙公司及时提供了担保。8 月 26 日，甲公司通知丙公司将其余 30 台精密仪器运往乙公司，丙公司在运输途中发生交通事故，30 台精密仪器全部毁损，致使甲公司 8 月 31 日前不能按时全部交货。9 月 5 日，乙公司要求甲公司承担违约责任。

要求：根据以上事实及有关法律的规定，回答下列问题：

（1）甲、乙公司订立的买卖合同是否成立？并说明理由。

（2）甲公司 8 月 20 日中止履行合同的行为是否合法？并说明理由。

（3）乙公司 9 月 5 日要求甲公司承担违约责任的行为是否合法？并说明理由。

（4）丙公司对货物毁损应承担什么责任？并说明理由。

2. 甲公司与乙公司于2019年5月20日签订了设备买卖合同,甲为买方,乙为卖方。双方约定:①由乙公司于10月30日前分二批向甲公司提供设备10套,价款总计为150万元;②甲公司向乙公司给付定金25万元;③如一方迟延履行,应向另一方支付违约金20万元;④由丙公司作为乙公司的保证人,在乙公司不能履行债务时,丙公司承担一般保证责任。合同依法生效后,甲公司因故未向乙公司给付定金。7月1日,乙公司向甲公司交付了3套设备,甲公司支付了45万元货款。9月,该种设备价格大幅上涨,乙公司向甲公司提出变更合同,要求将剩余的7套设备价格提高到每套20万元,甲公司不同意,随后乙公司通知甲公司解除合同。11月1日,甲公司仍未收到剩余的7套设备,从而严重影响了其正常生产,并因此遭受了50万元的经济损失。于是甲公司诉至法院,要求乙公司增加违约金数额并继续履行合同;同时要求丙公司履行一般保证责任。

要求:根据上述事实及有关法律规定,回答下列问题:

(1)合同约定甲公司向乙公司给付25万元定金是否合法?说明理由。

(2)乙公司通知甲公司解除合同是否合法?说明理由。

(3)甲公司要求增加违约金数额依法能否成立?说明理由。

(4)甲公司要求乙公司继续履行合同依法能否成立?说明理由。

(5)丙公司在什么条件下应当履行一般保证责任?

【后疫情时代中的经济法】

1. 因新冠肺炎疫情影响导致旅游服务合同无法正常履行,怎么办?

【要点提示】 因突发疫情导致旅游服务合同不能继续履行的,建议双方先行协商。协商不成的,旅游者和旅游经营者均可以请求解除合同。

2. 预订年夜饭或其他节日期间聚餐宴席因新冠肺炎疫情影响不能正常消费的,怎么办?

【要点提示】 可按照《民法典》"因不可抗力导致合同目的无法实现"的规定处理。双方协商不成的,消费者解除合同后有权要求退款。餐饮经营者要求消费者承担已准备食材等实际损失的,可以根据公平原则酌情予以分担。

【同步练习】

一、单选题

1. 下列属于单务合同的是（　　　）。

    A. 赠与合同　　　B. 买卖合同　　　C. 租赁合同　　　D. 承揽合同

2. 下列属于实践合同的是（　　　）。

    A. 买卖合同　　　B. 委托合同　　　C. 保管合同　　　D. 租赁合同

3. 根据《民法典》的规定，下列情形中，要约没有发生法律效力的是（　　　）。

    A. 撤回要约的通知与要约同时到达受要约人

    B. 撤销要约的通知在受要约人发出承诺通知之前到达

    C. 同意要约的通知到达要约人

    D. 受要约人对要约的内容作出实质性变更

4. 根据《民法典》的规定，承诺人撤回承诺的通知（　　　）要约人。

    A. 应当在承诺生效前到达　　　　B. 可以后于承诺通知 10 日内到达

    C. 可以后于承诺通知到达　　　　D. 可以后于承诺通知 3 日内到达

5. 根据《民法典》的规定，对格式条款有两种以上解释的，应当（　　　）。

    A. 以合同中规定的有解释权一方的解释为准

    B. 以制定格式条款一方的解释为准

    C. 作出不利于提供格式条款一方的解释

    D. 按照民法自愿原则处理

6. 根据《民法典》的规定，无处分权的人处分他人财产所订立的合同，事后权利人追认的，该合同为（　　　）。

    A. 有效合同　　　B. 可撤销合同　　　C. 效力待定合同　　　D. 可变更合同

7. 甲与乙签订一份买卖合同，双方约定，甲提供一批货物给乙，货到后一个月内付款。合同签订后甲迟迟没有发货，乙催问甲，甲称由于资金紧张，暂无法购买生产该批货物的原材料，要求乙先付货款，乙拒绝了甲的要求。乙拒绝先付货款的行为在法律上称为（　　　）。

    A. 行使后履行抗辩权　　　　B. 行使不安抗辩权

    C. 行使同时履行抗辩权　　　D. 行使撤销权

8. 2019 年 4 月，甲企业与乙银行签订借款合同，借款金额为 10 万元人民币，借款期限为 1 年，由丙企业作为保证人。合同签订 3 个月后，甲企业因扩大生产规模急需资金，遂与乙银行协商，将贷款金额增加到 15 万元，甲企业和乙银行通知了丙企业，丙企业未予答复。后甲企业到期不能偿还债务。根据有关法律的规定，下列表述中，正确的是（   ）。

　　A. 丙企业不再承担保证责任，因为甲、乙变更借款合同未得到丙的同意

　　B. 丙企业对 10 万元应承担保证责任，对增加的 5 万元不承担保证责任

　　C. 丙企业应承担 15 万元的保证责任，因为丙企业对于甲企业和乙银行的通知未予答复，视为同意

　　D. 丙企业不再承担保证责任，因为保证合同因甲、乙变更了合同金额而致保证合同无效

9. 甲将房屋一间作抵押向乙借款 100 万元。抵押期间，知情人丙向甲表示愿以 120 万元购买甲的房屋，甲也想将抵押的房屋出卖。根据法律规定，下列各项中，正确的是（   ）。

　　A. 甲有权将该房屋出卖，但须事先告知抵押权人乙

　　B. 甲可以将该房屋出卖，不必征得抵押权人乙的同意

　　C. 甲可以将该房屋卖给丙，但应征得抵押权人乙的同意

　　D. 甲无权将该房屋出卖，因为房屋上已设置了抵押权

10. 根据《民法典》的规定，由于债权人的原因，债务人无法向债权人交付合同标的物时，可以将该标的物交给提存部门，从而消灭债务。在标的物提存后，标的物毁损、灭失风险责任的承担者是（   ）。

　　A. 债权人　　　B. 债务人　　　C. 债权人和债务人　　　D. 提存部门

二、多选题

1. 根据《民法典》的规定，下列各项中，属于不得撤销要约的情形有（   ）。

　　A. 要约已经到达受要约人

　　B. 要约人确定了承诺期限

　　C. 要约人明示要约不可撤销

　　D. 受要约人有理由认为要约是不可撤销的，并且已经为履行合同做了准备工作

2. 甲、乙双方签订了买卖合同，在合同履行过程中，发现该合同履行费用的负担问题约定不明确。根据《民法典》的规定，在这种情况下，可供甲、乙双方选择的履行规则有（   ）。

　　A. 双方协议补充　　　　　　　B. 按交易习惯确定

　　C. 由履行义务一方负担　　　　D. 按合同有关条款确定

3. X 市甲厂因购买 Y 市乙公司的一批木材与乙公司签订了一份买卖合同，但合同

中未约定交货地与付款地,双方就此未达成补充协议,按照合同有关条款或者交易习惯也不能确定。根据《民法典》的规定,下列关于交货地及付款地的表述中,正确的有(　　)。

　　A. X 市为交货地　　　　　　B. Y 市为交货地

　　C. X 市为付款地　　　　　　D. Y 市为付款地

4. 按照《民法典》的规定,应当先履行债务的当事人有确切证据证明对方有(　　)情况的,可行使不安抗辩权。

　　A. 经营情况严重恶化　　　　B. 转移财产、抽逃资金,以逃避债务

　　C. 丧失商业信誉　　　　　　D. 实际控制人发生变更

5. 根据《民法典》的规定,下列各项中,一般保证的保证人不得行使先诉抗辩权的是(　　)。

　　A. 债务人被宣告失踪,且无可供执行的财产

　　B. 债务人移居国外,但国内有其购买现由亲属居住的住宅

　　C. 债务人被宣告破产,中止执行程序的

　　D. 保证人曾以书面方式向主合同当事人表示放弃先诉抗辩权

6. 合同担保的方式有(　　)。

　　A. 抵押　　　　B. 定金　　　　C. 留置　　　　D. 保证

7. 根据《民法典》的规定,下列合同中,根据合同性质债权人不得将合同的权利全部或者部分转让给第三人的有(　　)。

　　A. 借款合同　　B. 赠与合同　　C. 委托合同　　D. 雇佣合同

8. 乙公司欠甲公司 30 万元的到期货款,同时甲公司又欠乙公司 20 万元的到期货款。甲公司在 2019 年 9 月 18 日与丙公司签订书面协议,转让其对乙公司的 30 万元债权。2019 年 9 月 24 日,乙公司接到甲公司关于转让债权的通知后,便主张 20 万元的抵销权。根据法律规定,下列表述中,正确的是(　　)。

　　A. 甲公司与丙公司之间的债权转让合同于 9 月 24 日生效

　　B. 乙公司接到债权转让通知后,即负有向丙公司清偿 30 万元的义务

　　C. 乙公司可以向丙公司主张 20 万元的抵销权

　　D. 丙公司可以就 30 万元债务的清偿,要求甲公司和乙公司承担连带责任

9. 根据《民法典》的规定,下列各项中,当事人可以解除合同的有(　　)。

　　A. 因不可抗力致使不能实现合同目的

　　B. 当事人一方有丧失或可能丧失履行债务能力的其他情形

　　C. 当事人一方迟延履行债务致使不能实现合同目的

D. 当事人协商一致

10. 下列选项中，属于可撤销合同情形的有（　　　）。

　　A. 因重大误解而订立　　　　　　B. 因显失公平而订立

　　C. 损害国家利益的　　　　　　　D. 恶意串通损害第三人利益

三、判断题

1. 以欺诈、胁迫手段订立的合同一律无效。　　　　　　　　　　　　　（　　）
2. 债权债务同归于一人时，合同的权利义务终止。　　　　　　　　　　（　　）
3. 婚姻协议受合同法的调整。　　　　　　　　　　　　　　　　　　　（　　）
4. 当事人一方因第三人的原因造成违约的，应当由第三人向对方承担违约责任。
　　　　　　　　　　　　　　　　　　　　　　　　　　　　　　　　（　　）
5. 附生效条件的合同，自条件成就时生效。附解除条件的合同，自条件成就时失效。
　　　　　　　　　　　　　　　　　　　　　　　　　　　　　　　　（　　）
6. 买卖合同是双务合同、有名合同、实践合同。　　　　　　　　　　　（　　）
7. 因不可抗力不能履行合同的，根据不可抗力的影响，部分或者全部免除责任。
　　　　　　　　　　　　　　　　　　　　　　　　　　　　　　　　（　　）
8. 因重大误解订立的合同属于无效合同。　　　　　　　　　　　　　　（　　）
9. 《民法典》所称合同的变更是指合同内容的变更，不包括合同主体的变更。合同主体的变更属于合同的转让。　　　　　　　　　　　　　　　　　　　　　（　　）
10. 同时履行抗辩权是指合同当事人的债务没有先后履行的顺序时，一方在对方未为对待给付前，可以拒绝对方的履行要求。　　　　　　　　　　　　　（　　）

项目三
公司法律制度

【知识目标】

- 有限责任公司的设立条件、组织机构、股权转让。
- 股份有限公司的设立条件、组织结构、股份转让。
- 公司的合并、分立、变更、解散与清算。
- 公司申请破产的程序、和解和重整。

【能力目标】

- 培养学生具有创办有限责任公司的能力。
- 培养学生能够运用公司法律知识解决实际问题的能力。

【思政目标】

- 培养学生的创新创业能力和创客素养。
- 培养学生爱岗敬业、诚实守信、廉洁自律的职业观。
- 引导学生掌握优胜劣汰的市场经济发展规律，实现资源优化组合，促进社会经济发展。

【学习参考法律法规】

- 《中华人民共和国公司法》
- 《中华人民共和国企业破产法》

项目三　公司法律制度

导入案例

甲、乙、丙、丁、戊五人意欲成立一家美容有限责任公司，注册资本为200万元。其中，甲、乙各以货币60万元出资；丙以实物出资，经评估机构评估为20万元；丁以专利技术出资，作价50万元；戊以劳务出资，经全体出资人同意作价10万元。公司拟不设董事会，由甲担任执行董事；不设监事会，由丙担任公司的监事。美容公司成立之后经营惨淡，已欠A银行到期贷款100万元。经股东会决议，决定把美容公司唯一盈利的美容用品工作室分出去，另成立具有独立法人资格的美容用品厂。后美容公司增资扩股，乙将其股权转让给大北公司。一年之后，美容用品厂亦严重亏损，资不抵债，其中欠B公司货款达400万元。

要求：根据上述情况，分析回答下列问题：

（1）美容公司组建过程中，各股东出资是否符合公司法的规定？

（2）美容公司组织机构的设置是否符合公司法的规定？

（3）美容公司设立美容用品厂在公司法上属于什么性质的行为？

（4）乙在转让股权时应遵循股权转让的何种规定？

（5）A银行如若起诉追讨美容公司所欠的100万元到期贷款，应以谁为被告？

【案例启示】

（1）公司设立的条件、股东出资的具体要求。

（2）公司董事会、监事会的相关规定。

（3）公司股权对外转让的具体规定。

（4）公司的法人资格。

模块一　有限责任公司

一、公司与公司法概述

（一）公司的定义

公司是依照公司法设立的，股东以其认缴的出资额为限或认购的股份为限对公司承担责任，公司以其全部的财产对公司债务承担责任的企业法人。公司必须依法设立，根据法律对公司设立中实质要件与程序要件的规定创设。公司以营利为目的，具有营利性。

公司具有独立法人资格。

（二）公司的分类

1. 根据股东责任划分

按股东责任不同可分为无限公司、有限责任公司、股份有限公司、两合公司、股份两合公司。

（1）无限公司是指股东对公司的债务承担无限连带责任的公司。

（2）有限责任公司是指股东以其认缴的出资额为限对公司债务承担有限责任，公司以其全部财产为限对外承担责任的公司。

（3）股份有限公司是指公司资本划分为等额股份，全体股东对公司债务仅以其所持的股份额为限承担责任的公司。

（4）两合公司是指一部分股东对公司债务承担无限责任，另一部分股东对公司债务仅以其出资额为限承担责任的公司。

（5）股份两合公司是由股份公司与两合公司结合组成的公司。

2. 根据公司的信用基础划分

根据公司的信用基础划分为人合公司、资合公司和人合兼资合公司。

（1）人合公司指公司的信用基础在于股东个人，最典型的人合公司是无限公司。

（2）资合公司指公司的信用基础取决于公司的资本数额，最典型的资合公司是股份有限公司。

（3）人合兼资合公司是指公司以其自身资本、资产和股东信用状况共同作为信用基础的公司。

3. 根据公司的国籍划分

根据公司的国籍划分为本国公司和外国公司。

（1）本国公司是在本国境内设立的有限责任公司和股份有限责任公司。

（2）外国公司则是依照外国法律在本国境外设立的公司。

4. 根据公司的控制关系划分

根据公司的控制关系可划分为母公司和子公司。

（1）母公司是指持有另一个公司一定比例的股份，并实际控制该公司经营活动的公司。

（2）子公司是指由母公司投资并受母公司控制的公司。

母公司与子公司均为独立法人，各自承担自己的债务，互不牵连。这是母公司和子公司最基本的法律特征。

 随堂练习 3-1

昌平公司是一家从事家具贸易的有限责任公司，注册地在北京，股东为张某、刘某、姜某、方某四人。公司成立两年后，拟设立分公司或子公司以开拓市场。对此，下列表述正确的是（　　）。

A. 在北京市设立分公司，不必申领分公司营业执照。

B. 在北京市以外设立分公司，须经登记并领取营业执照，且须独立承担民事责任。

C. 在北京市以外设立分公司，其负责人只能由张某、刘某、姜某、方某中的一人担任。

D. 在北京市以外设立子公司，即使是全资子公司，亦须独立承担民事责任。

5. 根据公司内部管辖系统不同划分

根据公司内部管辖系统不同划分为总公司和分公司。

（1）总公司是指依法首先设立的管辖其全部组织的总机构。

（2）分公司是受本公司管辖的分支机构。分公司不是独立的民事主体，不具有独立的法人资格，其申请登记的程序也比较简单。

（三）公司法的定义

公司法是规定公司的设立、组织、活动、终止以及其他对内、对外关系的法律规范的总称。

二、有限责任公司

有限责任公司是指依《中华人民共和国公司法》（简称《公司法》）设立，股东以其认缴的出资额为限对公司承担责任，公司以其全部资产对公司债务承担责任的企业法人。

（一）有限责任公司的设立条件

根据《公司法》第23条的规定，设立有限责任公司，应当具备下列条件：

（1）股东符合法定人数。有限责任公司由50个以下股东出资设立。因我国《公司法》允许设立一人有限责任公司，故有限责任公司在设立人数上只有上限而没有下限。

（2）有符合公司章程规定的全体股东认缴的出资额。股东可以用货币出资，也可以用实物、知识产权、土地使用权等出资，可以用货币估价并可以依法转让的非货币财产作价出资，但在法律、法规中规定不得作为出资的资产除外。

随堂练习3-2

刘、关、张约定各出资40万元设立甲有限责任公司，因刘只有20万元，遂与张决定由张为其垫付出资20万元。公司设立时，张以价值40万元的房屋作价60万元骗得验资。后债权人发现甲公司注册资本不实。补缴甲公司欠缴的20万元出资款的正确说法是（　　）

A．应由刘某补缴20万元，张、关承担连带责任。
B．应由张某补缴20万元，刘、关承担连带责任。
C．应由刘、张各补缴10万元，关承担连带责任。
D．应由刘、关各补缴10万元，张承担连带责任。

（3）股东共同制定公司章程。根据我国《公司法》第25条规定，有限责任公司章程应当载明下列事项：公司名称和住所；公司经营范围；公司注册资本；股东姓名或者名称；股东的出资方式、出资额和出资时间；公司的机构及其产生办法、职权、议事规则；公司法定代表人；股东会会议认为需要规定的其他事项，如股东的权利和义务、股东转让股权的条件等。

（4）有公司名称，建立符合有限责任公司要求的组织机构。名称中需标明"有限责任公司"或者"有限公司"字样。

（5）有公司住所。公司以其主要办事机构所在地为住所。确立公司住所具有重要的法律意义：一是便于确定诉讼管辖；二是便于确定登记机关。

课堂思考3-1

张某、李某、赵某三人投资设立一家有限责任公司。张某出资20万元人民币，李某以价值20万元的房屋出资，赵某出资10万元人民币。后经营失败，该公司欠甲100万元债务，公司资产价值50万元。甲知道张某具有偿还能力，在公司财产不足清偿债务时，要求张某偿还公司所欠债务。若你是张某的法律顾问，如何回答甲的要求？

（二）有限责任公司的设立程序

（1）发起人发起。发起人应当签订发起人协议。

（2）制定公司章程。章程是成立后从事活动的基本规范和要求。

（3）申请名称预先核准。由全体股东指定的代表或者委托的代理人向公司登记机关申请公司名称预先核准。预先核准的公司名称保留期为 6 个月。预先核准的公司名称在保留期内，不得用于从事经营活动，不得转让。

（4）报经有关部门审批。一般情况下成立公司并不需要审批。但是法律、行政法规规定设立公司必须报经批准的，必须依法获得相关部门的审批。

（5）申请公司设立登记。董事会或执行董事负责向登记主管机关申请设立登记。

（6）颁发营业执照。执照签发日期，为有限责任公司成立日期。

三、有限责任公司的组织机构

（一）股东会

1. 股东会的性质

有限责任公司股东会由全体股东组成，是公司的权力机构。

2. 股东会的职权

微课：
有限责任公司的股东会

根据我国《公司法》的规定，股东会行使下列职权：①决定公司的经营方针和投资计划；②选举和更换非由职工代表担任的董事、监事，决定有关董事、监事的报酬事项；③审议批准董事会或者执行董事的报告；④审议批准监事会或者监事的报告；⑤审议批准公司的年度财务预算方案、决算方案；⑥审议批准公司的利润分配方案和弥补亏损方案；⑦对公司增加或者减少注册资本做出决议；⑧对发行公司债券做出决议；⑨对公司合并、分立、变更公司形式、解散和清算等事项做出决议；⑩修改公司章程；⑪公司章程规定的其他职权。对上述事项，股东以书面形式一致表示同意的，可以不召开股东会会议，直接做出决定，并由全体股东在决定文件上签名、盖章。

3. 表决权行使

股东会会议由股东按照出资比例行使表决权，但公司章程另有规定的除外。根据《公司法》的规定修改公司章程、增加或者减少注册资本的决议，以及公司合并、分立、解散或者变更公司形式的决议，必须经代表 2/3 以上表决权的股东通过。

4. 股东会会议

股东会会议分为定期会议和临时会议。定期会议应当依照公司章程的规定按时召开。

首次股东会会议由出资最多的股东召集和主持，依法行使职权。以后的股东会会议，根据公司是否设立董事会而有所不同。公司设立董事会的，由董事会召集，董事长主持；董事长不能或者不履行职务的，由副董事长主持；副董事长不能或者不履行职务的，由半数以上董事共同推举 1 名董事主持。公司不设董事会的，股东会会议由执行董事召集和主持。董事会或者执行董事不能或者不履行召集股东会会议职责的，由监事会或者不设监事会的公司的监事召集和主持；监事会或者监事不召集和主持的，代表 1/10 以上表决权的股东可以自行召集和主持。

召开股东会会议，应当于会议召开 15 日以前通知全体股东，但公司章程有规定或者全体股东另有约定的除外。股东会应当对所议事项的决定做成会议记录，出席会议的股东应当在会议记录上签名。

（二）董事会与经理

有限责任公司的成员为 3~13 人，人数较少或者规模较小的有限责任公司，可设 1 名执行董事，不设董事会。一般有限责任公司董事会的董事由股东会选举产生。两个以上的国有企业或者两个以上的其他国有投资主体投资设立的有限责任公司，其董事会成员中应当有公司职工代表；其他有限责任公司董事会成员中可以有公司职工代表。

董事任期由公司章程规定，但每届任期不得超过 3 年。董事任期届满，连选可以连任。董事任期届满未及时改选，或者董事在任期内辞职导致董事会成员低于法定人数的，在改选出的董事就任前，原董事仍应当依照法律、行政法规和公司章程的规定，履行董事职务。董事会设董事长 1 人，可以设副董事长。董事长、副董事长的产生办法由公司章程规定。董事会是由股东会选举产生的、由董事组成的行使经营管理和决策权的业务执行机构。有限责任公司可以设经理，由董事会决定聘任或者解聘。

除《公司法》有规定的外，董事会的议事方式和表决程序由公司章程规定。董事会决议的表决，实行一人一票。董事会应当对所议事项的决定做成会议记录，出席会议的董事应当在会议记录上签名。

随堂练习 3-3

厚大科技有限责任公司董事会发生的下列行为中，符合规定的是（　　）。
A. 通过了解聘公司现任经理的决议
B. 通过了增加公司注册资本的决议
C. 通过了有关公司董事报酬的决议
D. 决定公司的经营方针和投资计划

知识拓展 3-1

　　CEO（Chief Executive Officer），即首席执行官，是美国人在20世纪60年代进行公司治理结构改革创新时的产物。CEO与总经理形式上都是企业的"一把手"，CEO既是行政"一把手"，又是股东权益代言人。大多数情况下，CEO是董事会成员，总经理则不一定是董事会成员。从这个意义上讲，CEO代表着企业，并对企业经营负责。由于国外没有类似的上级主管和四面八方的牵制，CEO的权威比国内总经理更绝对，但他们绝不会像总经理那样过多介入公司的具体事务。CEO作出总体决策后，具体执行权就会下放。所以有人说，CEO就像我国50%的董事长，加上50%的总经理。

（三）监事会

　　监事会是指由股东会选举的、由全体监事组成的对公司的业务活动进行监督和检查的常设监督机构。

　　根据《公司法》的规定，有限责任公司设立监事会，其成员不得少于3人。股东人数较少或者规模较小的有限责任公司，可以设一至两名监事，不设立监事会。监事会应当包括股东代表和适当比例的公司职工代表，其中职工代表的比例不得低于1/3，具体比例由公司章程规定。监事会中的职工代表由公司职工通过职工代表大会、职工大会或者其他形式民主选举产生。监事会设主席1人，由全体监事过半数选举产生。董事、高级管理人员不得兼任监事。

　　监事的任期每届为3年。监事任期届满，连选可以连任。监事任期届满未及时改选，或者监事在任期内辞职导致监事会成员低于法定人数的，在改选出的监事就任前，原监事仍应当依照法律、行政法规和公司章程的规定，履行监事职务。

四、特设有限责任公司的特别规定

（一）一人有限责任公司的特别规定

　　根据《公司法》的规定，一个自然人股东或者一个法人股东可以设立有限责任公司。

　　（1）一个自然人只能投资设立一个一人有限责任公司。该一人有限责任公司不能投资设立新的一人有限责任公司。

　　（2）一人有限责任公司应当在公司登记中注明自然人独资或者法人独资，并在公司营业执照中载明。

（3）一人有限责任公司章程由股东制定。

（4）一人有限责任公司不设股东会。股东依法行使股东会职权时，应当采取书面形式，并由股东签名后置备于公司。

（5）一人有限责任公司的股东不能证明公司财产独立于股东自己的财产的，应当对公司债务承担连带责任。

课堂思考 3-2

2018 年 8 月，王某个人投资 20 万元成立了一家一人有限责任公司，经营建筑材料。后经营不善，造成较大的经济损失，公司无力继续经营，公司资产不够偿还债务。公司债权人是否可以向法院提起民事诉讼，要求王某清偿剩余债务？

课程思政 3-1

一人有限责任公司的公司财产应如何证明？

1．提供一人有限公司的财务账册如总账、明细账及现金、银行对账单等。

2．提供财务会计报告、审计报告等。

3．提供劳动合同、社会保险缴存证明、公司办公场所证明，如房屋租赁合同、房屋产权证等辅助资料，证明公司经营独立于股东，并不存在财产、人员、业务等混同情形，进而作为股东财产独立于公司财产的辅证。

思政要点： 培养学生遵纪守法、诚实守信的人生观、价值观。

（二）国有独资公司的特别规定

国有独资公司是国家单独出资、由国务院或者地方人民政府委托本级人民政府国有资产监督管理机构履行出资人职责的有限责任公司。国有独资公司的章程由国有资产监督管理机构制定，或者由董事会制定报国有资产监督管理机构批准。

国有独资公司不设股东会，由国有资产监督管理机构行使股东会职权。国有资产监督管理机构可以授权董事会行使股东会的部分职权，但公司在合并、分立、解散、增减注册资本和发行公司债券时，必须由国有资产监督管理机构决定。其中，重要的国有独资公司的合并、分立、解散、申请破产，应当由国有资产监督管理机构审核后，报本级人民政府批准。

国有独资公司的董事会成员由国有资产监督管理机构委派，董事长、副董事长由国有资产监督管理机构从董事会成员中指定，董事会成员中的职工代表由公司职工代表大会选举产生。

国有独资公司的监事会成员不得少于 5 人，其中职工代表的比例不得低于 1/3。监事会成员由国有资产监督管理机构委派,但监事会中的职工代表由职工代表大会选举产生。

随堂练习 3-4

以下选项中关于国有独资公司的表述,不符合法律规定的是（　　）。
A. 国有独资公司的章程由董事会依法制定,并报国有资产监督管理机构备案
B. 国有独资公司是国家单独出资设立的有限责任公司
C. 国有独资公司不设股东会,由国有资产监督管理机构行使
D. 国有独资公司设立董事会,董事会成员由国有资产监督管理机构委派或更换

五、有限责任公司的股权转让

有限责任公司的股东之间可以相互转让其全部或者部分股权。股东向股东以外的人转让股权,应经由其他股东过半数同意。股东应就其股权转让事项,书面通知其他股东征求同意,其他股东自接到书面通知之日起满 30 日未答复的,视为同意转让。其他股东半数以上不同意转让的,不同意的股东应购买该转让的股权;不购买的,视为同意转让。

人民法院依照强制执行程序转让股东的股权时,应通知公司及全体股东,其他股东在同等条件下有优先购买权。其他股东自人民法院通知之日起满 20 日不行使优先购买权的,视为放弃优先购买权。

思维导图实训 3-1

有限责任公司

请同学们结合"有限责任公司"相关知识点,参考以下作品进行分组训练。

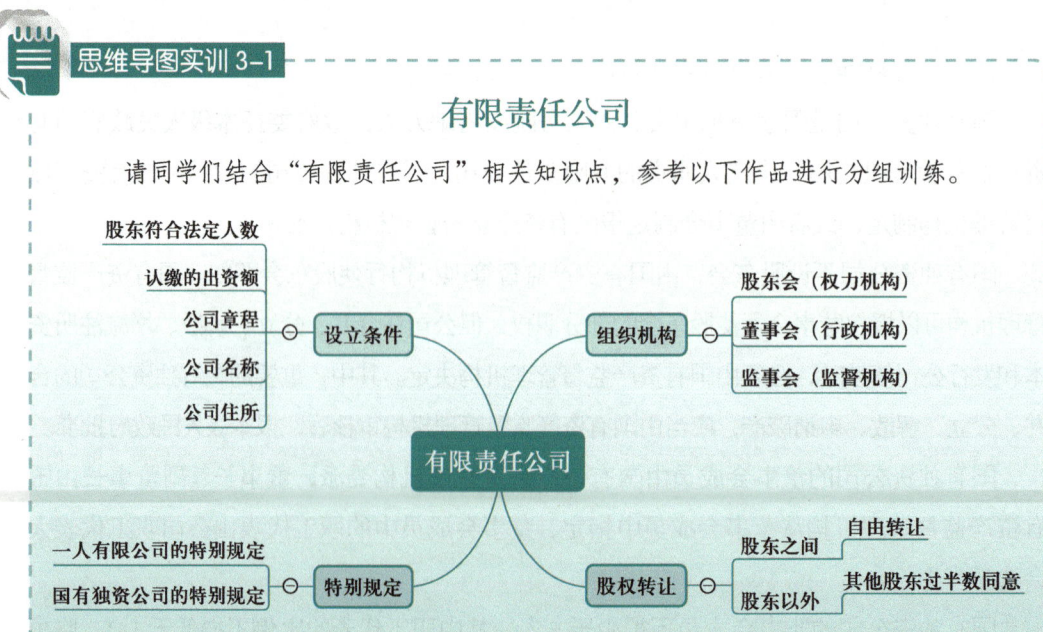

模块二 股份有限公司

一、股份有限公司的设立

股份有限公司也称股份公司,是指全部资本分为等额股份,股东以其所持股份为限对公司承担责任,公司以其全部资产对公司债务承担责任的公司。

(一)股份有限公司的设立条件

根据《公司法》第76条、第78条的规定,设立股份有限公司,应当符合下列规定:

(1)发起人符合法定人数。应当有2人以上200人以下的发起人,其中须有半数以上的发起人在中国境内有住所。

(2)有符合公司章程规定的全体发起人认购的股本总额或者募集的实收股本总额。法律、行政法规以及国务院决定对股份有限公司注册资本实缴、注册资本最低限额另有规定的,从其规定。

(3)股份发行、筹办事项符合法律规定。发起人在发行股份、筹办公司有关事项时,必须符合法律规定的条件和程序,不得有所违反,否则其行为无效。

(4)发起人制定公司章程。采用募集方式设立的须经创立大会通过。

(5)有公司名称,建立符合股份有限公司要求的组织机构。

(6)有公司住所。

(二)股份有限公司的设立程序

股份有限公司的设立,可以采取发起设立或者募集设立的方式。发起设立,是指由发起人认购公司应发行的全部股份而设立公司。募集设立,是指由发起人认购公司应发行股份的一部分,其余股份向社会公开募集或者向特定对象募集而设立公司。

1. 以发起设立方式设立股份有限公司的程序

(1)发起人书面认足公司章程规定其认购的股份。

(2)缴纳出资。不按章程规定履行出资义务的发起人,应当对按期足额缴纳出资的发起人承担违约责任。

(3)选举董事会和监事会。发起人缴纳首次出资以后,应当依法选举董事和监事,组成公司的董事会和监事会。

(4)申请设立登记。

2. 以募集设立方式设立股份有限公司的程序

（1）发起人发起。股份有限公司的发起人为2人以上200人以下，发起人应订立发起人协议。

（2）发起人制订公司章程并认购股份。发起人应依法制订公司章程，并认购股份，其认购股份不得低于公司股份总数的35%。

（3）召开创立大会。发起人应当自股款缴足之日起30日内主持召开公司创立大会。创立大会应由代表股份总数过半数的发起人、认股人出席，方可举行。创立大会作出决议，必须经出席会议的认股人所持表决权过半数通过。发起人、认股人缴纳股款或交付抵作股款的出资后，除下列情形外，不得抽回其股本。①未按期募足股份；②发起人未按期召开创立大会；③创立大会决议不设立公司的股本。

（4）申请设立登记。董事会应于创立大会结束后30日内，向公司登记机关报送有关主管部门的批准文件、创立大会的会议记录、公司章程、筹办公司的财务审计报告、验资证明、董事会和监事会成员姓名及住所、法定代表人的姓名及住所等有关文件，申请设立登记。

随堂练习3-5

A、B、C三人经协商，准备成立一家有限责任公司甲，主要从事家具的生产。其中，A为公司提供厂房和设备，经评估作价25万元；B从银行借款20万元现金作为出资；C原为一家私营企业的家具厂厂长，具有丰富的管理经验，提出以管理能力出资，作价15万元。A、B、C签订协议后，向工商局申请注册。

讨论：1. 本案包含了哪几种出资方式？请分析A、B、C的出资效力。

2. 甲公司能否成立？为什么？

课程思政3-2

募集股份和非法集资的区别

非法集资是一种犯罪活动，（根据《关于取缔非法金融机构和非法金融业务活动中有关问题的通知》规定）是指单位或者个人未依照法定程序经有关部门批准，以发行股票、债券、彩票、投资基金证券或者其他债权凭证的方式向社会公众筹集资金，并承诺在一定期限内以货币、实物以及其他方式向出资人还本付息或给予回报的行为。

思政要点：培养学生树立正确的价值观，自觉维护社会主义市场经济秩序。

二、股份有限公司组织机构

（一）股东大会

1. 职权

股份有限公司股东大会由全体股东组成。股东大会是公司的权力机构，依法行使职权，其职权范围与有限责任公司股东会相同。

2. 股东大会会议形式

股东大会分为年会与临时大会。股东大会年会应当每年召开一次。下列情形之一的，应当在两个月内召开临时股东大会：①董事人数不足《公司法》规定人数或者公司章程所定人数的2/3时；②公司未弥补的亏损达实收股本总额1/3时；③单独或者合计持有公司10%以上股份的股东请求时；④董事会认为必要时；⑤监事会提议召开时；⑥公司章程规定的其他情形。

微课：有限责任公司与股份有限公司组织机构的对比

随堂练习3-6

股份有限公司的股东大会应当在2个月内召开临时股东大会的情形有（　　）。

A. 公司股本为1 500万元，未弥补亏损达300万元

B. 持有公司股份5%的股东请求

C. 董事会认为有必要

D. 公司章程所定董事人数为18人，因种种原因现有董事人数为13人

3. 股东大会会议的召集

股东大会会议的召集规则如下：①股东会会议由董事会召集，董事长主持。②董事长不能或者不履行职责的，由副董事长主持。③副董事长不能或者不履行职责的，由半数以上董事共同推举1名董事主持。④董事会不能或者不履行召集股东会会议职责的，监事会应当及时召集和主持。⑤监事会不召集和主持的，连续90日以上单独或者合计持有公司10%以上股份的股东可以自行召集和主持。

课堂思考3-3

某股份有限公司的股份共有100股，股东甲拥有60股，股东乙拥有30股，其他股东拥有其余10股。如果公司选举3名董事，股东甲和乙各提出3名候选人，比较普通投票制和累积投票制的区别。

4. 股东大会会议的表决和决议事项

股东出席股东会会议，所持每一股一权。但公司持有的股份没有表决权。股东大会作

出决议，必须经出席会议的股东所持表决权过半数通过。以下决议必须经出席会议的股东所持表决权的 2/3 以上通过：①修改公司章程；②增加或者减少注册资本；③公司合并、分立、解散；④变更公司形式。

5. 累积投票制

股东大会选举董事、监事，可以依照公司章程的规定或者股东大会的决议，实行累积投票制。《公司法》所称累积投票制，是指股东大会选举董事或者监事时，每一股份拥有与应选董事或者监事人数相同的表决权，股东拥有的表决权可以集中使用。

关于股份有限公司的股东大会，下列说法中正确的是（　　）。

A. 股东必须持有一定比例的股份才能出席股东大会

B. 股东大会是股份有限公司的常设机构

C. 股东出席股东大会，所持每一股份有一表决权。但是，公司章程另有规定的除外

D. 公司持有的本公司股份没有表决权

（二）董事会

股份有限公司董事会的成员为 5~19 人。董事由股东大会选举产生。董事会成员中可以有公司职工代表。董事会中的职工代表由职工代表大会、职工大会或者其他形式民主选举产生。董事会设董事长 1 人，可以设副董事长。董事长和副董事长由董事会以全体董事的过半数选举产生。股份有限公司董事的任期、董事会的职权与有限责任公司相同。

董事会会议每年度至少召开两次，每次会议应于会议召开 10 日前通知全体董事和监事。董事会临时会议的召开条件如下：①代表 10%以上表决权的股东提议；②1/3 以上董事提议；③监事会提议。

董事会会议应有过半数的董事出席方可举行。董事会作出的决议必须经全体（而非出席）董事的过半数通过。董事因故不能出席会议的，可以书面委托其他董事代为出席，委托书中应载明授权范围。董事会应当对会议所议事项的决定作成会议记录，出席会议的董事应当在会议记录上签名。董事应对董事会的决议承担责任。董事会的决议违反法律、法规或者公司章程、股东会决议，致使公司遭受严重损失的，参与决议的董事对公司负赔偿责任；但经证明在表决时曾表明异议并记载于会议记录的，该董事可以免除责任。其他有关董事会职权、董事任期等情况与有限责任公司相同。

随堂练习 3-8

杭州某股份有限公司董事会由 20 名董事组成。2018 年 12 月，该公司董事长召集并主持召开董事会会议，有 7 名董事亲自出席会议，有 1 名董事委托董事长出席，另有 1 名董事委托 1 名股东（非董事）出席。

讨论：请找出不符合《公司法》规定的地方。

（三）监事会

监事会成员不得少于 3 人。监事会应在其组成人员中推选 1 名召集人。监事会由股东代表和适当比例的公司职工代表组成，具体比例由公司章程规定。监事会中的职工代表由公司职工民主选举产生。董事、经理以及财务负责人不得兼任监事。监事的任期每届为 3 年。监事任期届满，连选可以连任。监事会设主席一人，可以设副主席。监事会主席和副主席由全体监事过半数选举产生。

股份有限公司的监事会每 6 个月至少召开一次会议。监事会主席召集和主持监事会会议。监事会主席不能履行职务或者不履行职责的，由监事会副主席召集和主持监事会会议；监事会副主席不能履行职务或者不履行职责的，由半数以上监事共同推举 1 名监事召集和主持监事会会议。董事、高级管理人员不得兼任监事。其他规定和有限责任公司监事会相同。

三、股份有限公司的股份

股份有限公司的资本划分为股份，每一股的金额相等。股份有限公司的股份采取股票的形式。

（一）股份的发行

股份的发行，是指股份有限公司为筹集资金而分配或出售股份的法律行为。因为股份通常以股票为表现形式，所以股份发行也就是股票发行。

股票发行，应当实行公平、公正的原则，同种类的每一股份应当具有同等权利。同次发行的同种类股票，每股的发行条件和价格应当相同；任何单位或者个人所认购的股份，每股应当支付相同的价额。

股票发行价格，即股份有限公司发行股票时所使用的价格，也是投资认购股份时所

微课：
股份有限公司的股票

支付的价格。我国《公司法》第127条规定:"股票发行价格可以按票面金额,也可以超过票面金额,但不得低于票面金额。"因此,在我国,股票的发行价格有平价发行和溢价发行两种。平价发行,是指股票的发行价格与股票的票面金额相同,即按股票票面金额的价格发行,因此平价发行又称等价发行、券面发行。溢价发行,是指股票以超过股票票面金额的价格发行。

股票采用纸面形式或者国务院证券监督管理机构规定的其他形式。股票应当依法载明下列主要事项:①公司名称;②公司成立日期;③股票种类、票面金额及代表的股份数;④股票的编号。股票由法定代表人签名,公司盖章。发起人的股票,应当标明发起人股票字样。

股份有限公司可以发行记名股票,也可以发行无记名股票。公司向发起人、法人发行的股票,应当为记名股票,并应当记载该发起人、法人的名称或者姓名,不得另立户名或者以代表人姓名记名。法律之所以如此规定,目的是加重发起人和法人的责任。而公司对社会公众发行的股票,可以是记名股票,也可以是无记名股票。

(二) 股份的转让

股份转让是指股票持有人依法将其所持有的股票转让给他人,使他人成为公司股东的法律行为。股份转让必须按照公司法和有关法律如证券法、行政法规的规定进行。根据《公司法》的规定,股东转让股份,应当在依法设立的证券交易所进行或者按照国务院规定的其他方式进行。

股份转让的方式因股票的种类不同而有所不同:①记名股票以背书的方式或者法律、行政法规规定的形式转让。所谓以背书方式转让,是指出让人将转让股票的意见记载于股票的背面,并签名盖章、注明日期。记名股的受让人还必须按照法律和公司章程的有关规定办理过户手续。②无记名股票的转让,由股东将股票交付给受让人即发生转让法律效力。

股份转让的限制主要针对两类人:①发起人持有本公司的股份,自公司成立之日起1年内不得转让。公司公开发行股份前已经发行的股份,自公司股票在证券交易所上市交易之日起1年内不得转让。②公司董事、监事、高级管理人员任职期间每年转让的股份不得超过其所持有本公司股份总数的25%;所持本公司股份自公司股票上市交易之日起1年内不得转让。上述人员离职后半年内,不得转让其所持有的本公司股份。

根据《公司法》的规定,公司原则上不得收购本公司的股份,但有下列情形之一的除外:①减少公司注册资本;②与持有本公司股份的其他公司合并;③将股份奖励给本公司职工;④股东因对股东大会做出的公司合并、分立决议持异议,要求公司收购其股份的；⑤将股份用于转换上市公司发行的可转换为股票的公司债券；⑥上市公司为维护公司价值及股东权益所必需。

公司因上述第①项至第③项的原因收购本公司股份的，应当经股东大会决议。公司依照前款规定收购本公司股份后，属第①项情形的，应当自收购之日起 10 日内注销；属于第②项、第④项情形的，应当在 6 个月内转让或者注销。公司依照上述第③项规定收购的本公司股份，不得超过本公司已发行股份总额的 10%；用于收购的资金应当从公司的税后利润中支出；所收购的股份应当在 3 年内转让给职工。此外，《公司法》规定，公司不得接受本公司的股票作为质押权的标的。

随堂练习 3-9

股份有限公司的股东可在依法设立的证券交易场所自由转让其股份，但不得违反法定的限制。（　　）是《公司法》中对股份转让作出的限制。

A. 发起人持有本公司股份，于公司成立之日起 1 年内不得转让
B. 国有股和国有法人股的转让由法律、法规另行规定
C. 公司董事、监事持有的所有股份在任职期间不得转让
D. 公司经理持有的本公司的股份自任职起 4 年内不得转让

思维导图实训 3-2

股份有限公司

请同学们结合"股份有限公司"相关知识点，参考以下作品进行分组训练。

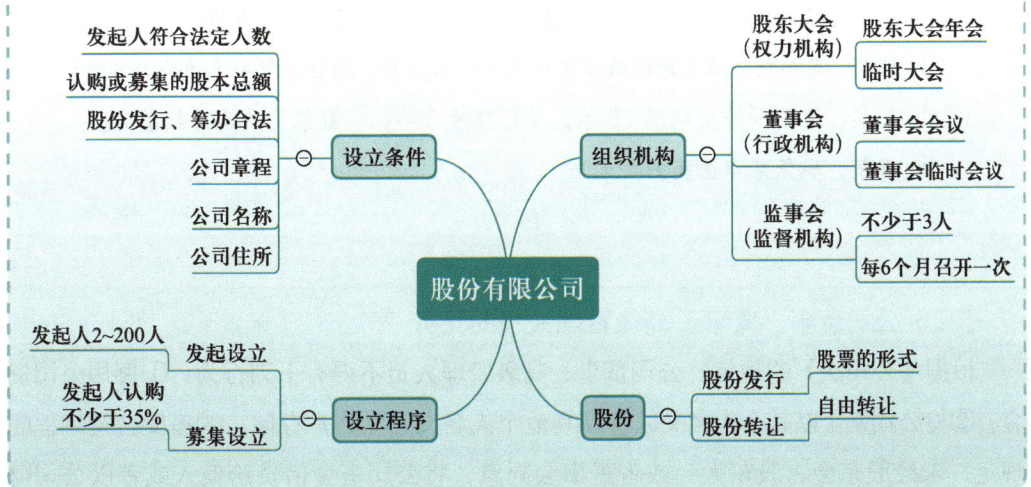

模块三　公司法其他重要规定

一、公司董事、监事、高级管理人员的资格和义务

（一）公司董事、监事、高级管理人员的资格

根据《公司法》的规定，有下列情形之一的，不得担任公司的董事、监事、高级管理人员：①无民事行为能力或者限制民事行为能力人；②因贪污、贿赂、侵占财产、挪用财产或者破坏社会主义市场经济秩序，被判处刑罚，执行期满未逾5年，或者因犯罪被剥夺政治权利，执行期满未逾5年；③担任破产清算的公司、企业的董事或者厂长、经理，对该公司、企业的破产负有个人责任的，自该公司、企业破产清算完结之日起未逾3年；④担任因违法被吊销营业执照、责令关闭的公司、企业的法定代表人，并负有个人责任的，自该公司、企业被吊销营业执照之日起未逾3年；⑤个人所负数额较大的债务到期未清偿。

公司违反《公司法》的上述规定选举、委派董事、监事或者聘任高级管理人员的，该选举、委派或者聘任无效。公司董事、监事、高级管理人员在任职期间出现上述所列情形的，公司应当解除其职务。

随堂练习3-10

> 某有限公司计划招聘一名新董事参加与本公司的经营活动，经过猎头公司推荐，以下4人成为候选人，其中（　　）不具备《公司法》规定的不得担任高管人员任职资格的禁止条件。
> A. 赵某，经营能力一流，口才尤佳，但因酷爱行为艺术遭人非议
> B. 钱某，曾担任一家长期经营不善的洗浴中心董事，到任后仅一天该公司即破产
> C. 孙某，曾因强奸被判刑10年，现已释放3年，一直靠街头卖烤红薯为生
> D. 李某，现任某市医院妇科大夫

（二）公司董事、监事、高级管理人员的义务

根据《公司法》的规定，公司董事、高级管理人员不得有下列行为：①挪用公司资金；②将公司资金以其个人名义或者以其他个人名义开立账户存储；③违反公司章程的规定，未经股东会、股东大会或者董事会同意，将公司资金借贷给他人或者以公司财产为他人提供担保；④违反公司章程的规定或者未经股东会、股东大会同意，与本公

司订立合同或者进行交易；⑤未经股东会或者股东大会同意，利用职务便利为自己或者他人谋取属于公司的商业机会，自营或者为他人经营与所任职公司同类的业务；⑥接受他人与公司交易的佣金归为己有；⑦擅自披露公司秘密；⑧违反对公司忠实义务的其他行为。

公司董事、高级管理人员违反上述规定所得的收入应当归公司所有。公司董事、监事、高级管理人员执行公司职务时违反法律、行政法规或者公司章程的规定给公司造成损失的，应当承担赔偿责任。

二、公司财务会计制度

（一）财务会计制度

有限责任公司和股份有限公司应根据国家的法律、法规和国务院财政主管部门的规定，建立本公司的财务会计制度。公司应单独设置会计机构，配备会计人员。公司进行的经济业务活动应按照规定填制会计凭证、登记会计账簿、编制会计报表。公司应按照国务院财政主管部门的规定按期编制财务会计报告，并依法经审查验证。

（二）公司的利润分配

利润分配的顺序如下：

（1）弥补以前年度的亏损，但不得超过税法规定的弥补期限。根据我国《企业所得税法》规定，纳税人发生年度亏损的，可以用下一年度的所得弥补；下一年度的所得不足以弥补的，可以逐年延续弥补，但是弥补期限最长不得超过5年。

（2）缴纳企业所得税。

（3）弥补在税前利润弥补亏损之后仍存在的亏损。

（4）依法提取法定公积金。公司分配当年税后利润时，应当提取利润的10%列入公司法定公积金。当公司法定公积金累计额为公司注册资本的50%以上时，可不再提取。

（5）提取任意公积金。公司从税后利润中提取法定公积金后，经股东会或者股东大会决议，可以提取任意公积金。

（6）向股东分配利润。有限责任公司依照股东出资比例进行分配，股份有限公司依照股东持有的股份比例进行分配。

（三）公积金

公积金，是指为了增强公司的信用，巩固公司的资本基础，扩大生产经营规模，预防亏损风险，根据公司章程的规定或股东（大）会的决议，从公司税后利润中提取的具有特定用途的一种储备资金。

1. 公积金的种类

以公积金是否依法强制提取为标准，可将其分为法定公积金和任意公积金。

（1）法定公积金。法定公积金，也称强制公积金，是指依公司法规定必须提取的公积金，其提取的具体比例、用途都由法律直接规定，公司必须遵守，不得通过公司章程或者组织机构的会议决议变相改变法律的规定。

知识拓展 3-2

法定盈余公积金和资本公积金

以公积金的来源为标准，可将其进一步分为法定盈余公积金和资本公积金。①法定盈余公积金。法定盈余公积金，是指公司于弥补亏损后，分配股利前，依法从税后利润中提取的公积金。根据我国《公司法》第166条的规定，公司分配当年税后利润时，应当提取利润10%列入公司法定公积金。公司法定公积金累计额为公司注册资本50%以上的，可以不再提取。公司的法定公积金不足以弥补以前年度亏损的，在依照前款规定提取法定公积金之前，应当先用当年利润弥补亏损。②资本公积金。资本公积金，是指在公司的生产经营活动之外，由资本或资产及其他原因所产生的收益。股票溢价发行的溢价款是上市公司最常见、最主要的资本公积金来源。

（2）任意公积金。任意公积金，是指根据公司章程或股东（大）会决议而于法定公积金之外自由设置并提取的公积金。根据我国《公司法》第166条的规定，公司从税后利润中提取法定公积金后，经股东会或者股东大会决议，还可以从税后利润中提取任意公积金。

随堂练习 3-11

甲公司是股份有限公司，注册资本2亿元，累计提取法定公积金余额5 000万元。2019年度税后利润为3 000万元，该公司当年应当提取的法定公积金数额是（　　）万元。

A. 150　　　　　B. 200　　　　　C. 300　　　　　D. 500

2. 公积金的用途

我国《公司法》第168条第1款规定："公司的公积金用于弥补公司的亏损、扩大公司生产经营或者转为增加公司资本。但是，资本公积金不得用于弥补公司的亏损。"《公司法》第 168 条第 2 款对公积金转增为公司资本做出了一个限制，即"法定公积金转为资本时，所留存的该项公积金不得少于转增前公司注册资本的百分之二十五"。

三、公司合并、分立、增资、减资

（一）公司合并

公司合并是指两个以上的公司依照法定程序，不需要经过清算程序，直接合并为一个公司的行为。我国《公司法》第 172 条规定："公司合并可以采取吸收合并或者新设合并。一个公司吸收其他公司为吸收合并，被吸收的公司解散。两个以上公司合并设立一个新的公司为新设合并，合并各方解散。"

微课：
有限责任

公司合并的法定程序如下：①签订合并协议。公司合并，应当由合并各方签订合并协议。②编制资产负债表及财产清单。③做出合并决议。公司在签订合并协议并编制资产负债表及财产清单后，应当就公司合并的有关事项做出合并决议。④通知债权人。公司应当自做出合并决议之日起 10 日内通知债权人，并于 30 日内在报纸上公告。债权人自接到通知书之日起 30 日内，未接到通知书的自公告之日起 45 日内，可以要求公司清偿债务或者提供相应的担保。⑤依法进行登记。公司合并后，应当依法向公司登记机关办理相应的变更登记、注销登记、设立登记。根据《公司法》第 174 条的规定，公司合并时，合并各方的债权、债务，应当由合并后存续的公司或者新设的公司承继。

> **课程思政 3—3**
>
> **债权人可以阻止公司合并吗？**
>
> 债权人自接到通知书之日起 30 日内，未接到通知书的自第一次公告之日起 45 日内，有权要求公司清偿债务或者提供相应的担保。不清偿债务或者不提供相应的担保的，公司不得合并。
>
> **思政要点**：培养学生爱岗敬业、诚实守信、廉洁自律的职业观。

（二）公司分立

公司分立，是指一个公司分成两个或两个以上的公司。公司分立有两种形式，即新设分立和派生分立。公司分立的程序与公司合并的程序基本一样，要签订分立协议、编制资产负债表及财产清单、做出分立决议、通知债权人、办理营业执照变更登记等。我国《公司法》第 176 条规定，公司分立前的债务由分立后的公司承担连带责任。但是，公司在分立前与债权人就债务清偿达成的书面协议另有约定的除外。

（三）公司减资

公司减资指公司因资本过剩或生产经营亏损严重，依照法定条件和程序，通过一定形式在原有基础上对其注册资本进行削减的行为。

公司注册资本减少的程序如下：①由董事会制定减少公司注册资本的方案，该方案一般应包括如下内容：减资后的公司注册资本；减资后的股东利益和债权人利益的安排与调整；股东出资的比例变化等。②编制资产负债表及财产清单。根据《公司法》第 177 条第 1 款的规定，公司需要减少注册资本时，必须编制资产负债表及财产清单。③股东（大）会通过减少公司注册资本的决议。④通知债权人并公告，处理债务。根据《公司法》第 177 条第 2 款的规定，公司应当自做出减少注册资本决议之日起 10 日内通知债权人，并于 30 日内在报纸上公告。债权人自接到通知书之日起 30 日内，未接到通知书的自公告之日起 45 日内，有权要求公司清偿债务或者提供相应的担保。⑤依法办理变更登记。根据《公司法》第 179 条第 2 款的规定，公司增加或者减少注册资本，应当依法向公司登记机关办理变更登记。

（四）公司增资

公司增资指公司为筹集资金、扩大规模，根据法定的条件和程序，使公司的注册资本在原来的基础上增多的法律行为。

根据我国《公司法》的相关规定，有限责任公司增资，应当首先由董事会制订增加注册资本的方案，然后提交股东会进行审议，该决议必须经代表 2/3 以上表决权的股东通过。国有独资公司能否增资，由国有资产监督管理机构决定。股份有限公司必须按章程的规定将股份全部发行完毕之后，才可以增资。根据我国《公司法》的相关规定，股份有限公司增资需要由董事会制订增加注册资本的方案，提交股东大会进行审议，该方案必须经出席会议的股东所持表决权的 2/3 以上通过。

四、公司解散和清算

（一）公司解散

公司解散指依法成立的公司，因发生法律或公司章程规定的解散事由而停止其业务活动，最终失去法律人格的法律行为。根据《公司法》的规定，公司解散的原因有以下五种情形：①公司章程规定的营业期限届满或者公司章程规定的其他解散事由出现；②股东会或者股东大会决议解散；③因公司合并或者分立需要解散；④依法被吊销营业执照、责令关闭或者被撤销；⑤人民法院依法予以解散。

（二）公司的清算

公司因上述第①②④⑤项规定而解散的，应当在解散事由出现15日内成立清算组，开始清算。根据《公司法》第183条的规定，有限责任公司的清算组由股东组成，股份有限公司的清算组由董事或者股东大会确定的人员组成。逾期不成立清算组进行清算的，债权人可以申请人民法院指定有关人员组成清算组进行清算。人民法院应当受理该申请，并及时组织清算组进行清算。

债权人应当自接到通知书之日起30日内，未接到通知书的自公告之日起45日内，向清算组申报债权。债权人申报债权，应当说明债权的有关事项，并提供证明材料。清算组应当对债权进行登记。在申报债权期间，清算组不得对债权人进行清偿。

公司财产在分别支付清算费用、职工的工资、社会保险费用和法定补偿金，缴纳所欠税款，清偿公司债务后的剩余财产，有限责任公司按照股东的出资比例分配，股份有限公司按照股东持有的股份比例分配。公司清算结束后，清算组应当制作清算报告，报股东会、股东大会或者人民法院确认，并报送公司登记机关，申请注销公司登记。

思维导图实训 3-3

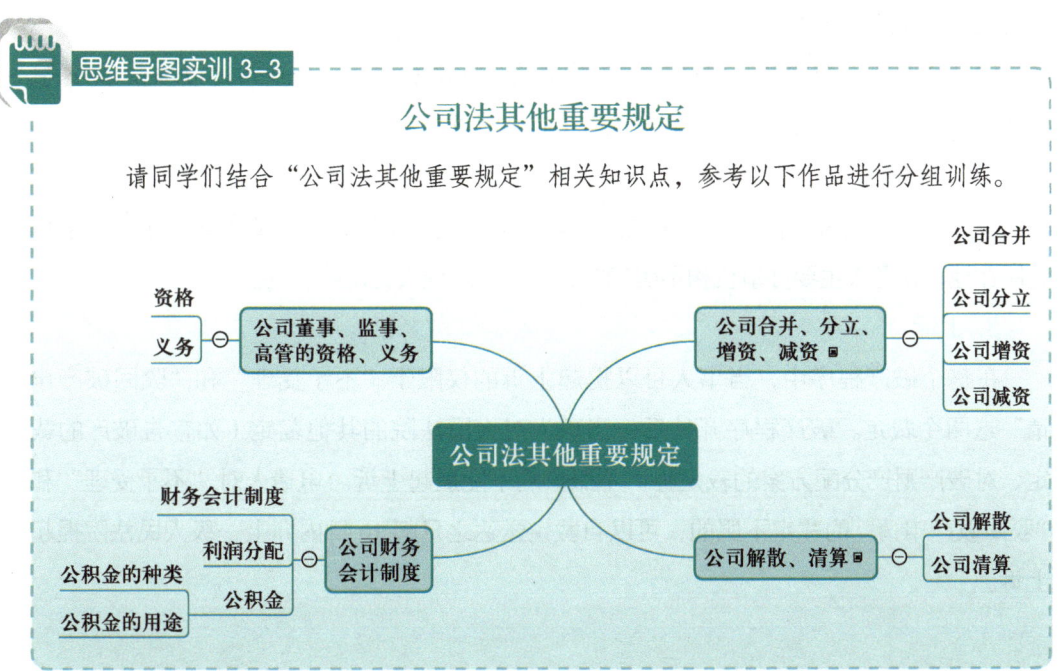

模块四　公司破产法律制度

一、破产申请与受理

微课：破产申请与受理

根据《中华人民共和国企业破产法》（简称《企业破产法》）的规定，破产是在企业法人不能清偿到期债务，并且资产不足以清偿全部债务或明显缺乏清偿能力时，由法院主持依法清理债务，将债务人的全部财产依法抵偿所欠的各种债务，不足部分不再清偿的法律制度。公司破产适用《企业破产法》的相关规定，公司破产界限的实质标准是公司不能清偿到期债务。

（一）破产申请

1. 破产申请人

债务人、债权人、清算人均可成为破产申请人。

（1）债务人。债务人不能清偿到期债务，并且资产不足以清偿全部债务或者明显缺乏清偿能力的，可以向人民法院提出重整、和解或者破产清算申请。

（2）债权人。债务人不能清偿到期债务，债权人可以向人民法院提出对债务人进行重整或者破产清算的申请。债务人有重整、和解或者破产清算三个选择，债权人有重整或者破产清算两个选择。

（3）清算人。企业法人已解散但未清算或者未清算完毕，资产不足以清偿债务的，依法负有清算责任的人应当向人民法院申请破产清算。

2. 人民法院

破产案件由债务人住所地人民法院管辖。债务人住所地，是指债务人的主要办事机构所在地；债务人主要办事机构不明确的，由其注册地人民法院管辖。

3. 上诉

在整个破产程序中，当事人可以提起上诉的仅限于"不予受理"和"驳回破产申请"这两个裁定。破产程序开始后，当事人对人民法院的其他裁定（如宣告破产的裁定、对破产财产分配方案的裁定等）不服，均不能提起上诉。申请人对"不予受理"和"驳回破产申请"的裁定不服的，可以自裁定送达之日起10日内向上一级人民法院提起上诉。

（二）破产申请受理的效力

破产申请受理的效力是破产程序开始所带来的法律后果，主要表现在以下几个方面：

（1）人民法院受理破产申请后，债务人对个别债权人的债务清偿无效。人民法院受理破产申请后，即破产程序开始后，债务人财产要公平地清偿全体债权人，因此，对个别债权人的债务清偿肯定无效。

（2）人民法院受理破产申请后，债务人的债务人或者财产持有人应当向管理人清偿债务或者交付财产。破产企业租用他人的设备，出租人通过管理人取回；他人租用破产企业的设备，承租人应当向管理人交回。

（3）人民法院受理破产申请后，管理人对破产申请受理前成立而债务人和对方当事人均未履行完毕的合同有权决定"解除或者继续履行"，并通知对方当事人。①继续履行。因管理人请求对方当事人履行双方均未履行完毕的合同所产生的债务，属于共益债务，共益债务的清偿顺序优先于普通债权。②解除合同。管理人自破产申请受理之日起2个月内未通知对方当事人，或者自收到对方当事人催告之日起30日内未答复的，视为解除合同。管理人决定继续履行合同的，对方当事人应当履行；但是，对方当事人有权要求管理人提供担保。管理人不提供担保的，视为解除合同。管理人依照《企业破产法》规定解除合同的，对方当事人以因合同解除产生的损害赔偿请求权申报债权。

（4）人民法院受理破产申请后，有关债务人财产的保全措施应当解除，执行程序应当中止。保全措施解除后，有关财产计入债务人财产；执行程序中止后，债权人凭生效的法律文书向受理破产案件的人民法院申报债权。

（5）人民法院受理破产申请后，已经开始而尚未终结的有关债务人的民事诉讼或者仲裁应当中止；在管理人接管债务人的财产后，该诉讼或者仲裁继续进行。

（6）人民法院受理破产申请后，有关债务人的民事诉讼，只能向受理破产申请的人民法院提出。

随堂练习3-12

根据企业破产法的规定，在人民法院受理破产申请后，下列有关破产申请受理的效力的表述中，不正确的有（　　）。

A. 债务人不得对个别债权人的债务进行清偿
B. 债务人的债务人应当向破产管理人清偿债务
C. 有关债务人财产的执行措施应当终止
D. 有关债务人的民事诉讼只能向受理破产申请的法院提起

申请破产就一定会倒闭清算吗？

《企业破产法》第 1 条："为规范企业破产程序，公平清理债权债务，保护债权人和债务人的合法权益，维护社会主义市场经济秩序，制定本法。"

《企业破产法》第 2 条："企业法人不能清偿到期债务，并且资产不足以清偿全部债务或者明显缺乏清偿能力的，依照本法规定清理债务。企业法人有前款规定情形，或者有明显丧失清偿能力可能的，可以依照本法规定进行重整。"

思政要点：提高学生心理抗挫折能力，培育学生具有健康的心理素质。

二、破产管理人

（一）管理人的产生

管理人由人民法院指定、更换，管理人辞去职务应当经人民法院许可。管理人的报酬（属于破产费用）由人民法院确定。债权人会议对管理人的报酬有异议的，有权向人民法院提出，由人民法院决定是否调整。管理人可以由有关部门、机构的人员组成的清算组或者依法设立的律师事务所、会计师事务所、破产清算事务所等社会中介机构担任。有下列情形之一的，不得担任管理人：①因故意犯罪受过刑事处罚；②曾被吊销相关专业执业证书；③与本案有利害关系；④人民法院认为不宜担任管理人的其他情形。

（二）管理人的职责

管理人依据《企业破产法》履行的主要职责包括：①接管债务人的财产、印章和账簿、文书等资料；②调查债务人财产状况，制作财产状况报告；③决定债务人的内部管理事务；④决定债务人的日常开支和其他必要开支；⑤在第一次债权人会议召开之前，决定继续或者停止债务人的营业；⑥管理和处分债务人的财产；⑦代表债务人参加诉讼、仲裁或者其他法律程序；⑧提议召开债权人会议；⑨人民法院认为管理人应当履行的其他职责。

随堂练习 3-13

根据企业破产法律制度的规定，人民法院裁定受理破产申请的，应当同时指定管理人。下列各项中，属于管理人职责的是（　　）。

A. 决定债务人的内部管理事务
B. 拟订破产财产的分配方案
C. 提议召开债权人会议
D. 代表债务人参加诉讼、仲裁

三、债务人财产

债务人财产是指破产申请受理时属于债务人的全部财产，以及破产申请受理后至破产程序终结前债务人取得的财产。破产申请受理时属于债务人的"全部财产"，包括已经设定担保的财产。

（一）撤销权

（1）人民法院受理破产申请前 1 年内，涉及债务人财产的下列行为，管理人有权请求人民法院予以撤销：①无偿转让财产的；②以明显不合理的价格进行交易的；③对没有财产担保的债务提供财产担保的；④对未到期的债务提前清偿的；⑤放弃债权的。

（2）人民法院受理破产申请前 6 个月内，债务人不能清偿到期债务，并且资产不足以清偿全部债务或者明显缺乏清偿能力，仍对个别债权人进行清偿的，管理人有权请求人民法院予以撤销。对个别债权人的清偿如被撤销，管理人有权予以追回，计入破产财产。个别债权人的债权，与其他债权人的债权一样计入破产债权。

（二）债务人的无效行为

债务人的无效行为，自始无效，与时间无关。债务人的无效行为主要包括以下两种情况：①为逃避债务而隐匿、转移财产的；②虚构债务或者承认不真实的债务的。

（三）抵销权

债权人在破产申请受理前对债务人负有债务的，可以向管理人主张抵销。但是，有下列情形之一的，不得抵销：①债务人的债务人在破产申请受理后取得他人对债务人的债权的。②债权人已知债务人有不能清偿到期债务或者破产申请的事实,对债务人负担债务的;但是,债权人因为法律规定或者有破产申请1年前所发生的原因而负担债务的除外。③债务人的债务人已知债务人有不能清偿到期债务或者破产申请的事实,对债务人取得债权的;但是,债务人的债务人因为法律规定或者有破产申请1年前所发生的原因而取得债权的除外。

(四)取回权

人民法院受理破产申请后,债务人占有的不属于债务人的财产,该财产的权利人可以通过管理人取回。一般取回权的行使通常只限于取回原物。如在破产案件受理前,原物已被债务人卖出或灭失,权利人的取回权消灭,只能以物价即直接损失额作为普通破产债权要求清偿。但是,该财产因灭失而产生的保险赔偿,该财产的权利人有权取回代偿物,这就是代偿取回权。

(五)破产费用和共益债务

1. 破产费用

破产费用是指在破产程序中为全体债权人共同利益而支付的各项费用。破产费用包括:①破产案件的诉讼费用;②管理、变价和分配债务人财产的费用;③管理人执行职务的费用、报酬和聘用工作人员的费用。

2. 共益债务

共益债务是在破产程序中为了全体债权人的共同利益而由债务人财产负担的债务。公益债务包括:①因管理人请求对方当事人履行双方均未履行完毕的合同所产生的债务;②债务人财产受无因管理所产生的债务;③因债务人不当得利所产生的债务;④为债务人继续营业而应支付的劳动报酬和社会保险费用以及由此产生的其他债务;⑤管理人执行职务致人损害所产生的债务;⑥债务人财产致人损害所产生的债务。

3. 破产费用和共益债务的清偿

破产费用和共益债务由债务人财产随时清偿。债务人财产不足以清偿所有破产费用和共益债务的,先行清偿破产费用。债务人财产不足以清偿所有破产费用或者共益债务的,按照比例清偿。如果债务人财产不足以支付破产费用,人民法院确认其属实之后,应当受理破产案件,并作出破产宣告,同时作出终结破产程序的裁定,而不应拒绝受理破产案件。

四、破产债权申报

破产债权是指破产申请受理时债权人对破产人享有的债权,包括对破产人的特定财产享有担保权的债权。

(一)债权申报的期限

债权申报期限自人民法院发布受理破产申请公告之日起计算,最短不得少于30日,最长不得超过3个月。在人民法院确定的债权申报期限内,债权人未申报债权的,可以在破产财产最后分配前补充申报;但是,此前已进行的分配,不再对其补充分配。为审查和确认补充申报债权的费用,由补充申报人承担。

微课:
破产债权申报

(二)债权申报的要求

(1)未到期的债权,在破产申请受理时视为到期。附利息的债权自破产申请受理时起停止计息。

(2)附条件、附期限的债权和诉讼、仲裁未决的债权,债权人可以申报。

(3)债务人所欠职工的工资和医疗、伤残补助、抚恤费用,所欠的应当划入职工个人账户的基本养老保险、基本医疗保险费用,以及法律、行政法规规定应当支付给职工的补偿金,不必申报,由管理人调查后列出清单并予以公示。职工对清单记载有异议的,可以要求管理人更正;管理人不予更正的,职工可以向人民法院提起诉讼。

(4)债权人申报债权时,应当书面说明债权的数额和有无财产担保,并提交有关证据。

(5)连带债权人可以由其中一人代表全体连带债权人申报债权,也可以共同申报债权。

(6)连带债务人数人被裁定适用《企业破产法》规定的程序的,其债权人有权就全部债权分别在各破产案件中申报债权。

(7)债务人的保证人或者其他连带债务人已经代替债务人清偿债务的,以其对债务人的求偿权申报债权。债务人的保证人或者其他连带债务人尚未代替债务人清偿债务的,以其对债务人的将来求偿权申报债权。但是,债权人已经向管理人申报全部债权的

> **课堂思考 3—4**
>
> 2018年3月27日,广州中院作出受理裁定,"小鸣单车"正式进入破产程序。"小鸣单车"成为国内第一家破产清算的共享单车企业。共享单车企业破产,押金怎么办?

除外。

（8）管理人或者债务人依照《企业破产法》规定解除合同的，对方当事人以因合同解除所产生的损害赔偿请求权申报债权。这里的损害只包括直接损失，违约金等不得作为破产债权申报。

（9）债务人是委托合同的委托人，被裁定适用《企业破产法》规定的程序，受托人不知该事实，继续处理委托事务的，受托人以由此产生的请求权申报债权。

（10）债务人是票据的出票人，被裁定适用《企业破产法》规定的程序，该票据的付款人继续付款或者承兑的，付款人以由此产生的请求权申报债权。

随堂练习 3-14

根据企业破产法律制度的规定，人民法院受理债务人的破产申请后，下列各项中，债权人可以申报债权的是（　　）。

A. 附条件、附期限的债权　　B. 诉讼、仲裁未决的债权
C. 未到期的债权　　　　　　D. 债务人所欠职工的工资

五、债权人会议

（一）表决权

债权人会议成员因其身份不同而享有不同的表决权，具体如下：①凡是申报债权者均有权参加第一次债权人会议，对于第一次会议以后的债权人会议，只有债权得到确认者才有权行使表决权。②因债权存在争议而未被列入债权表者，如果已经提起债权确认诉讼，可以参加债权人会议。但债权尚未确定的债权人，除人民法院能够为其行使表决权而临时确定债权额者外，不得行使表决权。③对债务人的特定财产享有担保权的债权人，未放弃优先受偿权利的，对通过"和解协议和破产财产的分配方案"的事项不享有表决权。

（二）债权人会议的召集和主持

债权人会议设主席一人，由人民法院从有表决权的债权人中指定。第一次债权人会议由人民法院召集，应当在债权申报期限届满后 15 日内召开。以后的债权人会议，在人民法院认为必要时，或者管理人、债权人委员会、占债权总额 1/4 以上的债权人向债权人会议主席提议时召开。召开债权人会议，管理人应当提前 15 日通知已知的债权人。

（三）债权人会议的职权

债权人会议享有以下职权：①核查债权；②申请人民法院更换管理人，审查管理人的费用和报酬；③监督管理人；④选任和更换债权人委员会成员；⑤决定继续或者停止债务人的营业；⑥通过重整计划；⑦通过和解协议；⑧通过债务人财产的管理方案；⑨通过破产财产的变价方案；⑩通过破产财产的分配方案。

六、重整

重整是指当企业法人不能清偿到期债务时，不立即进行破产清算，而是在人民法院的主持下，由债务人与债权人达成协议，制定债务人重整计划，债务人继续营业，并在一定期限内清偿全部或者部分债务的制度。

（一）重整申请

尚未进入破产程序时，债务人或者债权人可以直接向人民法院申请对债务人进行重整。债权人申请对债务人进行破产清算的，在人民法院受理破产申请后、宣告债务人破产前，债务人或者出资额占债务人注册资本10%以上的出资人，可以向人民法院申请重整。

（二）重整期间

自人民法院裁定债务人重整之日起至重整程序终止，为重整期间。①在重整期间，对债务人的特定财产享有的担保权（如抵押权）暂停行使。②在重整期间，债务人或者管理人为继续营业而借款的，可以为该借款设定担保。③在重整期间，债务人的出资人不得请求投资收益分配。④在重整期间，债务人的董事、监事、高级管理人员不得向第三人转让其持有的债务人的股权。但是，经人民法院同意的除外。

随堂练习 3-15

根据企业破产法律制度的规定，在重整期间，有关当事人的下列行为中，不符合规定的是（　　）。

A. 对债务人的机器设备享有抵押权的甲银行行使了抵押权

B. 管理人为继续营业向乙银行借款100万元，并以厂房为该笔借款设定了抵押担保

C. 债务人的出资人丙企业请求投资收益分配

D. 债务人的董事丁未经人民法院的同意，将其持有的债务人的股权全部转让给第三人戊

(三)重整计划的制定

债务人自行管理财产和营业事务的,由债务人制作重整计划草案;管理人负责管理财产和营业事务的,由管理人制作重整计划草案。债务人或者管理人应当自人民法院裁定债务人重整之日起 6 个月内,同时向人民法院和债权人会议提交重整计划草案。债务人或者管理人未按期提出重整计划草案的,人民法院应当裁定终止重整程序,并宣告债务人破产。

(四)重整计划的批准

(1)重整计划的分组表决。重整计划分为以下四组进行表决:①对债务人的特定财产享有担保权的债权;②债务人所欠职工的工资和医疗、伤残补助、抚恤费用,所欠的应当划入职工个人账户的基本养老保险、基本医疗保险费用,以及法律、行政法规规定应当支付给职工的补偿金;③债务人所欠税款;④普通债权。

(2)重整计划的通过方式。出席会议的同一表决组的债权人过半数同意重整计划草案,并且其所代表的债权额占该组债权总额的 2/3 以上的,即为该组通过重整计划草案。各表决组均通过重整计划草案时,重整计划即为通过。人民法院经审查认为符合规定的,裁定批准,并予以公告。

部分表决组未通过重整计划草案的,债务人或者管理人可以同未通过重整计划草案的表决组协商,该表决组可以在协商后再表决一次。未通过重整计划草案的表决组拒绝再次表决或者再次表决仍未通过重整计划草案,但重整计划草案符合法律规定条件的,债务人或者管理人可以申请人民法院批准重整计划草案。人民法院经审查认为符合规定的,裁定批准,并予以公告。重整计划草案未获得通过且未依照法律的规定获得批准,或者已通过的重整计划未获得批准的,人民法院应当裁定终止重整程序,并宣告债务人破产。表 3-1 为重整计划的通过方式。

表 3-1 重整计划的分组表决与通过方式

通过情况	债权人会议	人民法院	结果
①全部通过	√√√√	√	√
②全部通过	√√√√	×	×
③部分通过	√√ × ×	√	√
④部分通过	√√ × ×	×	×
⑤全部未通过	× × × ×	闭嘴	×

(注:表中√表示同意,×表示拒绝)

随堂练习3-16

根据《企业破产法》规定,下列各项中,人民法院应当裁定终止重整程序,并宣告债务人破产的情形有( )。

A. 重整计划草案在债权人会议上进行分组表决时,四个表决组均未通过

B. 重整计划草案在债权人会议上进行分组表决时,部分表决组未通过且未依照《企业破产法》的规定获得人民法院的批准

C. 重整计划草案在债权人会议上进行分组表决时,四个表决组均已通过但未获得人民法院的批准

D. 重整计划草案在债权人会议上进行分组表决时,部分表决组未通过,但依照《企业破产法》的规定获得了人民法院的批准

(五)重整计划的效力

经人民法院裁定批准的重整计划,对债务人和全体债权人均有约束力,不论是否有财产担保。债权人未依照规定申报债权的,在重整计划执行期间不得行使权利;在重整计划执行完毕后,可以按照重整计划规定的同类债权的清偿条件行使权利。债权人对债务人的保证人和其他连带债务人所享有的权利,不受重整计划的影响。重整成功的,按照重整计划减免的债务,自重整计划执行完毕时起,债务人不再承担清偿责任。

七、和解

和解是指债务人为了避免破产清算,与债权人会议达成和解协议,按照和解协议减免的债务,自和解协议执行完毕时起,债务人不再承担清偿责任。

(一)和解的提出

债务人可以直接向人民法院申请和解;也可以在人民法院受理破产申请后、宣告债务人破产前,向人民法院申请和解。债务人有重整、和解或者破产清算三个选择,债权人有重整或者破产清算两个选择。

(二)和解协议的通过

(1)债权人会议通过和解协议的决议,由出席会议的有表决权的债权人过半数同意,

并且其所代表的债权额占无财产担保债权总额的 2/3 以上。

（2）债权人会议通过和解协议的，由人民法院裁定认可，并予以公告。和解协议草案经债权人会议表决未获得通过，或者已经债权人会议通过的和解协议未获得人民法院认可的，人民法院应当裁定终止和解程序，并宣告债务人破产。

（三）和解协议的效力

经人民法院裁定认可的和解协议，对债务人和全体和解债权人均有约束力。和解债权人是指无财产担保的债权人，有财产担保的债权人不受和解协议的约束。和解债权人未依照规定申报债权的，在和解协议执行期间不得行使权利；在和解协议执行完毕后，可以按照和解协议规定的清偿条件行使权利。和解债权人对债务人的保证人和其他连带债务人所享有的权利，不受和解协议的影响。和解协议无强制执行的效力，如债务人不履行和解协议，债权人不能请求人民法院强制执行，只能请求人民法院终止和解协议，宣告其破产。

知识拓展 3-3

微课：
重整与和解
的比较

和解与重整的区别

1. 具体的目的不同。和解的目的在于消极地避免债务人受破产宣告或者受破产分配的结果；重整的目的在于积极地拯救债务人。

2. 适用对象有所不同。和解制度适用于所有的企业法人；重整制度适用的对象是对社会经济有重大影响的债务人及有再建价值的企业。

3. 申请人不同。和解程序的申请只能由债务人提出；重整程序不仅债务人可以申请，债权人也可申请。

4. 和解协议仅对无财产担保的债权人产生效力；重整对所有的债权人产生效力，包括有财产担保的债权人和无财产担保的债权人。

课程思政 3-5

破产企业是优先选择重整还是和解

和解是在法院受理破产案件后，在破产程序终结前，债务人与债权人之间就延期偿还以及减免债务问题达成协议，终止破产程序的一种方法。重整是在法院主持下由债务人与债权人达成协议，制定重整计划，在一定期限内，债务人按一定方式全部或部分清偿债务，同时债务人可以继续经营其业务。破产重整可使面临困境但有挽救希望的企业避免关门清算，从而获得恢复生机的机会。

思政要点：引导学生掌握优胜劣汰的市场经济发展规律，实现资源优化组合，促进经济社会发展。

八、破产清算

债务人被宣告破产后，债务人称为破产人，债务人财产称为破产财产，人民法院受理破产申请时对债务人享有的债权称为破产债权。对破产人的特定财产享有担保权的权利人，对该特定财产享有优先受偿的权利。债权人行使优先受偿权利未能完全受偿的，其未受偿的债权作为普通债权；放弃优先受偿权利的，其债权作为普通债权。

（一）破产财产的清偿顺序

破产财产在优先清偿破产费用和共益债务后，依照下列顺序清偿：①破产人所欠职工的工资和医疗、伤残补助、抚恤费用，所欠的应当划入职工个人账户的基本养老保险、基本医疗保险费用，以及法律、行政法规规定应当支付给职工的补偿金；②破产人欠缴的除前项规定以外的社会保险费用和破产人所欠税款；③普通破产债权。

（二）破产财产分配方案的通过

债权人会议通过破产财产分配方案的决议，由出席会议的有表决权的债权人过半数通过，并且其所代表的债权额占无财产担保债权总额的1/2以上。债权人会议通过破产财产分配方案后，由管理人将该方案提请人民法院裁定认可。破产财产分配方案经人民法院裁定认可后，由管理人执行。

（三）破产财产分配方案的实施

对于附生效条件或者解除条件的债权，管理人应当将其分配额提存。管理人依照规定提存的分配额，在最后分配公告日，生效条件未成就或者解除条件成就的，应当分配给其他债权人；在最后分配公告日，生效条件成就或者解除条件未成就的，应当交付给该债权人。

债权人未受领的破产财产分配额，管理人应当提存。债权人自最后分配公告之日起满2个月仍不领取的，视为放弃受领分配的权利，管理人或者人民法院应当将提存的分配额分配给其他债权人。

破产财产分配时，对于诉讼或者仲裁未决的债权，管理人应当将其分配额提存。自破产程序终结之日起满2年仍不能受领分配的，人民法院应当将提存的分配额分配给其他债权人。

思维导图实训3-4

公司破产法律制度

请同学们结合"公司破产法律制度"相关知识点，参考以下作品进行分组训练。

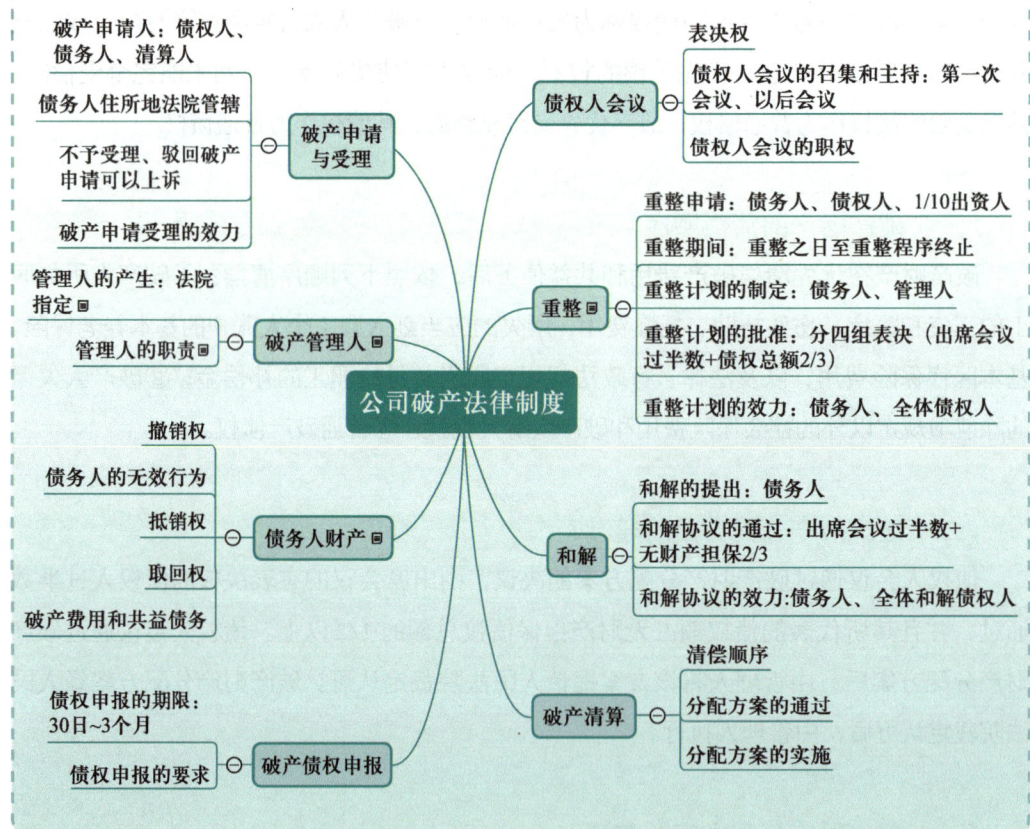

综合案例分析

A有限责任公司有甲、乙、丙、丁四位股东，没有设立董事会和监事会。股东甲持有40%的股份，担任公司执行董事；股东乙持有30%的股份，担任公司监事；股东丙持有20%的股份；股东丁持有10%的股份。2019年9月1日，股东乙提议召开临时股东会，按照公司章程的规定，审议如下事项：为股东乙担任董事的B公司提供担保。全体股东出席了临时股东会，虽然股东丁反对，但是股东会还是通过了该项决议。为此，股东丁要求公司按照合理的价格收购其股权，退出公司。要求：根据以上事实，并结合相关法律规定，分别回答下列问题：

（1）股东乙是否有权提议召开临时股东会？说明理由。

（2）由股东会对为B公司提供担保作出决议是否符合法律规定？说明理由。

（3）股东丁要求退出公司是否符合法律规定？说明理由。

【后疫情时代中的经济法】

1. 后疫情时代，中小企业如何生存发展？

【要点提示】 后疫情时代，由于疫情导致人们产生心理和生理距离，尤其在服务业表现得更加明显。企业如何拉近与消费者的距离，是企业业态设计需要着重考虑的问题。疫情加速了企业的更新换代，放大了中小企业市场"自然死亡"法则，中小企业必须主动求变，树立企业品牌，要有拳头产品，适应市场需求。

2. 后疫情时代，企业如何提高抗风险能力？

【要点提示】 首先，企业应及时了解国家应对疫情影响而出台的劳动、税收、金融等方面关于扶持企业发展的法律政策。其次，应严控成本。例如，房租、人力、折旧、水电严控，申请减免，紧抓法律政策并随时关注。最后，应合作双赢。业态共生，互相体谅，行业链互相帮助，减租，不催债，共渡难关。

【同步练习】

一、单选题

1. 甲、乙两公司与郑某、张某欲共同设立一有限责任公司，并在拟订公司章程时约定了各自的出资方式。下列有关各股东的部分出资方式中，符合公司法律制度规定的是（　　）。

  A. 甲公司以其获得的某知名品牌特许经营权评估作价20万元出资

  B. 乙公司以其企业商誉评估作价30万元出资

  C. 郑某以其享有的某项专利权评估作价40万元出资

  D. 张某以其设定了抵押权的某房产作价50万元出资

2. 甲、乙、丙于 2017 年 2 月分别出资 50 万元、30 万元、20 万元设立一家有限责任公司，2018 年 6 月查实甲的机器设备 50 万元在出资时仅值 20 万元。下列说法错误的是（　　）。

    A. 甲的行为属于出资不实

    B. 甲应补交其差额 30 万元

    C. 如果甲的财产不足补交差额的，必须退出有限责任公司

    D. 如果甲的财产不足补交差额的，由乙和丙承担连带责任

3. 某有限责任公司的下列行为中，符合我国《公司法》规定的有（　　）。

    A. 在法定会计账册之外另设会计账册

    B. 将公司资金以个人名义开立账户存储

    C. 股东会以财务负责人熟悉财务为由指定其兼任监事

    D. 公司章程规定其董事每届任期不得超过 3 年

4. 甲、乙、丙三位发起人共同发起设立股份有限公司，成立董事会，则董事会成员应为（　　）。

    A. 3 人至 9 人　　B. 5 人至 19 人　　C. 3 人至 13 人　　D. 5 人至 15 人

5. 千叶公司因不能清偿到期债务，被债权人百草公司申请破产，法院指定甲律师事务所为管理人。根据破产法律制度的规定，下列各项错误的是（　　）。

    A. 甲律师事务所在第一次债权人会议召开之前，有权决定继续或者停止千叶公司的营业

    B. 甲律师事务所有权处分千叶公司的财产

    C. 甲律师事务所有权因担任管理人而获得报酬

    D. 如甲律师事务所不能胜任职务，债权人会议有权罢免其管理人资格

6. 根据企业破产法律制度的规定，债权人会议应当以表决方式确定是否通过和解协议。债权人会议通过和解协议的法定条件是（　　）。

    A. 出席会议的有表决权的债权人过半数通过，并且其所代表的债权额占无财产担保债权总额 2/3 以上

    B. 出席会议的有表决权的债权人过半数通过，并且其所代表的债权额占全部债权总额 2/3 以上

    C. 全体有表决权的债权人过半数通过，并且其所代表的债权额占无财产担保债权总额 2/3 以上

    D. 全体有表决权的债权人过半数通过，并且其所代表的债权额占全部债权总额的 2/3 以上

二、多选题

1. 根据《公司法》的规定，对下列事项作出的决议中，有限责任公司股东会会议必须经代表 2/3 以上表决权的股东通过的有（　　）。

   A. 修改公司章程　　　　　　B. 减少注册资本

   C. 更换公司董事　　　　　　D. 变更公司形式

2. 根据公司法律制度的规定，下列人员中，不得担任公司监事的有（　　）。

   A. 本公司董事　　　　　　　B. 本公司经理

   C. 本公司副经理　　　　　　D. 本公司财务负责人

3. 根据《公司法》的规定，下列有关公司组织机构的表述中，不正确的有（　　）。

   A. 股东人数较少或者规模较小的有限责任公司可以不设监事会和监事

   B. 一人有限责任公司不设股东会

   C. 国有独资公司的董事长由董事会以全体董事的过半数选举产生

   D. 股份有限公司的董事会成员应当有公司职工代表

4. 王某为甲有限责任公司的董事长和总经理，甲公司主要经营办公家具销售业务。任职期间，王某代理乙公司从国外进口一批办公家具并将其销售给丙公司。下列有关该行为说法正确的是（　　）。

   A. 王某的行为违反了公司法律制度的规定

   B. 甲公司可以决定将其从事上述行为所得收入收归本公司所有

   C. 如果经过董事会同意，王某可以从事以上的活动

   D. 甲公司可以决定撤销王某的行为，但是不能将其取得的收入归入本公司

5. 根据企业破产法律制度的规定，人民法院作出的下列裁定中，当事人可以提出上诉的有（　　）。

   A. 不予受理破产申请的裁定　　B. 驳回破产申请的裁定

   C. 破产宣告的裁定　　　　　　D. 破产程序终结的裁定

6. 人民法院于 2017 年 9 月 10 日受理债务人甲企业的破产申请，甲企业的下列行为中，管理人有权请求人民法院予以撤销的有（　　）。

   A. 甲企业于 2017 年 3 月 1 日对应于 2017 年 10 月 1 日到期的债务提前予以清偿

   B. 甲企业于 2017 年 2 月 1 日向乙企业无偿转让 10 万元的机器设备

   C. 甲企业于 2016 年 9 月 1 日与其债务人丙企业签订协议，放弃其 15 万元债权

   D. 甲企业于 2017 年 2 月 10 日将价值 25 万元的车辆作价 8 万元转让给丁企业

三、判断题

1. 设立公司应当申请名称预先核准。预先核准的公司名称在保留期内，不得用于从事经营活动，不得转让。（　　）

2. 有限责任公司股东会会议由董事会召集，董事长主持。董事长不履行职责的，由副董事长主持；副董事长不履行职责的，由半数以上董事共同推举一名董事主持。（　　）

3. 有限责任公司监事会设主席1人，由全体监事过半数选举产生。（　　）

4. 国有独资公司监事会成员不得少于5人，其中职工代表的比例不得低于1/3，具体比例由公司章程规定。（　　）

5. 股东对外转让出资，其他股东在同等条件下有优先购买权，其他股东自人民法院通知之日起30日不行使优先购买权的，视为放弃优先购买权。（　　）

6. 人民法院受理破产申请后，债务人占有的不属于债务人的财产，该财产的权利人可以通过管理人取回。（　　）

项目四
市场规制法律制度

【知识目标】

- 消费者的权益、经营者的义务、消费争议解决的途径。
- 不正当竞争行为的表现形式及其法律责任。
- 垄断行为的表现形式及其法律责任。

【能力目标】

- 培养学生对消费者权利受损害行为、不正当竞争行为及垄断行为的识别分析能力。
- 培养学生运用法律知识解决实际问题,维护消费者的合法权益。

【思政目标】

- 培养学生诚信、平等、公正、法治、和谐的社会主义核心价值观。
- 塑造学生诚实信用的良好品质。
- 培养学生自觉维护社会公共利益的责任感。

【学习参考法律法规】

- 《中华人民共和国消费者权益保护法》
- 《中华人民共和国反不正当竞争法》
- 《中华人民共和国商标法》

项目四 市场规制法律制度

- 《中华人民共和国反垄断法》

"茶颜悦色"奶茶店自2013年12月在长沙开办第一家店至今,已拥有近200家分店,深受消费者喜爱。随着"茶颜悦色"走红网络,许多到长沙旅游的人,都会打卡一杯"茶颜悦色"。2019年5月,一家与"茶颜悦色"仅一字之差的"茶颜观色"奶茶店在长沙开业。后来,"茶颜观色"注册商标专用权人广州洛旗公司以长沙"茶颜悦色"商标侵权为由,向长沙市岳麓区人民法院起诉,请求法院判令"茶颜悦色"商标注册人湖南茶悦餐饮管理有限公司及授权使用人等赔偿其各项损失21万元,并在微信公众号、微博、大众点评及美团外卖平台上发表致歉声明,消除不利影响。"茶颜悦色"称从2013年以来,经过坚持不懈地推广发展,早已享有较高的市场知名度,且与"茶颜观色"在形、音、义上具有明显差异,商标使用范围亦不相同,消费者不会因此混淆二者。此外,经调查取证发现,"茶颜观色"的注册商标专用权是几经转让后,被洛旗公司获得。洛旗公司明知"茶颜悦色"品牌闻名,仍受让取得"茶颜观色"注册商标专用权,并掀起这场商标侵权之讼,有攀附"茶颜悦色"的意图,存在明显恶意。法院最后判定注册商标"茶颜悦色"在使用上,既未超出核定使用的范围,亦与注册商标"茶颜观色"不相近似,不易混淆。故"茶颜悦色"不构成商标侵权。

要求:根据上述情况,分析回答下列问题:
(1)试述"茶颜悦色"是否存在不正当竞争的行为。
(2)消费者在"茶颜悦色"或"茶颜观色"消费具备哪些权利?

【案例启示】
(1)不正当竞争的行为中的"混淆行为"与商标侵权的关系。
(2)《消费者权益保护法》中规定了消费者的基本权利。

模块一 消费者权益保护法

一、消费者权益保护法概述

(一)消费者与消费者权益

《中华人民共和国消费者权益保护法》(简称《消费者权益保护法》)第2条规定:"消

费者为生活消费需要购买、使用商品或者接受服务，其权益受本法保护；本法未作规定的，受其他有关法律、法规保护。"

1. 消费者

《消费者权益保护法》上的消费者是指为了生活消费需要购买、使用商品或接受服务的个人。作为消费者必须具备以下几个条件：

（1）必须是自然人，而不是其他市场经济主体，只有自然人才是最终的消费主体。

（2）所购买、使用的商品或者接受的服务必须是以满足个人生活消费为直接目的。若是用于生产或其他目的，则不属于消费者的范畴。需要注意的是，消费者权益保护法也把一部分生产消费纳入调整范围，即农民购买、使用直接用于农业生产的生产资料参照本法执行。

（3）必须有购买、使用商品或者接受服务的行为。需要注意的是，使用由他人支付价款的商品或接受由他人支付费用的服务也属于消费行为。

随堂练习4-1

以下行为中属于消费者权益保护法调整的有（　　）。
A. A公司向B公司购买打印机用于办公
B. C餐馆向D商店购买大米用于经营
C. E的配偶在F商店买只土鸡做晚饭吃
D. G在H商店购买酱油做菜吃

2. 消费者权益的含义

消费者权益是指消费者在购买、使用商品或者接受服务时依法享有的权利以及该权利受到保护时给消费者带来的应得的利益。它具有以下特征：①消费者的权益是消费者所享有的权利，也就是说，消费者的权利是与消费者的身份联系在一起的。②消费者的权益通常是法定的，作为法定权，具有强制性，任何人不得限制或者剥夺。③消费者的权益是法律基于消费者的弱者地位而特别赋予的权利。

（二）消费者权益保护法

1. 消费者权益保护法的概念

消费者权益保护法有广义和狭义之分。广义的消费者权益保护法是指调整消费者与经营者因生活消费而发生的商品和服务关系

课堂思考4-1

想一想，王女士找朋友"代购"化妆品能否得到《消费者权益保护法》的保护？

的法律规范的总称。除了《消费者权益保护法》外，还包括保护消费者权益的地方性法规，及《食品安全法》《产品质量法》中涉及消费者权益的部分内容；狭义的消费者权益保护法指我国全国人大常务委员会通过的《消费者权益保护法》。

2. 消费者权益保护法的立法概况

《消费者权益保护法》于1993年10月31日第八届全国人大常务委员会第四次会议通过，于1994年1月1日起施行。2009年8月27日第十一届全国人大常务委员会第十次会议对该法进行了第一次修正，2013年10月25日第十二届全国人大常务委员会第五次会议对该法进行了第二次修正。该法包括总则、消费者的权利、经营者的义务、国家对消费者合法权益的保护、消费者组织、争议的解决、法律责任、附则共8章63条。该法的立法目的在于保护消费者的合法权益，维护社会经济秩序，促进社会主义市场经济健康发展。

二、消费者的权利

（一）安全保障权

消费者在购买、使用商品和接受服务时享有人身、财产安全不受损害的权利。消费者的安全权包括人身安全和财产安全两个方面，它是消费者最重要的权利。

微课：
消费者的权益

（二）知悉真情权

消费者享有知悉其购买、使用的商品或者接受的服务的真实情况的权利。消费者有权根据商品或者服务的不同情况，要求经营者提供商品的价格、产地、生产者、用途、性能、规格、等级、主要成分、生产日期、有效期限、检验合格证明、使用方法说明书、售后服务，或者服务的内容、规格、费用等有关情况。

（三）自主选择权

消费者享有自主选择商品或者服务的权利。具体指消费者有权自主选择提供商品或者服务的经营者，自主选择商品品种或者服务方式，自主决定购买或者不购买任何一种商品、接受或者不接受任何一项服务。同时，消费者在自主选择商品或者服务时，有权进行比较、鉴别和挑选。

（四）公平交易权

消费者享有公平交易的权利。消费者在购买商品或者接受服务时，有权获得质量保障、价格合理、计量正确等公平交易条件，也有权拒绝经营者的强制交易行为。

（五）依法求偿权

消费者因购买、使用商品或者接受服务受到人身、财产损害的，享有依法获得赔偿的权利。这里的人身损害既包括身体损害，也包括精神损害。财产损害赔偿是指消费者因购买、使用商品或接受服务而导致财产损害的，可以向经营者要求赔偿。这里的财产损害既包括直接损失，也包括间接损失。

（六）依法结社权

消费者享有依法成立维护自身合法权益的社会团体的权利。我国的消费者协会是消费者社会团体。

（七）获得消费知识权

消费者享有获得有关消费和消费者权益保护方面的知识的权利。消费者应当努力掌握所需商品或者服务的知识和使用技能，正确使用商品，提高自我保护意识。

（八）受尊重权

消费者在购买、使用商品和接受服务时，享有其人格尊严、民族风俗习惯得到尊重的权利，享有个人信息依法得到保护的权利。

> **课程思政 4-1**
>
> **消费者享有受尊重权**
>
> 《消费者权益保护法》第 14 条规定："消费者在购买、使用商品和接受服务时，享有人格尊严、民族风俗习惯得到尊重的权利……"
>
> 人格尊严是指公民作为平等的人的资格和权利应该受到国家的承认和尊重，包括与公民人身存在密切联系的名誉、姓名、肖像等不容侵犯的权利。
>
> **思政要点：**培养学生尊重他人的社会公德以及诚信、公平、友善的社会主义核心价值观。

（九）监督权

消费者享有对商品和服务以及保护消费者权益工作进行监督的权利。消费者有权检举、控告侵害消费者权益的行为，也有权检举、控告国家机关及其工作人员在保护消费者权益工作中的违法失职行为，有权对保护消费者权益工作提出批评、建议。

项目四 市场规制法律制度

随堂练习 4-2

刘某在个体摊贩王某摊位选皮鞋，经王某推荐，试了一双不合适，脱下后要走，但王某执意要求刘某买下这双鞋。王某的行为侵犯了刘某的（　　）。

A. 安全保障权　　　　　　　　B. 自主选择权

C. 公平交易权　　　　　　　　D. 维护尊严权

三、经营者的义务

（一）依法定或约定履行的义务

经营者向消费者提供商品或者服务，应当依照《消费者权益保护法》《中华人民共和国产品质量法》等有关法律、法规的规定履行法定义务。经营者和消费者有约定的，应当按照约定履行义务，但双方的约定不得违背法律、法规的规定。经营者向消费者提供商品或者服务，应当恪守社会公德，诚信经营，保障消费者的合法权益；不得设定不公平、不合理的交易条件，不得强制交易。

（二）听取意见和接受监督的义务

经营者应当听取消费者对其提供的商品或者服务的意见，接受消费者的监督。

（三）保障人身和财产安全的义务

经营者应当保证其提供的商品或者服务符合保障人身、财产安全的要求。对可能危及人身、财产安全的商品和服务，应当向消费者作出真实的说明和明确的警示，并说明和标明正确使用商品或者接受服务的方法以及防止危害发生的方法。宾馆、商场、餐馆、银行、机场、车站、港口、影剧院等经营场所的经营者，应当对消费者尽到安全保障义务。

（四）提供真实信息的义务

经营者应向消费者提供有关商品或者服务的真实信息，不得作引人误解的虚假宣传。经营者对消费者就其提供的商品或者服务的质量和使用方法等问题提出的询问，应当作出真实、明确的答复。商店提供商品应当明码标价。经营者应当标明其真实名称和标记。

（五）出具凭证和单据的义务

经营者提供商品或者服务，应当按照国家有关规定或者商业惯例向消费者出具发票等购货凭证或者服务单据；消费者索要发票等购货凭证或者服务单据的，经营者必须出具。

（六）保证商品或服务质量的义务

经营者应当保证在正常使用商品或接受服务的情况下其提供的商品或服务应当具有的质量、性能、用途和有效期限，但消费者在购买商品或服务时已经知道其存在瑕疵的除外；经营者以广告、产品说明、实物样品或者其他方式表明商品或者服务的质量状况的，应当保证其提供的商品或者服务的实际质量与表明的质量状况相符。经营者提供商品或者服务，按照国家规定或者与消费者的约定，承担包修、包换、包退或其他责任的，应当按照国家规定或者约定履行，不得故意拖延或无理拒绝。经营者采用网络、电视、电话、邮购等方式销售商品，消费者有权自收到商品之日起 7 日内退货，且无需说明理由，但下列商品除外：①消费者定作的；②鲜活易腐的；③在线下载或者消费者拆封的音像制品、计算机软件等数字化商品；④交付的报纸、期刊。

（七）不得从事不公平、不合理交易的义务

经营者不得以格式条款、格式合同、通知、声明、店堂告示等方式作出对消费者不公平、不合理的规定，不得利用格式条款并借助技术手段强制交易。

（八）不得侵犯消费者人格权的义务

经营者不得对消费者进行侮辱、诽谤，不得搜查消费者的身体及其携带的物品，不得侵犯消费者的人身自由。禁止泄露消费者个人信息。

随堂练习 4-3

下列店堂告示内容，合法的是（　　）。

A. 假一赔十

B. 商品一旦售出概不退换

C. 购物金额低于 20 元恕不开具发票

D. 商品应经有关行政部门认定为不合格方可退货

四、消费者权益的法律保护

(一) 消费争议解决的途径

国家保护消费者的合法权益不受侵害。根据《消费者权益保护法》第39条规定，消费者与经营者发生的权益争议，可以通过下列途径解决：①与经营者协商和解；②请求消费者协会或者依法成立的其他调解组织调解；③向有关行政部门投诉；④根据与经营者达成的仲裁协议提请仲裁机构仲裁；⑤向人民法院提起诉讼。

(二) 赔偿责任主体的确定

1. 由生产者、销售者、服务者承担

消费者在购买、使用商品时，其合法权益受到损害的，可以向销售者要求赔偿；销售者赔偿后，属于生产者的责任的或者属于向销售者提供商品的其他销售者的责任的，销售者有权向生产者或者其他销售者追偿。消费者在接受服务时，其合法权益受到损害的，可以向服务者要求赔偿。消费者在展销会、租赁柜台购买商品或者接受服务，其合法权益受到损害的，可以向销售者或者服务者要求赔偿。展销会结束或者柜台租赁期满后，也可以向展销会的举办者、柜台的出租者要求赔偿。展销会的举办者、柜台的出租者赔偿后，有权向销售者或者服务者追偿。

2. 由变更后的企业承担

消费者在购买、使用商品或接受服务时，其合法权益受到损害，因原企业分立、合并的，可以向变更后承受其权利义务的企业要求赔偿。

3. 由营业执照的使用人或持有人承担

使用他人营业执照的违法经营者提供商品或服务，损害消费者合法权益的，消费者可以向违法经营者要求赔偿，也可以向营业执照的持有人要求赔偿。

4. 由从事虚假广告行为的经营者和广告的经营者承担

消费者因经营者利用虚假广告提供商品和服务，其合法权益受到损害的，可以向经营者要求赔偿。广告的经营者发布虚假广告的，消费者可以请求行政主管部门予以惩处。广告的经营者不能提供经营者的真实名称、地址的，应当承担赔偿责任。

随堂练习 4-4

甲厂是某品牌啤酒的生产厂家。消费者乙从丙商场购入某品牌啤酒，在开启瓶盖时酒瓶炸裂，致使与乙共同饮酒的丁眼部受伤，经鉴定属于啤酒瓶质量问题。下列答案中正确的是（　　）。

> A. 丁不是消费者，只能向乙赔偿
> B. 因为是丙商场销售的，所以丁只能向丙商场要求赔偿
> C. 因为该啤酒是甲厂生产的，所以丁只能向甲厂要求赔偿
> D. 丁可以向甲厂，也可以向丙商场要求赔偿

（三）法律责任形式

经营者违反经营者义务的，应当依法对消费者承担民事责任。经营者应承担的民事责任包括违约责任、侵权责任。

1. 民事责任

《消费者权益保护法》规定，经营者提供商品或者服务有下列情形之一的，除《消费者权益保护法》另有规定外，应当依照《产品质量法》等其他有关法律、法规的规定，承担民事责任：①商品或者服务存在缺陷的；②不具备商品应当具备的使用性能而出售时未作说明的；③不符合在商品或者其包装上注明采用的商品标准的；④不符合商品说明、实物样品等方式表明的质量状况的；⑤生产国家明令淘汰的商品或者销售失效、变质的商品的；⑥销售的商品数量不足的；⑦服务的内容和费用违反约定的；⑧对消费者提出的修理、重作、更换、退货、补足商品数量、退还货款和服务费用或者赔偿损失的要求，故意拖延或者无理拒绝的；⑨法律、法规规定的其他损害消费者权益的情形。

经营者提供商品或者服务，造成消费者或者其他受害人人身伤害的，应当赔偿医疗费、护理费、交通费等为治疗和康复支出的合理费用，以及因误工减少的收入。造成残疾的，还应当赔偿残疾生活辅助具费和残疾赔偿金。造成死亡的，还应当赔偿丧葬费和死亡赔偿金。

经营者侵害消费者的人格尊严、侵犯消费者人身自由或者侵害消费者个人信息依法得到保护的权利的，应当停止侵害、恢复名誉、消除影响、赔礼道歉，并赔偿损失。

经营者有侮辱诽谤、搜查身体、侵犯人身自由等侵害消费者或者其他受害人人身权益的行为，造成严重精神损害的，受害人可以要求精神损害赔偿。

经营者提供商品或者服务，造成消费者财产损害的，应当依照法律规定或者当事人约定承担修理、重作、更换、退货、补足商品数量、退还货款和服务费用或者赔偿损失等民事责任。

经营者以预收款方式提供商品或者服务的，应当按照约定提供。未按照约定提供的，应当按照消费者的要求履行约定或者退回预付款；并应当承担预付款的利息、消费者必须支付的合理费用。凡经有关行政部门认定为不合格的商品，消费者要求退货的，经营者应当负责退货。

经营者提供商品或者服务有欺诈行为的，应当按照消费者的要求增加赔偿其受到的

项目四 市场规制法律制度

微课：
由奔驰女哭诉维权分析消费者退一赔三罚则的适用

损失，增加赔偿的金额为消费者购买商品的价款或者接受服务的费用的 3 倍；增加赔偿的金额不足 500 元的，为 500 元。

经营者明知商品或者服务存在缺陷，仍然向消费者提供，造成消费者或者其他受害人死亡或者健康严重损害的，受害人有权要求经营者赔偿之外，还有权要求所受损失 2 倍以下的惩罚性赔偿。

2. 行政责任

对经营者违反《消费者权益保护法》的行为，除承担相应的民事责任外，其他有关法律、法规对处罚机关和处罚方式有规定的，依照法律、法规的规定执行；法律、法规未作规定的，由工商行政管理部门或者其他有关行政部门责令改正，可以根据情节单处或者并处警告、没收违法所得、处以违法所得 1 倍以上 10 倍以下的罚款，没有违法所得的，处以 50 万元以下的罚款；情节严重的，责令停业整顿、吊销营业执照。

3. 刑事责任

经营者违反本法规定提供商品或者服务，侵害消费者合法权益，构成犯罪的，依法追究刑事责任。

以暴力、威胁等方法阻碍有关行政部门工作人员依法执行职务的，依法追究刑事责任；拒绝、阻碍有关行政部门工作人员依法执行职务，未使用暴力、威胁方法的，由公安机关依照《中华人民共和国治安管理处罚法》的规定处罚。

国家机关工作人员玩忽职守或者包庇经营者侵害消费者合法权益的行为的，由其所在单位或者上级机关给予行政处分；情节严重，构成犯罪的，依法追究刑事责任。

 知识拓展 4-1

消费纠纷诉讼

当消费纠纷通过协商仍不能解决时，或消费者对消费者协会、工商行政管理部门调解和仲裁不服时，均可向法院起诉，也就是打消费官司。那么，消费纠纷究竟该到哪一个法院去起诉呢？

根据《最高人民法院关于适用〈中华人民共和国民事诉讼法〉若干问题的意见》中关于"因产品质量不合格造成他人财产、人身损害提起的诉讼，产品制造地、产品销售地、侵权行为地和被告住所地的人民法院都有管辖权"的规定，受害的消费者在致害产品的生产者、销售者拒绝赔偿时，可以向产品制造地、产品销售地、侵权行为地和被告住所地的人民法院提起产品责任诉讼，要求赔偿损失，当然，受害者也可以直接向上述人民法院起诉。根据诉讼金额大小及案情繁简，应向不同级别的法院提出诉讼。一般来说，诉讼金额较小、案情简单的，向区、县法院起诉；纠纷金额较大、案情比较复杂的，以及涉及外商、外资的，可以向当地中级人民法院起诉。

118

模块一 消费者权益保护法

思维导图实训 4-1

消费者权益保护法

请同学们结合"消费者权益保护法"相关知识点，参考以下作品进行分组训练。

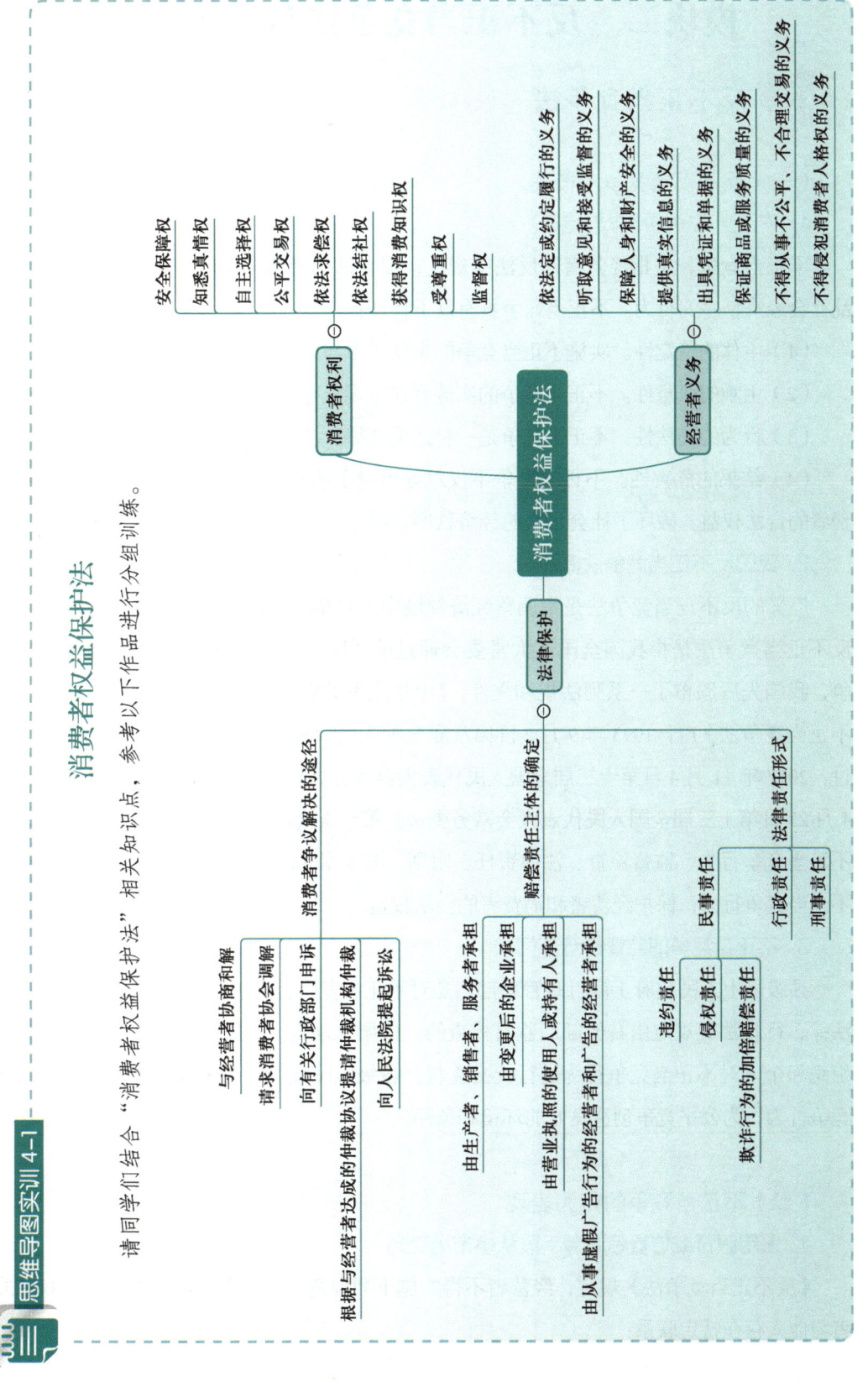

模块二 反不正当竞争法与反垄断法

一、反不正当竞争法

（一）反不正当竞争法概述

1. 不正当竞争的概念与特征

不正当竞争，是指经营者违反法律规定，损害消费者或其他经营者的合法权益，扰乱社会经济秩序的行为。不正当竞争具有以下特征：

（1）主体的特定性。实施不正当竞争的主体是参与市场竞争的经营者。

（2）主观的故意性。不正当竞争的实施者在主观上存在明知故犯。

（3）行为的违法性。不正当竞争是一种违反法律、法规和商业道德的行为。

（4）结果的危害性。不正当竞争不仅对竞争对手的利益造成损害，而且可能侵害消费者的合法权益，破坏了社会正常的经济秩序。

2. 我国反不正当竞争法概述

广义的反不正当竞争法是指调整经济领域中的竞争关系的法律规范的总称。狭义的反不正当竞争法是指我国全国人大常委会通过的《反不正当竞争法》。为制止不正当竞争，我国先后颁布了一系列法规和文件，《中华人民共和国反不正当竞争法》（简称《反不正当竞争法》）于1993年9月2日第八届全国人民代表大会常务委员会第三次会议通过，2017年11月4日第十二届全国人民代表大会常务委员会第三十次会议修订，2019年4月23日第十三届全国人民代表大会常务委员会第十次会议修正并发布。该法包括总则、不正当竞争行为、监督检查、法律责任、附则，共5章33条。该法的立法目的在于制止不正当竞争行为，保护经营者和消费者的合法权益。

3. 不正当竞争的监督检查部门

县级以上人民政府工商行政管理部门是对不正当竞争行为进行监督检查的专门部门；法律、行政法规规定由其他部门监督检查的，依照其规定。国家鼓励、支持和保护一切组织和个人对不正当竞争行为进行社会监督。各级人民政府应当采取措施，制止不正当竞争行为，为公平竞争创造良好的环境和条件。

（二）不正当竞争的行为表现

1. 采用假冒或仿冒等混淆手段从事市场交易

《反不正当竞争法》规定，经营者不得实施下列混淆行为，引人误认为是他人商品或者与他人存在特定联系：

（1）擅自使用与他人有一定影响的商品名称、包装、装潢等相同或者近似的标识。此处的"有一定影响"针对的是商业标识而非商品本身，也与《中华人民共和国商标法》（简称《商标法》）的表述相统一。

微课：
商标侵权

商标，俗称"牌子"，是指商品的生产者、经营者或者服务的提供者为了标明自己、区别他人在自己的商品或服务上使用的可视性标志，即由文字、图形、字母、数字、三维标志和颜色，以及上述要素的组合所构成的标志。注册商标是指商标所有人向国家商标局提出商标注册申请并获得核准的可视性标志。注册商标在其有效期限内，注册人享有该注册商标的专用权。使用注册商标时应在商品上标明注册标记，即标明"注册商标"字样或者其简化的注册标记®或㊟。在商品上不便标记的，应当在商品包装或者说明书以及其他附着物上标明。商标注册人为此享有商标专用权，任何人都不得在同一种商品、同一种服务或类似商品、服务上使用与其注册商标相同或近似的商标。

我国《商标法》对商标权的保护仅指对注册商标专用权的保护。注册商标专用权的保护范围，以核准注册的商标和核准使用的商品为限。我国《商标法》第57条规定了侵犯注册商标专用权行为的主要表现：①未经商标注册人的许可，在同一种商品上使用与其注册商标相同的商标的；②未经商标注册人的许可，在同一商品上使用与其注册商标相近的商标，或者在类似商品上使用与其注册商标相同或者相似的商标，容易导致混淆的；③销售侵犯注册商标专用权的商品的；④伪造、擅自制造他人注册商标标识或者销售伪造、擅自制造的注册商标标识的；⑤未经商标注册人同意，更换其注册商标并将该更换商标的商品又投入市场的；⑥故意为侵犯他人注册商标专用权行为提供便利条件，帮助他人实施侵犯商标专用权行为的；⑦给他人的注册商标专用权造成其他损害的。

在我国，《商标法》明确规定，侵犯商标权需要承担相应的法律责任。侵犯商标权的，侵权人应当承担停止侵害、赔偿损失等民事责任；销售不知道是侵犯注册商标专用权的商品，能证明该商品是自己合法取得的并说明提供者的，不承担赔偿责任。工商行政管理部门对侵犯商标权行为人可以责令立即停止侵权行为，没收、销毁侵权商品和专门用于制造侵权商品、伪造注册商标标识的工具，并可处以罚款。罚款数额为非法经营额3倍以下；非法经营额无法计算的，罚款数额为10万元以下；侵犯注册商标专用权，构成犯罪的，还将依法追究刑事责任。我国《刑法》第213条至第215条分别规定了假冒注册商标罪、销售假冒注册商标的商品罪、非法制造、销售非法制造的注册商标标识罪。

> **课堂思考4-2**
>
> 想一想，导入案例中，"茶颜悦色"在没有侵犯"茶颜观色"的商标权的情况下，"茶颜悦色"是否存在不正当竞争行为？

知识拓展 4-2

驰 名 商 标

驰名商标是指在市场上享有较高声誉、为相关公众所熟知，并且有较强竞争力的商标。驰名商标在英文中表述为"well-known mark"或"well-known trademark"。《商标法》第 14 条专门规定了认定驰名商标的条件："认定驰名商标应当考虑下列因素：(一)相关公众对该商标的知晓程度；(二)该商标使用的持续时间；(三)该商标的任何宣传工作的持续时间、程度和地理范围；(四)该商标作为驰名商标受保护的记录；(五)该商标驰名的其他因素。"

(2)擅自使用他人有一定影响的企业名称（包括简称、字号等）、社会组织名称（包括简称等）、姓名（包括笔名、艺名、译名等）。根据《企业名称登记管理规定》，企业名称或姓名一经登记，登记者便享有专有权。企业名称或者姓名受到法律的保护。

(3)擅自使用他人有一定影响的域名主体部分、网站名称、网页等。

(4)其他足以引人误认为是他人商品或者与他人存在特定联系的混淆行为。例如，在商品上伪造或者冒用认证标志、名优标志等质量标志，伪造产地，对商品质量作引人误解的虚假表示等。

2. 商业贿赂行为

商业贿赂行为表现为经营者采用财物或者其他手段向交易相对方的工作人员、受交易相对方委托办理相关事务的单位或者个人、利用职权或者影响力影响交易的单位或者个人进行贿赂以销售或者购买商品，谋取交易机会或者竞争优势的行为。在账外暗中给予对方单位或者个人回扣的，构成行贿罪；对方单位或者个人在账外暗中收受回扣的，构成受贿罪。

经营者在交易活动中，可以以明示方式向交易相对方支付折扣，或者向中间人支付佣金。经营者向交易相对方支付折扣、向中间人支付佣金的，应当如实入账。接受折扣、佣金的经营者也应当如实入账。

3. 虚假宣传行为

虚假宣传是指经营者利用广告或者其他方法，对商品的质量、制作成分、性能、用途、生产者、有效期限、产地等作引人误解的虚假宣传。

经营者不仅自己不得通过上述行为进行虚假宣传，也不得通过组织虚假交易等方式，帮助其他经营者进行虚假或者引人误解的商业宣传。

随堂练习 4-5

李某通过找"网络买家"进行刷单虚构交易。"网络买家"按照李某制定的"刷单"计划购买指定的商品,之后一个星期左右,"网络买家"确认收货并给予好评后,李某通过支付宝将货款和刷单费转账给对方,刷单费为虚假交易金额的1%。在交易过程中,李某通过快递公司发空包完成交易流程。截至被查处时,李某共虚构交易29笔,涉案金额为21 636.65元。下列相关说法正确的是(   )。

A. 李某的行为属于经营者对其商品的销售状况和用户评价作虚假宣传,从而误导消费者的非法行为

B. "网络买家"的刷单行为属于通过组织虚假交易等方式,帮助其他经营者进行虚假或者引人误解的商业宣传行为

C. 监督检查部门有权责令李某停止违法行为

D. 如果属于情节严重的情形,监督检查部门可以对网络卖家处100万元以上200万元以下的罚款,可以吊销营业执照

4. 侵犯商业秘密行为

商业秘密是指不为公众所知悉、具有商业价值并经权利人采取相应保密措施的技术信息、经营信息等商业信息。侵犯商业秘密行为通常表现为经营者的下列行为:①以盗窃、利诱、胁迫或者其他不正当手段获取权利人的商业秘密;②披露、使用或者允许他人使用以前项手段获取的权利人的商业秘密;③违反约定或者违反权利人有关保守商业秘密的要求,披露、使用或者允许他人使用其所掌握的商业秘密;④教唆、引诱、帮助他人违反保密义务或者违反权利人有关保守商业秘密的要求,获取、披露、使用或者允许他人使用权利人的商业秘密。

经营者以外的其他自然人、法人和非法人组织实施前款所列违法行为的,视为侵犯商业秘密。第三人明知或者应知商业秘密权利人的员工、前员工或者其他单位、个人实施上述违法行为,仍获取、披露、使用或者允许他人使用该商业秘密的,视为侵犯商业秘密。

课程思政 4-2

谈谈侵犯商业秘密的行为后果

侵犯商业秘密是违背诚实信用的结果。侵犯商业秘密一般而言违反了《反不正当竞争法》,情节严重的会触及刑法。《刑法》第219条规定,有下列侵犯商业秘密

行为之一，给商业秘密的权利人造成重大损失的，处3年以下有期徒刑或者拘役，并处或者单处罚金；造成特别严重后果的，处3年以上7年以下有期徒刑，并处罚金：①以盗窃、利诱、胁迫或者其他不正当手段获取权利人的商业秘密的；②披露、使用或者允许他人使用以前项手段获取的权利人的商业秘密的；③违反约定或者违反权利人有关保守商业秘密的要求，披露、使用或者允许他人使用其所掌握的商业秘密。明知或者应知前款所列行为，获取、使用或者披露他人的商业秘密的，以侵犯商业秘密论。

思政要点： 侧重于培养学生诚实守信、实事求是的人生观、价值观。

5. 不当有奖销售行为

不当有奖销售行为表现为经营者的下列有奖销售：①所设奖的种类、兑奖条件、奖金金额或者奖品等有奖销售信息不明确，影响兑奖；②采用谎称有奖或者故意让内定人员中奖的欺骗方式进行有奖销售；③抽奖式的有奖销售，最高奖的金额超过5万元。

6. 编造、传播虚假信息或者误导性信息行为

经营者编造、传播虚假信息或者误导性信息，损害竞争对手的商业信誉、商品声誉的行为属于不正当竞争行为。

7. 利用网络从事不正当生产经营活动

利用网络从事不正当生产经营活动是指经营者不得利用技术手段，通过影响用户选择或者其他方式，实施下列妨碍、破坏其他经营者合法提供的网络产品或者服务正常运行的行为：①未经其他经营者同意，在其合法提供的网络产品或者服务中，插入链接、强制进行目标跳转；②误导、欺骗、强迫用户修改、关闭、卸载其他经营者合法提供的网络产品或者服务；③恶意对其他经营者合法提供的网络产品或者服务实施不兼容；④其他妨碍、破坏其他经营者合法提供的网络产品或者服务正常运行的行为。

（三）不正当竞争的法律责任

1. 民事责任

经营者违反法律规定，给被侵害的经营者造成损害的，应当承担损害赔偿责任。经营者的合法权益受到不正当竞争行为损害的，可以通过向人民法院提起诉讼以维护自身权益。

因不正当竞争行为受到损害的经营者的赔偿数额，按照其因被侵权所受到的实际损

失确定；实际损失难以计算的，按照侵权人因侵权所获得的利益确定。经营者恶意实施侵犯商业秘密行为，情节严重的，可以在按照上述方法确定数额的 1 倍以上 5 倍以下确定赔偿数额。赔偿数额还应当包括经营者为制止侵权行为所支付的合理开支。经营者实施混淆手段从事市场交易、侵犯商业秘密行为，导致权利人因被侵权所受到的实际损失、侵权人因侵权所获得的利益难以确定的，由人民法院根据侵权行为的情节判决给予权利人 500 万元以下的赔偿。

2. 行政责任与刑事责任

对于经营者违反法律规定的不正当竞争行为，监督检查部门可以根据情节处以责令经营者停止违法行为、没收违法所得、罚款、吊销营业执照等行政处罚。

（1）对于实施混淆行为的，由监督检查部门责令停止违法行为，没收违法商品。违法经营额 5 万元以上的，可以并处违法经营额 5 倍以下的罚款；没有违法经营额或者违法经营额不足 5 万元的，可以并处 25 万元以下的罚款。情节严重的，吊销营业执照。

（2）实施商业贿赂的，由监督检查部门没收违法所得，处 10 万元以上 300 万元以下的罚款。情节严重的，吊销营业执照。

（3）对其商品作虚假或者引人误解的商业宣传，或者通过组织虚假交易等方式帮助其他经营者进行虚假或者引人误解的商业宣传的，由监督检查部门责令停止违法行为，处 20 万元以上 100 万元以下的罚款；情节严重的，处 100 万元以上 200 万元以下的罚款，可以吊销营业执照。

（4）侵犯商业秘密的，由监督检查部门责令停止违法行为，没收违法所得，处 10 万元以上 100 万元以下的罚款；情节严重的，处 50 万元以上 500 万元以下的罚款。

（5）损害竞争对手商业信誉、商品声誉的，由监督检查部门责令停止违法行为、消除影响，处 10 万元以上 50 万元以下的罚款；情节严重的，处 50 万元以上 300 万元以下的罚款。

（6）妨碍、破坏其他经营者合法提供的网络产品或者服务正常运行的，由监督检查部门责令停止违法行为，处 10 万元以上 50 万元以下的罚款；情节严重的，处 50 万元以上 300 万元以下的罚款。

经营者违反法律规定的不正当竞争行为构成犯罪的，依法追究刑事责任。

经营者违反《反不正当竞争法》规定，应当承担民事责任、行政责任和刑事责任，其财产不足以支付的，优先用于承担民事责任。

二、反垄断法

(一) 反垄断法概述

1. 垄断的概念与特征

垄断是指市场经营者或者利益代表者,通过垄断协议、滥用市场支配地位及排除、限制竞争效果的经营者集中的行为,破坏市场公平竞争,降低经济运行效率,损害消费者利益和社会公共利益的行为。垄断行为有如下特征:

(1) 垄断的主体是经营者或者其利益代表者。

(2) 垄断的主观方面是牟取超额利润。

(3) 垄断的客观方面是违法行为。

(4) 垄断的结果是排除或者限制竞争。

2. 我国反垄断立法概述

《中华人民共和国反垄断法》(简称《反垄断法》)于 2007 年 8 月 30 日第十届全国人民代表大会常务委员会第二十九次会议通过,2007 年 8 月 30 日主席令第六十八号公布,2008 年 8 月 1 日起施行。该法包括总则、垄断协议、滥用市场支配地位、经营者集中、滥用行政权力排除限制竞争、对涉嫌垄断行为的调查、法律责任、附则共 8 章 57 条。该法对于预防和制止垄断行为,保护市场公平竞争,促进社会主义市场经济健康发展有重要意义。该法的颁布实施完善了我国市场竞争法律制度。

我国境内经济活动中的垄断行为,以及境外的垄断行为对我国境内市场竞争产生排除、限制影响的,均适用《反垄断法》。经营者依照有关知识产权的法律、行政法规规定行使知识产权的行为,农业生产者及农村经济组织在农产品生产、加工、销售、运输、储存等经营活动中实施的联合或者协同行为,不适用《反垄断法》。但是,经营者滥用知识产权,排除、限制竞争的,适用《反垄断法》。

3. 反垄断机构

(1) 反垄断委员会。国务院设立反垄断委员会,负责组织、协调、指导反垄断工作,履行下列职责:①研究拟订有关竞争政策;②组织调查、评估市场总体竞争状况,发布评估报告;③制定、发布反垄断指南;④协调反垄断行政执法工作;⑤国务院规定的其他职责。

(2) 反垄断执法机构。国务院反垄断执法机构依法负责反垄断执法工作。国务院反垄断执法机构根据工作需要,可以授权省、自治区、直辖市人民政府相应的机构,负责有关反垄断执法工作。反垄断执法机构对涉嫌垄断行为进行调查核实,认为构成垄断行为的,应当依法作出处理决定,并可以向社会公布。

（3）行业协会的反垄断义务。行业协会应当加强行业自律，引导本行业的经营者依法竞争，维护市场竞争秩序。

（二）经营性垄断行为

1. 垄断协议

（1）垄断协议的概念与类型。垄断协议是指排除、限制竞争的协议、决定或者其他协同行为。根据协议主体之间的相互关系，垄断协议可以分两类，即具有竞争关系的经营者之间达成的横向垄断协议和经营者与交易相对人达成的纵向垄断协议。

横向垄断协议包括以下几种情形：①固定或者变更商品价格；②限制商品的生产数量或者销售数量；③分割销售市场或者原材料采购市场；④限制购买新技术、新设备或者限制开发新技术、新产品；⑤联合抵制交易；⑥国务院反垄断执法机构认定的其他垄断协议。

纵向垄断协议包括以下几种情形：①固定向第三人转售商品的价格；②限定向第三人转售商品的最低价格；③国务院反垄断执法机构认定的其他垄断协议。

不论是横向垄断协议，还是纵向垄断协议，都是《反垄断法》所禁止的垄断行为，经营者不得为之。

（2）垄断协议的豁免。经营者能够证明所达成的协议属于下列情形之一的，不属于《反垄断法》禁止的垄断协议：①为改进技术、研究开发新产品的；②为提高产品质量、降低成本、增进效率，统一产品规格、标准或者实行专业化分工的；③为提高中小经营者经营效率，增强中小经营者竞争力的；④为实现节约能源、保护环境、救灾救助等社会公共利益的；⑤因经济不景气，为缓解销售量严重下降或者生产明显过剩的；⑥为保障对外贸易和对外经济合作中的正当利益的；⑦法律和国务院规定的其他情形。其中，前五项情形，经营者还应当证明所达成的协议不会严重限制相关市场的竞争，并且能够使消费者分享由此产生的利益。

随堂练习 4-6

张三、李四、王五是某市的三家自行车经营者，某日，三家在行业会议中签订了关于维持现有价格的协议，不允许相互之间采用降低价格的方式进行竞争。根据《反垄断法》的规定，下列关于该协议说法正确的是（　　）。

A. 该协议属于反垄断法禁止的固定价格的纵向垄断协议

B. 该协议属于行业间的合法协议，属于垄断协议免除情形

C. 该协议属于固定商品价格的协议，是反垄断法禁止的横向垄断协议

D. 该协议属于滥用市场支配地位，排除和限制竞争的滥用市场支配地位行为

2. 滥用市场支配地位

（1）市场支配地位的概念及认定。市场支配地位是指经营者在相关市场内具有能够控制商品价格、数量或者其他交易条件，或者能够阻碍、影响其他经营者进入相关市场能力的市场地位。

认定经营者具有市场支配地位，应当依据下列因素：①该经营者在相关市场的市场份额，以及相关市场的竞争状况；②该经营者控制销售市场或者原材料采购市场的能力；③该经营者的财力和技术条件；④其他经营者对该经营者在交易上的依赖程度；⑤其他经营者进入相关市场的难易程度；⑥与认定该经营者市场支配地位有关的其他因素。

有下列情形之一的，可以推定经营者具有市场支配地位：①一个经营者在相关市场的市场份额达到1/2的；②两个经营者在相关市场的市场份额合计达到2/3的；③三个经营者在相关市场的市场份额合计达到3/4。后两种情形中，有的经营者市场份额不足1/10，则不应当推定该经营者具有市场支配地位。被推定具有市场支配地位的经营者，有证据证明不具有市场支配地位的，不应当认定其具有市场支配地位。

> **随堂练习 4-7**
>
> 下列经营者，可以被推定具有市场支配地位的是（　　）。
> A. 甲公司在相关市场的市场份额达到 1/2
> B. 乙公司和丙公司在相关市场的市场份额合计达到 2/3。其中，乙公司的市场份额为 50%~55%，丙公司的市场份额未确定
> C. 丁公司、戊公司、己公司在相关市场的市场份额合计达到 3/4。其中，丁公司占有市场份额的 60%，戊公司占有市场份额的 15%，己公司占有市场份额的 5%
> D. 被推定具有市场支配地位的经营者，有证据证明不具有市场支配地位的，不应当认定其具有市场支配地位

（2）滥用市场支配地位的行为。具有市场支配地位的经营者，不得滥用市场支配地位，排除、限制竞争。下列行为属于滥用市场支配地位的行为：①以不公平的高价销售商品或者以不公平的低价购买商品；②没有正当理由，以低于成本的价格销售商品；③没有正当理由，拒绝与交易相对人进行交易；④没有正当理由，限定交易相对人只能与其进行交易或者只能与其指定的经营者进行交易；⑤没有正当理由搭售商品，或者在交易时附加其他不合理的交易条件；⑥没有正当理由，对条件相同的交易相对人在交易

价格等交易条件上实行差别待遇；⑦国务院反垄断执法机构认定的其他滥用市场支配地位的行为。

3. 经营者集中

（1）经营者集中的含义。经营者集中是指下列情形：①经营者合并；②经营者通过取得股权或者资产的方式取得对其他经营者的控制权；③经营者通过合同等方式取得对其他经营者的控制权或者能够对其他经营者施加决定性影响。经营者可以通过公平竞争、自愿联合，依法实施集中，扩大经营规模，提高市场竞争能力，但不得利用经营者集中实施垄断。

（2）经营者集中的事先申报。经营者集中达到国务院规定的申报标准的，经营者应当事先向国务院反垄断执法机构申报，未申报的不得实施集中。但有下列情形之一的，可以不申报：①参与集中的一个经营者拥有其他每个经营者50%以上有表决权的股份或者资产的；②参与集中的每个经营者50%以上有表决权的股份或者资产被同一个未参与集中的经营者拥有的。

经营者申报集中，应当提交申报书、集中对相关市场竞争状况影响的说明、集中协议、参与集中的经营者经会计师事务所审计的上一会计年度财务会计报告以及国务院反垄断执法机构规定的其他文件、资料。申报书应当载明参与集中的经营者的名称、住所、经营范围、预定实施集中的日期和国务院反垄断执法机构规定的其他事项。

（3）经营者集中的审查。初步审查。国务院反垄断执法机构应当对申报的经营者集中进行初步审查，在作出是否实施进一步审查的决定前，经营者不得实施集中；在作出不实施进一步审查的决定或者逾期未作出决定后，经营者可以实施集中。

进一步审查。国务院反垄断执法机构对经营者集中实施进一步审查应当考虑下列因素：①参与集中的经营者在相关市场的市场份额及其对市场的控制力；②相关市场的市场集中度；③经营者集中对市场进入、技术进步的影响；④经营者集中对消费者和其他有关经营者的影响；⑤经营者集中对国民经济发展的影响；⑥国务院反垄断执法机构认为应当考虑的影响市场竞争的其他因素。对外资并购境内企业或者以其他方式参与经营者集中，涉及国家安全的，还应当按照国家有关规定进行国家安全审查。在实施进一步审查期间，经营者不得实施集中。

（4）对经营者集中的决定与公告。国务院反垄断执法机构经进一步审查，对经营者集中具有或者可能具有排除、限制竞争效果的，应当作出禁止经营者集中的决定；但是，经营者能够证明该集中对竞争产生的有利影响明显大于不利影响，或者符合社会公共利益的，可以作出对经营者集中不予禁止的决定。对不予禁止的经营者集中，国务院反垄断执法机构可以决定附加减少集中对竞争产生不利影响的限制性条件。国务院反垄断执法机构逾期未作出决定的，经营者可以实施集中。

国务院反垄断执法机构作出禁止或不予禁止经营者集中的决定，应当书面通知经营者。作出禁止经营者集中的决定，应当说明理由。禁止经营者集中的决定以及对经营者集中附加限制性条件的决定，应及时向社会公布。

随堂练习 4-8

甲市工商局经济检查科接群众举报，称甲市燃气公司强制收取小区业主保险费。经查，燃气公司从 2019 年 1 月起，在未取得保险代理资质的情况下，与乙保险公司甲市中心支公司达成协议，为其代收居民燃气用户人身意外伤害险，保险公司以保费的 8% 支付给燃气公司作为业务代理费用。下列说法中正确的是（　　）。

A．甲市燃气公司的行为属于滥用市场支配地位的违法行为
B．乙保险公司的行为属于商业贿赂行为
C．甲市燃气公司与乙保险公司属于横向垄断协议
D．监督检查部门有权对燃气公司没收违法所得，处以罚款

（三）行政性垄断行为

行政性垄断行为的实施主体是行政机关和法律、法规授权的具有管理公共事务职能的组织。行政性垄断行为得以实施，凭借的是行政权力，而非经济优势。行政性垄断行为的危害性比经营性垄断行为更甚，因此，我国《反垄断法》将行政性垄断行为也纳入其禁止范围之内，明确规定行政机关和法律、法规授权的具有管理公共事务职能的组织不得实施下列行政性垄断行为：

（1）不得指定交易。即不得滥用行政权力，限定或者变相限定单位或者个人经营、购买、使用其指定的经营者提供的商品。

（2）不得妨碍商品流通。即不得滥用行政权力，实施妨碍商品在地区之间自由流通的行为。妨碍商品流通的行政性垄断行为的具体表现多种多样，主要包括以下几种：①对外地商品设定歧视性收费项目、实行歧视性收费标准，或者规定歧视性价格；②对外地商品规定与本地同类商品不同的技术要求、检验标准，或者对外地商品采取重复检验、重复认证等歧视性技术措施，限制外地商品进入本地市场；③采取专门针对外地商品的行政许可，限制外地商品进入本地市场；④设置关卡或者采取其他手段，阻碍外地商品进入或者本地商品运出。

（3）不得排斥或者限制外地经营者。即不得滥用行政权力，以设定歧视性资质要求、评审标准或者不依法发布信息等方式，排斥或者限制外地经营者参加本地的招标投标活动；采取与本地经营者不平等待遇等方式，排斥或者限制外地经营者在本地投资或者设立分支机构。

（4）不得强制经营者从事法律禁止的垄断行为。

（5）行政机关不得制定含有排除、限制竞争内容的规定。

（四）垄断行为的法律责任

1. 经营性垄断行为的法律责任

经营者违反规定达成垄断协议、滥用市场支配地位的，反垄断执法机构责令停止违法行为，没收违法所得，并依法处以罚款。对达成垄断协议并实施的、滥用市场支配地位的，处上一年度销售额1%以上10%以下的罚款；对达成垄断协议未实施的，可以处50万元以下的罚款。

经营者违反规定实施集中的，国务院反垄断执法机构责令停止实施集中、限期处分股份或者资产、限期转让营业以及采取其他必要措施恢复到集中前的状态，并可以处50万元以下的罚款。

行业协会违反规定，组织本行业的经营者达成垄断协议的，反垄断执法机构可以处50万元以下的罚款；情节严重的，社会团体登记管理机关可以依法撤销登记。

2. 行政性垄断行为的法律责任

行政机关和法律、法规授权的具有管理公共事务职能的组织滥用行政权力，实施排除、限制竞争行为的，由上级机关责令改正；对直接负责的主管人员和其他直接责任人员依法给予处分。反垄断执法机构可以向有关上级机关提出依法处理的建议。

思维导图实训 4-2

反不正当竞争法与反垄断法

请同学们结合"反不正当竞争法与反垄断法"相关知识点，参考以下作品进行分组训练。

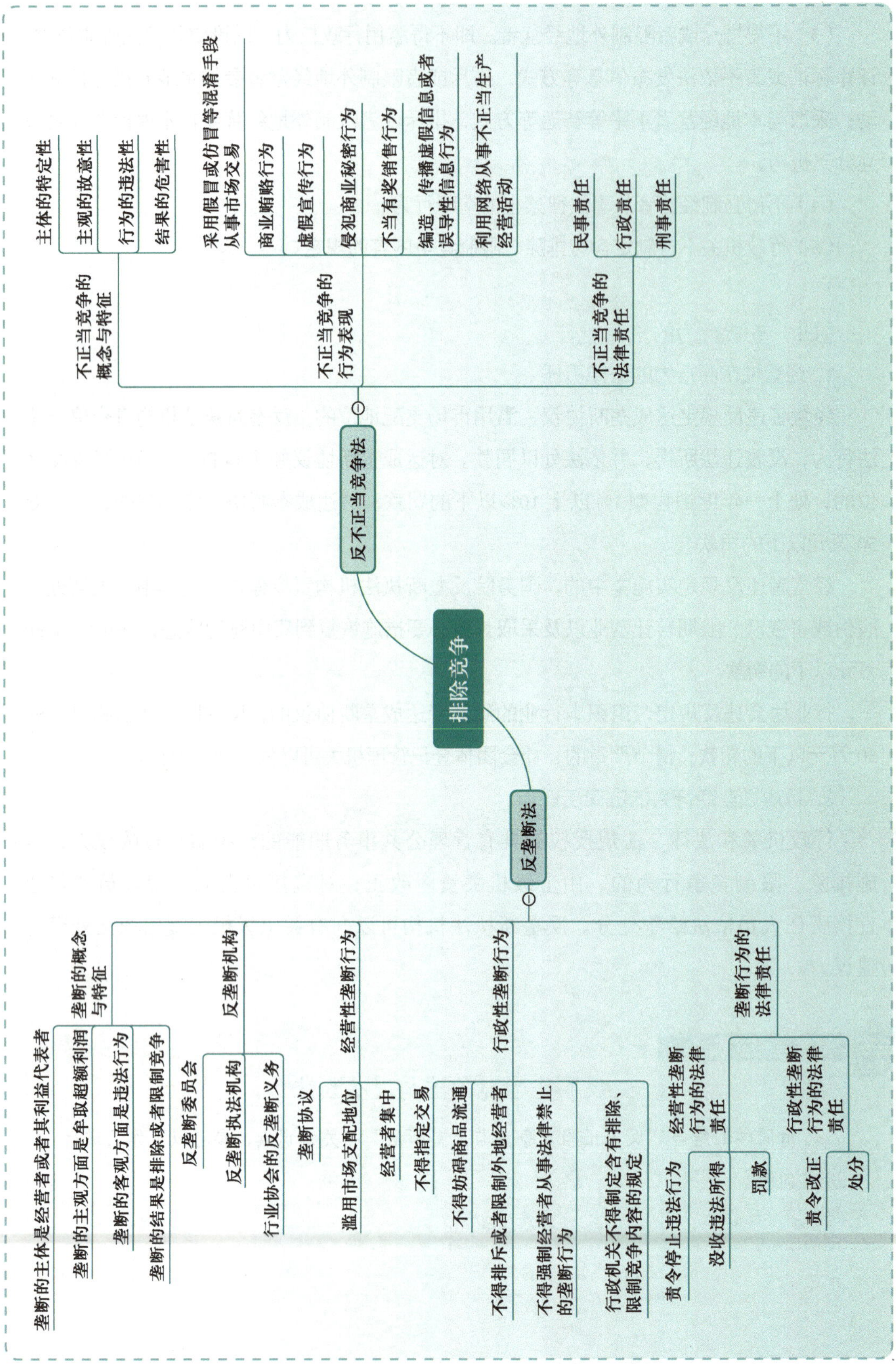
排除竞争
反不正当竞争法
不正当竞争的概念与特征
主体的特定性
主观的故意性
行为的违法性
结果的危害性
不正当竞争的行为表现
采用假冒或仿冒等混淆手段从事市场交易
商业贿赂行为
虚假宣传行为
侵犯商业秘密行为
不当有奖销售行为
编造、传播虚假信息或者误导性信息行为
利用网络从事不正当生产经营活动
不正当竞争的法律责任
民事责任
行政责任
刑事责任
反垄断法
垄断的概念与特征
垄断的主体是经营者或者其利益代表者
垄断的主观方面是牟取超额利润
垄断的客观方面是违法行为
垄断的结果是排除或者限制竞争
反垄断机构
反垄断委员会
反垄断执法机构
行业协会的反垄断义务
经营性垄断行为
垄断协议
滥用市场支配地位
经营者集中
行政性垄断行为
不得指定交易
不得妨碍商品流通
不得排斥或者限制外地经营者
不得强制经营者从事法律禁止的垄断行为
行政机关不得制定含有排除、限制竞争内容的规定
垄断行为的法律责任
经营性垄断行为的法律责任
责令停止违法行为
没收违法所得
罚款
行政性垄断行为的法律责任
责令改正
处分

综合案例分析

2019年,某市市民朱女士在当地一家4S店花费人民币60万元购得一辆新车,并支付全部车款,办理了相关手续。随后发现该车大灯和保险杠存在问题,保险杠上有明显修理过和喷漆的痕迹,立即将该车送往了购车的4S店。经与相关工作人员沟通,工作人员表示该车在出库前曾经发生碰撞,但是4S店已经对其进行了修理,并提供了出厂合格的检查报告。朱女士认为,修理过的出厂合格检验报告并非同一个检验报告。经协商4S店同意向朱女士退款人民币5 000元以作为补偿,而朱女士要求该4S店全额退款,并赔偿一倍的车款,否则,依法向人民法院起诉。目前,我国汽车销售行业普遍存在取证难、鉴定难、退款难的现象。要求:根据以上事实及《消费者权益保护法》的规定,回答下列问题:

(1) 在本案中,4S店侵害了朱女士的哪些权利?

(2) 该4S店违背了消费者权益保护法中规定的经营者应承担的哪些义务?

(3) 消费者的合法权益受到侵害时,可以依法采取哪些措施解决争议?

【后疫情时代中的经济法】

1. 新冠肺炎疫情期间,小王在小区附近的药店准备购买口罩,但药店要求凡购买口罩者,需同时购买84消毒液和酒精。试讨论该药店行为是否合法?

【要点提示】 药店侵犯了小王的自主选择权,小王可以拒绝药店的要求。

2. 新冠肺炎疫情期间,王奶奶80岁,无儿无女,在一家小卖部买了1个热水瓶,后因热水瓶炸裂导致王奶奶受伤。试讨论王奶奶该如何维护自身的权利?

【要点提示】 王奶奶可以委托居委会为其向消费者协会请求帮助,最终可以到人民法院对该小卖部提起诉讼。

【同步练习】

一、单选题

1. 下列选项中,不属于消费者权益争议解决方式的是（   ）。

　　A. 请求消费者协会调解　　　　B. 向人民法院起诉

  C. 和经营者和解商议赔偿　　　　D. 向行政机关申请行政复议

2. 我国《反不正当竞争法》中不正当竞争行为的主体不可能是（　　）。

  A. 生产者　　　B. 经营者　　　C. 消费者　　　D. 国家机关

3. 根据《消费者权益保护法》，下列做法违法的是（　　）。

  A. 某市消费者协会根据问卷调查结果评选出"让消费者信任的商场"

  B. 王某逛商场时，遭该商场人员搜身，消费者协会为其推荐精干人员帮助维权

  C. 某律师协会大力创新，组织工作人员成立内部诉讼代理部为消费者维权，费用收取得比律师低

  D. 某商场销售假货，并不给予消费者赔偿，消费者协会在媒体上对其披露

4. 《反不正当竞争法》中抽奖式有奖销售的最高金额不得超过（　　）元。

  A. 3 000　　　B. 50 000　　　C. 8 000　　　D. 10 000

5. 根据《反垄断法》的规定，下列各项中，属于法律禁止的纵向垄断协议的是（　　）。

  A. 限制开发新技术、新产品

  B. 限制商品的生产数量或者销售数量

  C. 限制购买新技术、新设备

  D. 限定向第三人转售商品的最低价格

6. 根据《反垄断法》规定，负责经营者集中行为反垄断审查工作的机构是（　　）。

  A. 国家市场监督管理总局　　　　B. 国家发改委

  C. 国务院反垄断执法机构　　　　D. 反垄断审查委员会

二、多选题

1. 刘某在个体摊贩朱某摊位上选运动外套，经朱某推荐，试了一件不合适，脱下后要走，朱某执意要求刘某购买该运动外套。朱某的行为侵犯了刘某的（　　）。

  A. 保障安全权　　　　B. 自主选择权

  C. 公平交易权　　　　D. 维护尊严权

2. 下列属于不正当竞争行为中混淆行为的是（　　）。

  A. 擅自使用与他人有一定影响的商品名称、包装、装潢等相同或者近似的标志

  B. 擅自使用他人有一定影响的企业名称、社会组织名称、姓名，损害他人利益

  C. 擅自使用他人有一定影响的域名主体部分、网站名称、网页等

  D. 以盗窃、利诱、胁迫或者其他不正当手段获取权利人的商业秘密

3. 小王为女朋友在Y珠宝店购买了纯度为100%的南非钻戒作为求婚礼物。后经过

鉴定该钻戒的纯度仅 40%，小王的女朋友因此怀疑小王的诚心，拒绝了小王的求婚。小王欲维护自己的权利，下列做法正确的是（　　　　）。

  A. 向 Y 珠宝店申请赔偿

  B. 如果珠宝店做出了"假一赔十"的承诺，则小王可以申请十倍赔偿

  C. Y 珠宝店应当支付小王精神损失费

  D. 如果珠宝店做出"出舱时没有检测的理由作为抗辩"，小王就不可以找珠宝店赔偿

4. 下列某店的告示内容，不符合法律规定的是（　　　　）。

  A. 本店货物已经售出概不退换

  B. 钱物请当面点清，否则后果自负

  C. 消费 10 元以下者，本店不开发票

  D. 如发现假货本店自愿赔偿 2 万元

5. 根据《反垄断法》的规定，下列各项中，属于经营者集中的有（　　　　）。

  A. 经营者合并

  B. 经营者通过取得股权或资产的方式取得对其他经营者的控制权

  C. 经营者通过合同取得对其他经营者的控制权

  D. 经营者通过合同外的方式取得能够对其他经营者施加决定性影响的地位

6. 县以上工商行政管理机关在监督检查仿冒知名商品特有的名称、包装、装潢的不正当竞争行为时，对知名商品特有的（　　　　）一并予以认定。

  A. 专利　　　　B. 装潢　　　　C. 包装　　　　D. 名称

三、判断题

1. 消费者协会是唯一一家消费者维权机构。（　　　）

2. 最新修改的《反不正当竞争法》是 2019 年 4 月修订的版本。（　　　）

3.《反不正当竞争法中》混淆行为就是侵犯商标权的行为。（　　　）

4.《反垄断法》中经营者集中就是经营者合并。（　　　）

5. 经营者有市场支配地位，而无滥用市场支配地位的行为不为《反垄断法》所禁止。（　　　）

6. 经营者侵犯消费者权利只需要承担民事责任，情节严重的承担刑事责任。（　　　）

项目五
劳动与社会保险法律制度

【知识目标】

- 劳动合同的订立、履行、解除和终止。
- 劳动争议的解决机制。
- 养老保险、医疗保险、工伤保险、失业保险、生育保险。

【能力目标】

- 培养学生运用劳动法律知识解决实际问题的能力。
- 培养学生运用社会保险法律知识维护自身合法权益的能力。

【思政目标】

- 培养学生的劳动意识和劳动观念。
- 培养学生浓厚的家国情怀和民族自豪感,体会到中国特色社会主义制度的优越性。

【学习参考法律法规】

- 《中华人民共和国劳动法》
- 《中华人民共和国劳动合同法》
- 《中华人民共和国劳动争议调解仲裁法》
- 《中华人民共和国社会保险法》

导入案例

某公司招聘一批员工,在员工入职后2个月时签订了劳动合同,约定合同期限为2年,试用期6个月,公司可根据员工表现适当延长或缩短试用期。在2年期间如果公司发现员工不能胜任工作的,公司可以随时解除劳动合同。公司员工加班期间,按照员工工资的150%的标准发放加班工资,工资按季度发放。员工交给公司2 000元押金,如果员工有违反公司规定的行为需要扣押金作为违约金。请尝试分析,该公司的做法哪些不符合劳动法的规定?

【案例启示】
(1)劳动合同签订时的注意事项。
(2)劳动合同法中关于试用期的规定。
(3)用人单位单方解除劳动合同的情形。
(4)工资发放的法律规定。

模块一 劳动合同法律制度

一、劳动关系与劳动法概述

(一)劳动关系概述

劳动关系是指在劳动过程中,劳动者(劳动力所有者)提供劳动,用人单位(劳动力使用者)提供劳动条件和劳动报酬并对劳动者进行管理而形成的劳动者与用人单位之间的社会关系。劳动关系具有以下特征:①主体的特定性。劳动关系主体只有两方:一方是劳动者,另一方是用人单位。②主体关系的多重性。用人单位与劳动者在劳动时是管理与被管理关系,劳动者服从用人单位管理,但在签订劳动合同及维护各自合法利益过程中,双方是平等关系。③劳动关系内容有强制性。为保护处于弱势的劳动者权益,法律规定了较多的强制性规范,劳动关系主体在签订劳动合同时不得违反强制性规定,否则无效。在履行合同中不得违反强制性规定,否则会受到法律处罚。

(二)劳动法的概述

劳动法是调整劳动关系以及与劳动关系密切联系的其他社会关系的法律规范的总称。主要的劳动法规范有:《中华人民共和国劳动法》(1994年7月5日)(简称《劳动法》)、

项目五　劳动与社会保险法律制度

《中华人民共和国劳动合同法》（2007年6月29日）（简称《劳动合同法》）、《中华人民共和国劳动合同法实施条例》（2008年9月18日）、《中华人民共和国劳动争议调解仲裁法》（2007年12月29日）（简称《劳动争议调解仲裁法》）、《中华人民共和国社会保险法》（2010年10月28日）（简称《社会保险法》）等。劳动法是侧重保护劳动者权益的立法。

在我国的企业、个体经济组织和与之形成劳动关系的劳动者适用劳动法。国家机关、事业组织、社会团体和与之建立劳动合同关系的劳动者适用劳动法。民办非企业组织订立、履行、变更、解除或终止劳动合同关系，适用劳动法。但是，公务员和参照公务员管理的事业组织和社会团体的工作人员、农村劳动者（乡镇企业职工和进城务工、经商的农民除外）、现役军人和家庭保姆等不适用劳动法。

二、劳动合同的概念与主要内容

（一）劳动合同的概念

劳动合同是指劳动者与用人单位确立劳动关系、明确双方权利和义务的协议。劳动合同应当遵循合法、公平、平等自愿、协商一致、诚实信用的原则。劳动法规定用人单位必须与劳动者签订劳动合同。

（二）劳动合同必备条款

劳动合同必备条款指劳动法所规定的劳动合同必须具备的条款，包括：用人单位的名称、住所和法定代表人或主要负责人，劳动者的姓名、住址、劳动合同期限、工作内容、工作地点、工作时间和休息休假、劳动报酬、社会保险、劳动保护、劳动条件和职业危害防护以及其他事项。

1. 劳动合同期限

（1）固定期限劳动合同。用人单位与劳动者约定合同终止时间的劳动合同。期限一般为1年、3年、5年等。

（2）无固定期限劳动合同。分两种情况：一是协商。用人单位与劳动者只要协商一致就可以签订无固定期限劳动合同。二是法定。《劳动合同法》规定有下列情形之一，劳动者提出或同意续订、订立劳动合同的，除劳动者提出订立固定期限劳动合同外，应当订立无固定期限劳动合同：①劳动者在该用人单位连续工作满10年的；②用人单位初次实行劳动合同制度或国有企业改制重新订立劳动合同时，劳动者在该用人单位连续工作满10年且距法定退休年龄不足10年的；③连续订立两次固定期限劳动合同，又续订劳动合同，且劳动者没有用人单位可以解除劳动合同的情形，也没有因患病或不能胜任工作用人单位可以提前30日以书面形式通知解除劳动合同的情形的。除此之外，用人单位自用工之日起满1年不与劳动者订立书面劳动合同的，视为用人单位与劳动者已订立无固定期限劳动合同。各级地方政府及县级以上政府有关部门为安置就业困难人员提供给予岗位补贴和社会保险补贴的公益性岗位，其劳动合同不适用关于无固定期限劳动合同的规定。

（3）完成一定工作任务为期限的劳动合同。当事人约定以某项工作任务完成为合同终止期限的劳动合同。例如，农民工与建筑施工队订立的劳动合同、季节原因用工的劳动合同等。

2. 工作时间和休息休假

工作时间是指劳动者在一昼夜之内或一周内用于完成本职工作的时间。我国工时制类型主要有：①标准工时制。即劳动者每日工作时间不超过8小时。②不定时工作制。即没有固定时间限制的工时制度，主要适用于因工作性质和条件不受标准工作时间限制的工作岗位。③综合计算工时制。分别以周、月、季、年等为周期综合计算工作时间，但其平均日工作时间和平均周工作时间仍与法定标准工作时间基本相同的一种工时形式。④计件工时制。用人单位根据标准工作时间确定劳动定额和计件报酬标准，以完成该定额和标准确定劳动者工作时间的制度。⑤缩短工时制。工作时间少于标准工时制的工时制度。主要适用于工作环境高风险高压力的体力劳动职工、从事夜班的职工、哺乳期的女职工、16岁至18岁未成年工等。

休息是指劳动者在任职期间，在国家规定的法定工作时间以外，无须履行劳动义务而自行支配的时间。劳动者享有休息休假的权利。例如，劳动者在工作4个小时后应有不少于半个小时的休息时间，两个工作日之间的休息时间。

休假是指劳动者无须履行劳动义务且一般有工资保障的法定休息时间。我国的假期主要有：①公休假日。我国的公休日是周六、周日。②法定节日。我国1年中属于全体公民的法定节日一共休假11天：元旦1天、春节3天、清明节1天、国际劳动节1天、端午节1天、国庆节3天、中秋节1天。③探亲假。工作满1年以上，与配偶或父母分居两地的职工，在一定期限内享有的与亲人团聚的带薪假期。④年休假。职工累计工作已满1年不满10年的，年休假5天；已满10年不满20年的，年休假10天；已满20年的，年休假15天。国家公休假日与法定节日不计入年假天数，年假一般不跨年安排。职工新进用人单位且符合享受带薪年假条件的，当年度年休假天数按照在本单位剩余日历天数折算确定，折算后不足1整天的部分不享受年休假。

随堂练习5-1

黄某工作已满5年，2019年上半年在甲公司已休年假4天，2019年7月1日调到乙公司工作，提出补休年假申请，黄某还可享受的年休假为（　　）天。

A. 1   B. 2   C. 3   D. 5

3. 劳动报酬

劳动报酬是用人单位在生产过程中支付给劳动者的全部报酬。包括三部分：①货币工资，即用人单位以货币形式直接支付给劳动者的各种工资、奖金、津贴、补贴等；②实物报酬，即用人单位以免费或低于成本价提供给劳动者的各种物品和服务等；③社会保险，即用人单位为劳动者直接向政府和保险部门支付的失业、养老、人身、医疗、家庭财产等保险金。

工资必须以法定货币支付，不允许用实物、有价证券等其他方式代替支付。工资至少每月支付一次，实行周、日、小时工资制的可按周、日、小时支付工资。用人单位延长工作时间应当支付加班工资：①安排劳动者延长工作时间的，支付不低于工资150%的工资报酬。②公休日安排劳动者工作又不能安排补休的，支付不低于工资200%的工作报酬。③法定休假日安排劳动者工作的，支付不低于工资300%的工资报酬。国家实行最低工资保障制度，最低工资标准由省级人民政府规定，报国务院备案，用人单位支付劳动者工资不得低于最低工资标准，最低工资标准不包括加班工资报酬，也不包括住房补贴、伙食补贴、特殊工作环境津贴、社会保险福利待遇等。因劳动者本人原因给用人单位造成的经济损失，用人单位可从劳动者本人工资中扣除，但每月扣除的部分不得超过劳动者当月工资的20%，且扣除后工资低于当地月最低工资标准的，按最低工资标准支付。

> **课程思政 5-1**
>
> #### 新冠疫情期间劳动者宅在家里单位是否还要发工资？
>
> 对于新型冠状病毒感染的肺炎患者、疑似病人及密切接触者，隔离、医学观察期间工资待遇由所属企业按正常工作期间工资支付；如果劳动者可以通过电话、网络等方式完成相应工作，用人单位应按正常出勤支付员工工资；无法通过上述方式完成工作的可以安排员工休年假，劳动者在年休假期间享受与正常工作期间相同的工资收入；年假用完仍不能复工的可在后续工作中安排员工补出勤；如仍不能补足，待岗期间用人单位按照不低于本市最低工资标准的70%~80%向其支付基本生活费。
>
>
>
> **思政要点**：培养学生浓厚的家国情怀，体会国家对劳动者的关心与保护。

（三）劳动合同可备条款

可备条款是指除劳动合同必备条款外，用人单位与劳动者还可以在劳动合同中约定试用期、培训、保守秘密、补充保险和福利待遇等其他事项。

1. 试用期

《劳动合同法》第19条规定，劳动合同期限3个月以上不满1年的，试用期不得超过1个月；劳动合同期限1年以上不满3年的，试用期不得超过2个月；3年以上固定期限和无固定期限的劳动合同，试用期不得超过6个月。同一用人单位与同一劳动者只能约定一次试用期。以完成一定工作任务为期限的劳动合同或者劳动合同期限不满3个月的，不得约定试用期。试用期包含在劳动合同期限内。劳动合同仅约定试用期的，试用期不成立，该期限为劳动合同期限。劳动者在试用期的工资不得低于本单位相同岗位最低档工资或者劳动合同约定工资的80%，并不得低于用人单位所在地的最低工资标准。

微课：
试用期法律
制度

用人单位违反规定与劳动者约定试用期的，由劳动行政部门责令改正；违法约定的试用期已经履行的，由用人单位以劳动者试用期满月工资为标准，按已经履行的超过法定试用期的期间向劳动者支付赔偿金。在试用期中，除劳动者有用人单位依法可以解除劳动合同的情形或者劳动者有因患病或不能胜任工作用人单位依法可以提前30日以书面形式通知解除劳动合同的情形外，用人单位不得解除劳动合同。用人单位在试用期解除劳动合同的，应当向劳动者说明理由。

随堂练习5-2

大学毕业生张某参加某单位招聘，该单位拟录用张某工作2年，但要求先试用3个月，签订试用期合同。3个月后该单位以更换岗位为由，又要求张某再试用3个月然后签劳动合同。请分析：该单位有何不妥之处？

2. 培训与服务期条款

《劳动合同法》第22条规定，用人单位为劳动者提供专项培训费用，对其进行专业技术培训的，可以与该劳动者订立协议，约定服务期。劳动者违反服务期约定的，应当按照约定向用人单位支付违约金。违约金的数额不得超过用人单位提供的培训费用。用人单位要求劳动者支付的违约金不得超过服务期尚未履行部分所应分摊的培训费用。用人单位与劳动者约定服务期的，不影响按照正常的工资调整机制提高劳动者在服务期期间的劳动报酬。劳动合同期满，但用人单位与劳动者约定的服务期尚未到期的，除双方另有约定外，劳动合同应当续延至服务期满。

3. 保守秘密与竞业限制条款

《劳动合同法》第 23 条规定，用人单位与劳动者可以在劳动合同中约定保守用人单位的商业秘密和与知识产权相关的保密事项。对负有保密义务的劳动者，用人单位可以在劳动合同或者保密协议中与劳动者约定竞业限制条款，并约定在解除或者终止劳动合同后，在竞业限制期限内按月给予劳动者经济补偿。劳动者违反竞业限制约定的，应当按照约定向用人单位支付违约金。竞业限制的人员限于用人单位的高级管理人员、高级技术人员和其他负有保密义务的人员。竞业限制的范围、地域、期限由用人单位与劳动者约定，竞业限制的约定不得违反法律、法规的规定。竞业限制期限，不得超过 2 年。

4. 违约金条款

根据《劳动合同法》第 25 条规定，除了劳动者违反上述服务期约定和竞业限制约定两种情形外，用人单位不得与劳动者约定由劳动者承担违约金。

随堂练习5-3

公司派员工小王去上海接受为期 6 个月的专业技术培训，培训费为 30 000 元，并为该员工报销路费 2 000 元、住宿费 6 000 元、培训补贴 12 000 元。公司与该员工签订了服务期协议，员工培训结束后必须为公司服务 5 年，否则支付违约金。如小王工作满 3 年时合同到期，小王不想续签合同，小王应该向公司支付（　　）元服务期协议违约金。

A. 0　　　　　B. 50 000　　　　　C. 30 000　　　　　D. 20 000

三、劳动合同的订立、履行与变更

（一）劳动合同的订立

1. 劳动合同订立的形式

用人单位自用工之日起即与劳动者建立劳动关系。建立劳动关系，就应当订立书面劳动合同（非全日制用工除外）。根据《劳动合同法》的规定，已建立劳动关系，未同时订立书面劳动合同的，用人单位应当自用工之日起 1 个月内订立书面劳动合同。用人单位与劳动者在用工前订立劳动合同的，劳动关系自用工之日起建立。

用人单位自用工之日起超过 1 个月不满 1 年未与劳动者订立书面劳动合同的，应当向劳动者每月支付 2 倍的工资。用人单位自用工之日起满 1 年不与劳动者订立书面劳动合同的，视为用人单位与劳动者已订立无固定期限劳动合同。用人单位违反《劳动合同法》规定不与劳动者订立无固定期限劳动合同的，自应当订立无固定期限劳动合同之日起向劳动者每月支付 2 倍的工资。

随堂练习5-4

周某于 2018 年 4 月 11 日进入甲公司就职，经周某要求，公司于 2019 年 4 月 11 日才与其签订劳动合同。已知周某每月工资 2 000 元，已按时足额领取。甲公司应向周某支付工资补偿的金额是（　　）元。

A. 0　　　　　B. 20 000　　　　　C. 22 000　　　　　D. 24 000

2. 劳动合同订立的主体

劳动者要有劳动权利能力和行为能力。禁止用人单位招用未满 16 周岁的未成年人。文艺、体育和特种工艺单位招用未满 16 周岁的未成年人，必须依照国家有关规定，履行审批手续，并保障其接受义务教育的权利。劳动者就业，不因民族、种族、性别、宗教信仰不同而受歧视。妇女享有与男子平等的就业权利。残疾人、少数民族人员、退出现役的军人就业，法律、法规有特别规定的，从其规定。

用人单位要具有用人权利能力和行为能力，运用劳动力组织生产劳动，且向劳动者支付劳动报酬。用人单位设立的分支机构，依法取得营业执照或者登记证书的，可以作为用人单位与劳动者订立劳动合同；未取得的可以受用人单位委托与劳动者订立劳动合同。

用人单位招录劳动者，应当如实告知劳动者工作内容、工作条件、工作地点、职业危害、安全生产状况、劳动报酬，以及劳动者要求了解的其他情况。用人单位有权了解劳动者与劳动合同直接相关的基本情况，劳动者应当如实说明。用人单位不得扣押劳动者的居民身份证和其他证件，不得要求劳动者提供担保或以其他名义向劳动者收取财物。用人单位应当建立职工名册备查。职工名册应当包括劳动者姓名、性别、公民身份号码、户籍地址及现地址、联系方式、用工形式、用工起始时间和劳动合同期限等。

3. 劳动合同的效力

劳动合同由用人单位与劳动者协商一致，并经用人单位与劳动者在劳动合同文本上签字或者盖章生效。劳动合同文本由用人单位和劳动者各执一份。用人单位提供的劳动合同文本未载明劳动合同必备条款或者用人单位未将劳动合同文本交付劳动者的，由劳动行政部门责令改正；给劳动者造成损害的，应当承担赔偿责任。

下列情况下，劳动合同虽然成立但因为违反了平等、自愿、公平、诚信等原则和法律、行政法规的强制性规定而被确认为无效：①以欺诈、胁迫的手段或乘人之危，使对方在违背真实意思的情况下订立或变更劳动合同的；②用人单位免除自己的法定责任、排除劳动者权利的；③违反法律、行政法规强制性规定的。对劳动合同的无效或者部分无效有争议的，由劳动争议仲裁机构或人民法院确认。

无效劳动合同，从订立时起没有法律效力。劳动合同部分无效的，不影响其他部分效力，其他条款仍然有效。劳动合同被确认无效，劳动者已付出劳动的，用人单位应当向劳动者支付劳动报酬。劳动合同被确认无效，给对方造成损害的，有过错的一方应当承担赔偿责任。

（二）劳动合同的履行与变更

劳动合同依法订立就具有法律约束力，必须全面履行。用人单位违反合同未履行的，劳动者要求履行则用人单位应当履行，劳动者不要求继续履行的，用人单位应当按法律规定向劳动者支付赔偿金。劳动者违反合同未履行的，给用人单位造成损失的，应承担赔偿责任。用人单位变更名称、法定代表人、主要负责人或投资人等事项，不影响劳动合同的履行。用人单位合并或分立的，原合同继续有效。

用人单位与劳动者协商一致，可以变更劳动合同约定的内容，变更劳动合同应当采用书面形式，用人单位不得强迫劳动者改变劳动合同内容。

四、劳动合同的解除与终止

（一）劳动合同的解除

劳动合同的解除是指双方当事人对依法订立而尚未全部履行的劳动合同，经双方协商，或因一定的法律事实的出现，双方当事人或一方当事人依法提前终止劳动合同的法律效力，解除双方权利义务关系的行为。

劳动合同解除包括协商解除和法定解除。协商解除，是指劳动者和用人单位双方因某种原因，经协商同意而解除劳动合同。《劳动合同法》第36条规定，用人单位与劳动者协商一致，可以解除劳动合同。法定解除，是指劳动者和用人单位都可以直接依据法律的规定，单方提出解除劳动合同。劳动合同的法定解除分为劳动者单方解除和用人单位单方解除。

1. 劳动者单方解除劳动合同

（1）劳动者提前通知用人单位解除劳动合同。这种情况适用于劳动者无任何法定事由而解除劳动合同。根据《劳动合同法》第37条规定，一般情况下，劳动者提前30日以书面形式通知用人单位，即可解除劳动合同；在试用期内劳动者提前3日通知用人单位,即可解除劳动合同。劳动者只需提前通知用人单位解除劳动合同即可,无须向用人单位说明事由,也无须征得用人单位同意。

(2)劳动者随时通知用人单位解除劳动合同。这种情况适用于劳动者因法定事由解除劳动合同。根据《劳动合同法》第38条第1款规定,用人单位有下列情形之一的,劳动者可以解除劳动合同:①未按照劳动合同约定提供劳动保护或者劳动条件的;②未及时足额支付劳动报酬的;③未依法为劳动者缴纳社会保险费的;④用人单位的规章制度违反法律、法规的规定,损害劳动者权益的;⑤因以欺诈、胁迫的手段或者乘人之危,使劳动者在违背真实意思的情况下订立或者变更劳动合同的;⑥法律、行政法规规定劳动者可以解除劳动合同的其他情形。

(3)劳动者立即解除劳动合同。这种情况是指劳动者不需事先告知用人单位,即可立即解除劳动合同。根据《劳动合同法》第38条第2款规定,这种情况适用于用人单位以暴力、威胁或者非法限制人身自由的手段强迫劳动者劳动,或者用人单位违章指挥、强令冒险作业危及劳动者人身安全的情形。

2. 用人单位单方解除劳动合同

(1)用人单位随时通知劳动者解除劳动合同。这种情况适用于劳动者不符合录用条件或有严重过错。《劳动合同法》第39条规定,劳动者有下列情形之一的,用人单位可以解除劳动合同:①在试用期间被证明不符合录用条件的;②严重违反用人单位规章制度的;③严重失职,营私舞弊,给用人单位造成重大损害的;④劳动者同时与其他用人单位建立劳动关系,对完成本单位的工作任务造成严重影响,或者经用人单位提出,拒不改正的;⑤因以欺诈、胁迫的手段或者乘人之危,使用人单位在违背真实意思的情况下订立或者变更劳动合同的;⑥被依法追究刑事责任的。

微课:
单位解除劳动合同

(2)用人单位提前通知劳动者解除劳动合同。这种情况适用于劳动者没有过错,但因主客观情况变化而导致劳动合同无法履行的情形。包括《劳动合同法》第40条规定的下列情形:①劳动者患病或者非因工负伤,在规定的医疗期满后不能从事原工作,也不能从事由用人单位另行安排的工作的;②劳动者不能胜任工作,经过培训或者调整工作岗位,仍不能胜任工作的;③劳动合同订立时所依据的客观情况发生重大变化,致使劳动合同无法履行,经用人单位与劳动者协商,未能就变更劳动合同内容达成协议的。此种情况解除劳动合同,用人单位提前30天书面通知劳动者本人,或额外支付劳动者一个月工资,即可解除劳动合同。

(3)用人单位因裁员而解除劳动合同。《劳动合同法》第41条规定,有下列情形之一,需要裁减人员20人以上或者裁减不足20人但占企业职工总数10%以上的,用人单位提前30日向工会或者全体职工说明情况,听取工会或者职工意见后,裁减人员方案经向劳动行政部门报告，可以裁减人员：①依照企业破产法规定进行重整；②生产经营发生严重困难；③企业转产、重大技术革新或经营方式调整，经变更劳动合同后，仍需裁减人员；④其他因劳动合同订立时所依据的客观经济情况发生重大变化，致使劳动合同无法履行。用人单位裁减人员时，应当优先留用下列人员：①与本单位订立较长期限的固定期限劳动合同的；②与本单位订立无固定期限劳动合同的；③家庭无其他就业人员，有需要扶养的老人或者未成年人的。用人单位依照上述规定裁减人员，在6个月内重新招用人员的，应当通知被裁减人员，并在同等条件下优先招用被裁减人员。

用人单位除依据上述法定条件解除劳动合同外，劳动法还对用人单位单方解除劳动合同进行了一些限制性规定。《劳动合同法》第42条规定："劳动者有下列情形之一的，用人单位不得依照本法第四十条、第四十一条的规定解除劳动合同：（一）从事接触职业病危害作业的劳动者未进行离岗前职业健康检查，或者疑似职业病病人在诊断或者医学观察期间的；（二）在本单位患职业病或者因工负伤并被确认丧失或者部分丧失劳动能力的；（三）患病或者非因工负伤，在规定的医疗期内的；（四）女职工在孕期、产期、哺乳期的；（五）在本单位连续工作满十五年，且距法定退休年龄不足五年的；（六）法律、行政法规规定的其他情形。"

（二）劳动合同的终止

劳动合同的终止是指劳动合同的法律效力因某个法律事实的出现而自动归于消灭。《劳动合同法》第44条规定，有下列情形之一的，劳动合同终止：①劳动合同期满的；②劳动者开始依法享受基本养老保险待遇的；③劳动者死亡，或者被人民法院宣告死亡或者宣告失踪的；④用人单位被依法宣告破产的；⑤用人单位被吊销营业执照、责令关闭、撤销或者用人单位决定提前解散的；⑥法律、行政法规规定的其他情形。

（三）劳动合同解除和终止的经济补偿

按照《劳动法》规定，在劳动者无过错的情况下，用人单位与劳动者解除或终止劳动合同时，应给予劳动者经济上的补助，也称经济补偿金。经济补偿金不是违约金也不是赔偿金，不要求给付方有过错，这是法律规定由单位承担的社会责任。

用人单位应当向劳动者支付经济补偿的情形包括：①劳动者符合随时通知解除和不需事先通知即可解除劳动合同规定情形而解除劳动合同的；②由用人单位提出解除劳动合同并与劳动者协商一致而解除劳动合同的；③用人单位符合提前30日以书面形式通知劳动者本人或者额外支付劳动者1个月工资后，可以解除劳动合同的；④用人单位符合可裁减人员规定而解除劳动合同的；⑤除用人单位维持或者提高劳动合同约定条件续订劳动合同，劳动者不同意续订的情形外，劳动合同期满终止固定期限劳动合同的；⑥以完成一定工作任务为期限的劳动合同因任务完成终止劳动合同的；⑦用人单位被依法宣告破产或被吊销营业执照、责令关闭、撤销或用人单位决定提前解散而终止劳动合同的；⑧法律、行政法规规定的其他情形。

用人单位不用支付经济补偿金的情形：①劳动者提前30天通知单位解除劳动合同；②劳动者有过错，符合《劳动合同法》第39条规定的情形。

经济补偿金的给付标准是劳动者在本单位工作年限×劳动者离开单位前12个月的平均月工资（包括计时工资或计件工资以及奖金、津贴、补贴等货币性收入）。劳动者在本单位工作每满1年支付1个月工资的标准，6个月以上不满1年的，按1年计算，不满6个月的，向劳动者支付半个月工资的经济补偿。

随堂练习5-5

劳动者因拒绝单位强制调岗而离职可以获得经济补偿金的情形是（　　）。

A. 如果单位无正当理由将劳动者强行调岗，导致劳动者被迫辞职，属于单位有过错的情形的

B. 如果单位与劳动者协商一致后，劳动者事后拒绝调岗而离职的

C. 单位因工作需要将劳动者调整到相类似岗位，不影响劳动者收入，也不存在侮辱或歧视的

D. 劳动者拒绝调岗期间单位停止发放劳动者工资，劳动者以单位不发放工资为由提出辞职的

E. 单位为了迫使劳动者离职而调整岗位，并以劳动者不服从安排为由解除合同的

F. 单位以劳动者不能胜任工作岗位为由但没有提供证据证明的

五、特殊劳动合同

（一）集体合同

集体合同，是指工会代表企业职工一方与用人单位通过平等协商，就劳动报酬、工作时间、休息休假、劳动安全卫生、保险福利、女职工权益保护、工资调整机制等事项达成的协议。在县级以下区域内，建筑业、采矿业、餐饮服务业等行业可以由工会与企业方面代表订立行业性集体合同，或订立区域性集体合同。

该合同的订立主体可以是工会与企业，也可以是在上级工会指导下的劳动者代表与企业。双方代表人数应当对等，每方至少3人，并各自确定1名首席代表。协商一致的合同草案应提交职工代表大会或全体职工讨论，讨论会议应当由2/3以上职工代表或职工出席，且须经全体职工代表半数以上或全体职工半数以上同意，方获通过。通过后由双方首席代表签字。集体合同订立后，应当报送劳动行政部门，劳动行政部门自收到集体合同文本之日起15日内未提出异议的，集体合同生效。

集体合同中劳动报酬和劳动条件等标准不得低于当地人民政府规定的最低标准；用人单位与劳动者订立的劳动合同中劳动报酬和劳动条件等标准不得低于集体合同规定的标准。

（二）劳务派遣

劳务派遣是指由劳务派遣单位与劳动者订立劳动合同，与用工单位订立劳务派遣协议，将被派遣劳动者派往用工单位给付劳务。劳动合同关系存在于劳务派遣单位与被派遣劳动者之间，但劳动力给付的事实则发生于被派遣员工与用工单位之间。被派遣员工与用工单位之间不签订劳动合同，但存在劳动关系。

劳务派遣用工是我国劳动用工的补充形式，只能在临时性、辅助性或替代性工作岗位上实施。临时性工作岗位是指存续时间不超过6个月的岗位；辅助性工作岗位是指为主营业务岗位提供服务的非主营业务岗位；替代性工作岗位是指用工单位的劳动者因脱产学习、休假等原因无法工作的一定期间内，可以由其他劳动者替代工作的岗位。

用人单位应当严格控制劳务派遣用工数量，使用的被派遣劳动者数量不得超过其用工总量（用工单位订立劳动合同人数与使用的被派遣劳动者人数之和）的10%。用人单位不得自己设立劳务派遣单位向本单位或所属单位派遣劳动者。用人单位也不得将被派遣劳动者再派遣到其他用人单位。劳务派遣单位不得以非全日制用工形式招用被派遣劳动者。

劳务派遣单位应当将劳务派遣协议的内容告知被派遣劳动者，不得克扣用工单位按照劳务派遣协议支付给被派遣劳动者的劳动报酬。劳务派遣单位和用工单位不得向被派遣劳动者收取费用。被派遣劳动者享有与用工单位劳动者同工同酬的权利。用工单位应当按照同工同酬原则，对被派遣劳动者与本单位同类岗位的劳动者实行相同的劳动报酬分配办法。无同岗位劳动者的，参照用人单位所在地相同或相近岗位报酬确定。

（三）非全日制用工

非全日制用工是指以小时计酬为主，劳动者在同一单位每日工作时间一般不超过4小时，每周累计工作时间不超过24小时的用工形式。

非全日制用工可以订立口头合同，可以与一家以上用人单位订立劳动合同，但后订立的不能影响先订立的，不能约定试用期，任何一方都可以随时通知对方终止。解除和终止非全日制用工劳动合同时，用人单位无须向劳动者支付经济补偿。报酬标准不得低于用人单位所在地最低小时工资标准，结算周期最长不得超过15日。

六、劳动争议的解决

（一）劳动争议的概念与范围

劳动争议，又称劳动纠纷，一般是指劳动关系双方当事人或其团体之间关于劳动权利和劳动义务的争议；其狭义则专指劳动关系双方当事人，即劳动者与用人单位之间关于劳动权利和劳动义务的争议。

在我国，劳动争议的范围包括以下几个方面：①因确认劳动关系发生的争议；②因订立、履行、变更、解除和终止劳动合同发生的争议；③因除名、辞退和辞职、离职发生的争议；④因工作时间、休息休假、社会保险、福利、培训以及劳动保护发生的争议；⑤因劳动报酬、工伤医疗费、经济补偿或者赔偿金等发生的争议；⑥法律、法规规定的其他劳动争议。我国境内的用人单位与劳动者发生的上述劳动争议，均适用我国《劳动争议调解仲裁法》。

随堂练习5—6

小张因为工伤向工伤鉴定委员会申请工伤鉴定，工伤鉴定委员会鉴定为10级伤残，小张不满工伤鉴定委员会的鉴定，要求重新鉴定，工伤鉴定委员会不同意重新鉴定，为此小张将工伤鉴定委员会告上劳动争议仲裁委员会。

你认为劳动争议仲裁委员会能受理小张的申请吗？为什么？

（二）劳动争议处理的方式与机构

劳动争议处理的方式有协商、调解、仲裁、诉讼。发生劳动争议，劳动者可以与用人单位协商，也可以请工会或第三方共同与用人单位协商，达成和解协议；当事人不愿协商、协商不成或达成和解协议后不履行的，可以向调解组织申请调解；不愿调解、调解不成或达成调解协议后不履行的，可以向劳动争议仲裁机构申请仲裁；对仲裁裁决不服的，除法律另有规定以外，可以向人民法院提起诉讼。

1. 劳动争议的调解

劳动争议调解的机构有以下三种：①企业劳动争议调解委员会。它由职工代表和企业代表组成。其中，职工代表由工会成员担任或者由全体职工推举产生；企业代表由企业负责人指定。企业劳动争议调解委员会主任由工会成员或者双方推举的人员担任。②依法设立的基层人民调解组织。③在乡镇、街道设立的具有劳动争议调解职能的组织。

劳动争议调解由当事人提出调解申请，调解组织促成双方当事人达成调解协议。经调解达成协议的，应当制作调解协议书。调解协议书由双方当事人签名或者盖章，经调解员签名并加盖调解组织印章后生效。调解协议书生效后，对双方当事人具有约束力，当事人应当履行。调解协议书仅具有合同性质，不具有强制执行的效力。调解应始终贯彻自愿协商的原则，不得强迫当事人达成调解协议。

> **知识拓展 5-1**
>
> 《劳动争议调解仲裁法》规定，因支付拖欠劳动报酬、工伤医疗费、经济补偿或者赔偿金事项达成调解协议，用人单位在协议约定期限内不履行的，劳动者可以持调解协议书依法向人民法院申请支付令。人民法院应当依法发出支付令。《劳动合同法》对索要劳动报酬也规定了可以向法院申请支付令。

2. 劳动争议的仲裁

微课：
劳动争议仲裁

劳动争议仲裁的机构是劳动争议仲裁委员会。劳动争议仲裁委员会按照统筹规划、合理布局和适应实际需要的原则设立，而不按行政区划层层设立。劳动争议仲裁委员会由劳动行政部门代表、工会代表和企业方面代表组成。劳动争议仲裁不收费，仲裁委员会的经费由财政予以保障，组成人员应当是单数。劳动争议仲裁委员会依法履行下列职责：①聘任、解聘专职或者兼职仲裁员；②受理劳动争议案件；③讨论重大或者疑难的劳动争议案件；④对仲裁活动进行监督。劳动争议仲裁委员会下设办事机构，负责办理劳动争议仲裁委员会的日常工作。

劳动争议仲裁委员会处理劳动争议案件，实行仲裁庭制度，即按照"一案一庭"的原则组成仲裁庭，审理劳动争议案件。仲裁庭的组织形式有独任制和合议制两种。独任制仲裁庭由1名仲裁员组成，适用于事实清楚、案情简单、法律适用明确的劳动争议案件。合议制仲裁庭由3名仲裁员组成，并设1名首席仲裁员。除简单劳动争议案件外，均应组成合议制仲裁庭。仲裁庭在劳动争议仲裁委员会领导下依法处理劳动争议。

劳动争议仲裁由当事人在仲裁时效期内提出申请，劳动争议仲裁委员会受理仲裁申请后组成仲裁庭依法开庭审理。经仲裁调解达成协议的，仲裁庭应当制作调解书。调解书经双方当事人签收后，发生法律效力。调解不成或者调解书送达前，一方当事人反悔的，仲裁庭应当及时作出裁决。裁决应当按照多数仲裁员的意见作出，仲裁庭不能形成多数意见时，裁决应当按照首席仲裁员的意见作出。终局裁决立即生效；其他裁决自当事人收到裁决书之日起15日内不起诉即生效。当事人对发生法律效力的调解书、裁决书，应当依照规定的期限履行。一方当事人逾期不履行的，另一方当事人可以依照民事诉讼法的有关规定向人民法院申请执行。

3. 劳动争议的诉讼

劳动争议诉讼的机构是人民法院。劳动争议诉讼案件由用人单位所在地或者劳动合同履行地的基层法院管辖；劳动合同履行地不明确的，由用人单位所在地的基层法院管辖。当事人双方就同一仲裁裁决分别向有管辖权的人民法院起诉的，后受理的人民法院应当将案件移送给先受理的人民法院。人民法院按照民事诉讼程序处理劳动争议案件。当事人对一审人民法院的判决不服的，可以提起上诉。

一般劳动争议的处理，必须先裁后审，即当事人必须先申请劳动仲裁，不服仲裁裁决，才可以自收到仲裁裁决书之日起15日内向人民法院提起诉讼。劳动争议仲裁委员会不予受理或者逾期未作出受理决定的，当事人可以就该劳动争议事项向人民法院提起诉讼。仲裁庭逾期未作出仲裁裁决的，当事人可以就该劳动争议事项向人民法院提起诉讼。对于拖欠工资的案件，劳动者手中有明确的工资欠条的，可以不经过仲裁直接起诉。当事人在劳动争议调解委员会主持下仅就劳动报酬争议达成调解协议，用人单位不履行调解协议确定的给付义务，劳动者可以直接向人民法院起诉。

我国劳动争议仲裁裁决一般都不是终局裁决，但下列劳动争议案件，除法律另有规定的外，仲裁裁决为终局裁决，裁决书自作出之日起发生法律效力：①追索劳动报酬、工伤医疗费、经济补偿或者赔偿金，不超过当地月最低工资标准12个月金额的争议；②因执行国家的劳动标准在工作时间、休息休假、社会保险等方面发生的争议。

（三）劳动争议仲裁的基本制度

1. 劳动争议仲裁的管辖

劳动争议仲裁主要实行地域管辖。劳动争议仲裁委员会负责管辖本区域内发生的劳动争议。劳动争议由劳动合同履行地或者用人单位所在地的劳动争议仲裁委员会管辖。双方当事人分别向劳动合同履行地和用人单位所在地的劳动争议仲裁委员会申请仲裁的，由劳动合同履行地的劳动争议仲裁委员会管辖。我国公民与国（境）外企业签订的劳动（工作）

合同若履行地在我国领域内，因履行该合同发生争议，由合同履行地仲裁委员会受理。

2. 劳动争议仲裁的时效

劳动争议申请仲裁的时效期间为1年。仲裁时效期间从当事人知道或者应当知道其权利被侵害之日起计算。劳动关系存续期间因拖欠劳动报酬发生争议的，劳动者申请仲裁不受上述仲裁时效期间的限制；但是，劳动关系终止的，应当自劳动关系终止之日起1年内提出。

3. 劳动争议仲裁的程序

劳动争议的当事人不愿调解、调解不成或者达成调解协议后不履行的，可以向劳动争议仲裁委员会申请仲裁。自劳动争议调解组织收到调解申请之日起15日内未达成调解协议的，当事人可以依法申请仲裁。达成调解协议后，一方当事人在协议约定期限内不履行调解协议的，另一方当事人可以依法申请仲裁。

当事人申请仲裁应当提交书面仲裁申请。仲裁申请书应当载明下列事项：①劳动者的姓名、性别、年龄、职业、工作单位和住所，用人单位的名称、住所和法定代表人或者主要负责人的姓名、职务；②仲裁请求和所根据的事实、理由；③证据和证据来源、证人姓名和住所。书写仲裁申请确有困难的，可以口头申请，由劳动争议仲裁委员会记入笔录，并告知对方当事人。

劳动争议仲裁委员会收到仲裁申请之日起5日内，认为符合受理条件的，应当受理，并通知申请人；认为不符合受理条件的，应当书面通知申请人不予受理，并说明理由。

仲裁委员会在开庭前应做好文书送达、组成仲裁庭、作出回避决定、通知开庭等必要准备工作。劳动争议仲裁委员会应当在受理仲裁申请之日起5日内组成仲裁庭并将组成情况书面通知当事人。仲裁庭应当在开庭5日前，将开庭日期、地点书面通知双方当事人。仲裁庭的仲裁员有可能影响公正裁决的情形时，应当回避，当事人也有权以口头或者书面方式提出回避申请。仲裁委员会对回避申请应当及时作出决定，并以口头或者书面方式通知当事人。

仲裁庭对劳动争议审理后，在作出裁决前，应当先行调解。调解达成协议的，仲裁庭应当制作调解书。调解不成或者调解书送达前，一方当事人反悔的，仲裁庭应当及时作出裁决。仲裁庭裁决劳动争议案件时，其中一部分事实已经清楚，可以就该部分先行裁决。仲裁庭对追索劳动报酬、工伤医疗费、经济补偿或者赔偿金的案件，根据当事人的申请，可以裁决先予执行，移送人民法院执行。仲裁庭裁决先予执行的，应当符合下列条件：①当事人之间权利义务关系明确；②不先予执行将严重影响申请人的生活。劳动者申请先予执行的，可以不提供担保。

仲裁庭裁决劳动争议案件，应当自劳动争议仲裁委员会受理仲裁申请之日起45日内结束。案情复杂需要延期的，经劳动争议仲裁委员会主任批准，可以延期并书面通知当事人，但是延长期限不得超过 15 日。

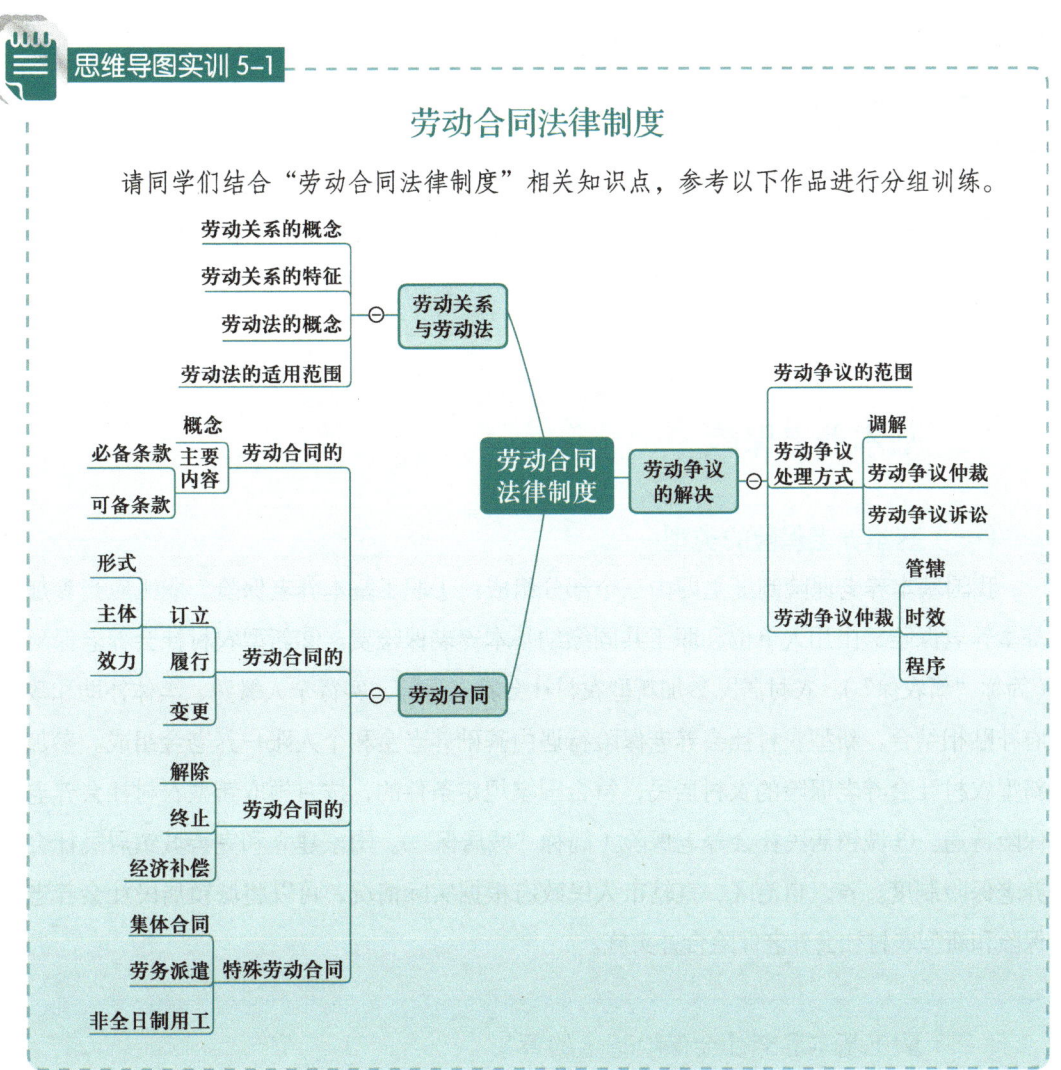

思维导图实训 5-1

劳动合同法律制度

请同学们结合"劳动合同法律制度"相关知识点，参考以下作品进行分组训练。

模块二　社会保险法律制度

一、社会保险概念

社会保险，是指国家为使公民共享发展成果，促进社会和谐稳定，通过立法确立的，以保险形式实行的，对处于年老、疾病、工伤、失业、生育等情况的公民提供一定的物质帮助或相应补偿，使其能维持基本生活的一种社会保障制度。社会保险具有立法强制性、公益性（福利性）、普遍性、互助性和基本性的特点，其内容包括基本养老保险、基本医疗保险、工伤保险、失业保险、生育保险等。

> **知识拓展 5-2**
>
> 社会保障是国家对公民在年老、疾病、伤残、失业、生育、死亡、遭遇灾害、面临生活困难时，由政府和社会依法给予物质帮助，以保障公民基本生活需要的制度。社会保障一般包括社会保险、社会救济、社会福利和优抚安置等。

二、基本养老保险

（一）基本养老保险的类型

我国基本养老保险制度主要由三个部分组成：①职工基本养老保险。职工应当参加基本养老保险，由用人单位和职工共同缴纳基本养老保险费。②新型农村社会养老保险（简称"新农保"）。农村居民参加新型农村社会养老保险，实行个人缴费、集体补助和政府补贴相结合。新型农村社会养老保险待遇由基础养老金和个人账户养老金组成。参加新型农村社会养老保险的农村居民，符合国家规定条件的，按月领取新型农村社会养老保险待遇。③城镇居民社会养老保险（简称"城居保"）。国家建立和完善城镇居民社会养老保险制度。省、自治区、直辖市人民政府根据实际情况，可以将城镇居民社会养老保险和新型农村社会养老保险合并实施。

微课：基本养老保险

（二）职工基本养老社会保险基金的筹集

我国基本养老保险实行社会统筹和个人账户相结合的部分积累制模式，即个人账户部分实行预积累制，社会统筹部分实行现收现付制。基本养老保险基金由用人单位和个人缴费以及政府补贴等组成。

用人单位按职工工资总额的一定比例缴纳基本养老保险费。用人单位缴纳基本养老保险费的比例，一般不得超过企业工资总额的20%。根据《国务院办公厅关于印发降低社会保险费率综合方案的通知》自2019年5月1日起，降低城镇职工基本养老保险（含机关事业单位基本养老保险）缴费比例，各省、自治区、直辖市及新疆生产建设兵团养老保险单位缴费比例高于16%的，可以降至16%，目前低于16%的，要研究提出过渡办法。

职工应当按照国家规定的本人工资的比例缴纳基本养老保险费，记入个人账户。根据2005年《国务院关于完善企业职工基本养老保险制度的决定》，从2006年1月1日起，个人账户的规模统一调整为本人缴费工资的 8%，全部由个人缴费形成，单位缴费不再纳入个人账户。

个人缴费工资基数为职工本人上一年度月平均工资。月平均工资应按国家统计局规定列入工资总额统计的项目计算，其中包括工资、奖金、津贴、补贴等收入，不包括社会保险费、劳动保护费、福利费等。月平均工资超过当地职工平均工资 300% 的部分，不计入个人缴费工资基数和计发养老金的基数；低于当地职工平均工资 60% 的，按 60% 计入。

城镇个体工商户和灵活就业人员按照上述规定计算本地城镇单位就业人员平均工资核定社保个人缴费基数上下限，允许缴费人在 60% 至 300% 选择适当的缴费基数。缴费比例为 20%，其中 8% 计入个人账户。个人账户不得提前支取，记账利率不得低于银行定期存款利率，免征利息税。个人死亡的，个人账户余额可以继承。

随堂练习 5-7

某公司职工黄某 2019 年度从公司取得的总收入是 150 000 元，其中工资、奖金共计 132 000 元，福利费用 18 000 元。已知 2019 年度当地职工平均工资为 3 000 元，请计算黄某 2020 年度个人每月应缴纳的基本养老保险费。

（三）职工基本养老保险待遇的享受

1. 职工基本养老保险待遇的享受条件

我国职工一般法定退休年龄，男为 60 岁，女干部为 55 岁，女工人为 50 岁。参加职工基本养老保险的个人，达到法定退休年龄时累计缴费满 15 年的，按月领取基本养老金。国有企业、事业单位职工参加基本养老保险前的工作年限视同缴费年限，视同缴费年限期间应当缴纳的基本养老保险费由政府承担。

知识拓展 5-3

职工符合法定条件可以提前或延迟退休

职工符合法定条件可以提前或延迟退休。（1）提前退休年龄。①从事有害身体健康工作的，男为 55 岁，女为 45 岁；②非因工伤而完全丧失劳动能力的，男为 50 岁，女为 45 岁（因改制、改革等需要，经国务院文件明确，一些行业、工种的劳动者也可按此年龄退休）；③因工伤而完全丧失劳动能力的，退休不受年龄限制。（2）延迟退休年龄。高级专家经批准可以延迟退休，但男性高级专家正高职称者不超 70 岁，副高职称者不超过 65 岁，女性高级专家不超过 60 岁。

2. 职工基本养老保险待遇的内容

参加基本养老保险的个人，可享受的养老保险待遇一般包括：一是退休金。从达到法定退休年龄的第二个月起停发工资，每月按规定标准发给职工基本养老金，直到去世为止。二是死亡待遇。因病或者非因工死亡的，其遗属可以领取丧葬补助金和抚恤金。三是病残待遇。在未达到法定退休年龄时因病或者非因工致残完全丧失劳动能力的，可以领取病残津贴。

基本养老金由统筹养老金和个人账户养老金组成，根据个人累计缴费年限、缴费工资、当地职工平均工资、个人账户金额、城镇人口平均预期寿命等因素确定。国家建立基本养老金正常调整机制，根据职工平均工资增长、物价上涨情况，适时提高基本养老保险待遇水平。

知识拓展 5-4

基本养老金的计算公式如下：

基本养老金 = 统筹养老金 + 个人账户养老金

统筹养老金 =（当地上年度在岗职工月平均工资 + 本人指数化月平均缴费工资）/2 × 缴费年限 ×1%

指数化月平均缴费工资 = 退休时上年度统筹地区在岗职工月平均工资 × 月平均缴费工资指数

月平均缴费工资指数 = 各年缴费工资指数之和 / 缴费年限

当年缴费工资指数 = 本人当年月平均工资 / 上年度统筹地区在岗职工月平均工资

个人账户养老金 = 个人账户储存额 /（城镇人口平均预期寿命 − 本人退休年龄）×12

三、基本医疗保险

（一）基本医疗保险的类型

我国基本医疗保险主要有两类：

1. 职工基本医疗保险

职工应当参加职工基本医疗保险。这里的职工包括：国有企业、城镇集体企业、外商投资企业、城镇私营企业和其他城镇企业及其职工，国家机关及其工作人员，事业单位及其职工，民办非企业单位及其职工，社会团体及其专职人员。灵活就业人员可以参加职工基本医疗保险，由个人按国家规定缴纳基本医疗保险费。

2. 城乡居民基本医疗保险

国务院 2016 年 1 月 3 日印发《关于整合城乡居民基本医疗保险制度的意见》规定：整合城镇居民基本医疗保险和新型农村合作医疗两项制度，建立统一的城乡居民基本医疗保险制度。城乡居民基本医疗保险覆盖除职工基本医疗保险应参保人员以外的其他所有城乡居民，统一保障待遇。

（二）职工基本医疗保险基金的筹集

职工基本医疗保险费由用人单位和职工按照国家规定共同缴纳。根据 1998 年国务院颁布的《关于建立城镇职工基本医疗保险制度的决定》，用人单位缴费率应控制在职工工资总额的 6% 左右，用人单位缴费的 30% 左右划入职工个人账户，具体比例由统筹地区根据个人账户的支付范围和职工年龄等因素确定。职工缴费率一般为本人工资收入的 2%，职工缴费，全部计入个人账户。随着经济发展，用人单位和职工缴费率可作相应调整。

参加职工基本医疗保险的个人，达到法定退休年龄时累计缴费达到国家规定年限的，退休后不再缴纳基本医疗保险费，按照国家规定享受基本医疗保险待遇；未达到国家规定年限的，可以缴费至国家规定年限。

（三）职工基本医疗保险基金的支付

职工基本医疗保险基金支付确定起付标准和最高支付限额，起付标准原则上控制在当地职工年平均工资的 10% 左右，起付线以上部分，职工基本医疗保险基金支付一般为 90%（个人一般仍需承担 10%）；年最高支付限额控制在当地职工年平均工资的 6 倍；起付标准以下的医疗费用，从个人账户中支付或由个人自付。统筹基金的具体起付标准、最高支付限额以及在起付标准以上和最高支付限额以下医疗费用的个人负担比例，由统筹地区根据以收定支、收支平衡的原则确定。

符合国家规定的基本医疗保险药品目录、诊疗项目、医疗服务设施标准内的费用按照国家规定从基本医疗保险基金中支付，超出目录与标准的费用由个人自行承担。因抢救、急诊所产生的医疗费用均从基本医疗保险基金中支付。

参保人员医疗费用中应当由职工基本医疗保险基金支付的部分，由社会保险经办机构与医疗机构、药品经营单位直接结算。社会保险行政部门和卫生行政部门应当建立异地就医医疗费用结算制度，方便参保人员享受基本医疗保险待遇。参加职工基本医疗保险的个人，达到法定退休年龄时累计缴费达到国家规定年限的，退休后不再缴纳基本医疗保险费，按照国家规定享受基本医疗保险待遇；未达到国家规定缴费年限的，可以缴费至国家规定年限。目前对最低缴费年限没有全国统一规定，由各统筹地区根据本地情况确定。

新冠肺炎患者和疑似患者的医疗费用是如何落实的？

为了打消患者的后顾之忧，让患者放心就诊，我国基本医疗保险部门要求对于确诊和疑似患者全部实行先救治、后结算。在基本医保、大病保险、医疗救助等按规定支付后个人负担部分由财政给予补助。异地就医医保支付的费用由就医地医保部门先行垫付，疫情结束后全国统一组织清算，由参保地医保部门与就医地医保部门结算。同时，为了确保医疗机构不担心预算限制，能放心收治，基本医疗保险部门及时调整定点收治医疗机构的总额预算指标，对相关医疗费用单列预算，不占用当年总额预算指标。

思政要点：培养学生浓厚的家国情怀以及民族自豪感，体会到中国特色社会主义制度的优越性。

下列医疗费用不纳入基本医疗保险基金支付范围：①应当从工伤保险基金中支付的；②应当由第三人负担的，第三人不支付或者无法确定第三人的，由基本医疗保险基金先行支付，基本医疗保险基金先行支付后，有权向第三人追偿；③应当由公共卫生负担的；④在境外就医的。

 随堂练习 5-8

李某在医保定点医院做外科手术，共发生医疗费用 18 万元，其中在规定医疗目录内的费用 15 万元，目录以外的费用 3 万元。已知：当地职工平均工资为 2 000 元/月，起付标准为当地职工年平均工资的 10%，最高支付限额为当地职工年平均工资的 6 倍，报销比例为 90%。分析计算哪些费用可以从统筹账户中报销？哪些费用需要由李某自理？

（四）医疗期

企业职工因患病或非因工负伤，需要停止工作，进行医疗时，根据本人实际参加工作年限和在本单位工作年限，给予 3 个月到 24 个月的医疗期：

实际工作年限 10 年以下的，在本单位工作年限 5 年以下的为 3 个月；5 年以上的为 6 个月。实际工作年限 10 年以上的，在本单位工作年限 5 年以下的为 6 个月；5 年以上 10 年以下的为 9 个月；10 年以上 15 年以下的为 12 个月；15 年以上 20 年以下的为 18 个月；20 年以上的为 24 个月。

企业职工在医疗期内，其病假工资、疾病救济费和医疗待遇按照有关规定执行。病假工资或疾病救济费可以低于当地最低工资标准支付，但不得低于最低工资标准的 80%。医疗期内，除非劳动者有严重过错（《劳动合同法》第 39 条规定的情形），单位不得解除或终止劳动合同。

四、工伤保险

（一）工伤保险基金的筹集

职工应当参加工伤保险，工伤保险费由用人单位缴纳，职工不用缴纳。用人单位应当按照本单位职工工资总额，根据社会保险经办机构确定的费率缴纳工伤保险费。

工伤保险费率实行行业差别费率并在行业内划分费率档次。行业差别费率根据不同行业的工伤风险程度确定，行业内费率档次根据使用工伤保险基金、工伤发生率等情况在每个行业内确定。例如，建筑施工企业可以实行以建筑施工项目为单位、按项目工程总造价的一定比例，计算缴纳工伤保险费。商贸、餐饮、住宿、美容美发、洗浴以及文体娱乐等小型服务业企业及有雇工的个体工商户，可以按照营业面积的大小核定应参保人数，按照所在统筹地区上一年度职工月平均工资的一定比例和相应的费率，计算缴纳工伤保险费；也可以按照营业额的一定比例计算缴纳工伤保险费。小型矿山企业可以按总产量、吨矿工资含量和相应的费率计算缴纳工伤保险费。

> **课堂思考 5-1**
>
> 大学生在顶岗实习期间在实习单位岗位上受伤，是否可以适用工伤保险待遇？为什么？

（二）工伤认定

职工发生事故伤害或者按照职业病防治法规定被诊断、鉴定为职业病，所在单位应当自事故伤害发生之日或者被诊断、鉴定为职业病之日起 30 日内，向统筹地区社会保险行政部门提出工伤认定申请。遇有特殊情况，经报社会保险行政部门同意，申请时限可以适当延长。用人单位未按前款规定提出工伤认定申请的，工伤职工或者其近亲属、工会组织在事故伤害发生之日或者被诊断、鉴定为职业病之日起 1 年内，可直接向用人单位所在地统筹地区社会保险行政部门提出工伤认定申请。社会保险行政部门应当自受理工伤认定申请之日起 60 日内作出工伤认定的决定，并书面通知申请工伤认定的职工或者其近亲属和该职工所在单位。

职工应当被认定为工伤的情形：①在工作时间和工作场所内，因工作原因受到事故伤害的；②工作时间前后在工作场所内，从事与工作有关的预备性或收尾性工作受到事故伤害的；③在工作时间和工作场所内，因履行工作职责受到暴力等意外伤害的；④患职业病的；⑤因工外出期间，由于工作原因受到伤害或发生事故下落不明的；⑥在上下班途中，受到非本人主要责任的交通事故或城市轨道交通、客运轮渡、火车事故伤害的；⑦法律、行政法规规定应当认定为工伤的其他情形。

职工视同为工伤的情形：①在工作时间和工作岗位，突发疾病死亡或者在 48 小时内经抢救无效死亡；②在抢险救灾等维护国家利益、公共利益活动中受到伤害的；③原在军队服役，因战、因公负伤致残，已取得革命伤残军人证，到用人单位后旧伤复发的。

职工不认定为工伤的情形：①故意犯罪；②醉酒或吸毒；③自残或自杀；④法律、行政法规规定的其他情形。

（三）劳动能力鉴定

劳动能力鉴定是指劳动功能障碍程度和生活自理障碍程度的等级鉴定。职工发生工伤，经治疗伤情相对稳定后存在残疾、影响劳动能力的，应当进行劳动能力鉴定。劳动能力鉴定由用人单位、工伤职工或者其近亲属向设区的市级劳动能力鉴定委员会提出申请。设区的市级劳动能力鉴定委员会应当自收到劳动能力鉴定申请之日起 60 日内作出劳动能力鉴定结论，必要时，作出劳动能力鉴定结论的期限可以延长 30 日。劳动能力鉴定结论应当及时送达申请鉴定的单位和个人。

劳动功能障碍分为十个伤残等级，最重为一级，最轻为十级。生活自理障碍分为三个等级：生活完全不能自理、生活大部分不能自理和生活部分不能自理。

（四）工伤保险待遇

职工因工作原因受到事故伤害或者患职业病，且经工伤认定的，享受工伤保险待遇；其中，经劳动能力鉴定丧失劳动能力的，享受伤残待遇。伤残待遇见表 5-1。

表 5-1 伤残待遇一览表

伤残等级	一次性伤残补助金	按月支付伤残津贴	其他待遇
一级	27 个月本人工资	本人工资的 90%	保留与用人单位的劳动关系，由用人单位安排适当工作。职工本人提出解除或者终止劳动关系的，7~10级伤残职工劳动、聘用合同期满终止的，由用人单位支付一次性工伤医疗补助金和伤残就业补助金
二级	25 个月本人工资	本人工资的 85%	
三级	23 个月本人工资	本人工资的 80%	
四级	21 个月本人工资	本人工资的 75%	
五级	18 个月本人工资	本人工资的 70%（难以安排工作）	
六级	16 个月本人工资	本人工资的 60%（难以安排工作）	
七级	13 个月本人工资		
八级	11 个月本人工资		
九级	9 个月本人工资		
十级	7 个月本人工资		

职工因工伤发生的下列费用，按照国家规定从工伤保险基金中支付：①治疗工伤的医疗费用和康复费用；②住院伙食补助费；③到统筹地区以外就医的交通食宿费；④安装配置伤残辅助器具所需费用；⑤生活不能自理的，经劳动能力鉴定委员会确认的生活护理费；⑥一次性伤残补助金和一至四级伤残职工按月领取的伤残津贴；⑦终止或者解除劳动合同时，应当享受的一次性医疗补助金；⑧因工死亡的，其遗属领取的丧葬补助金、供养亲属抚恤金和因工死亡补助金；⑨劳动能力鉴定费。

职工因工伤发生的下列费用，按照国家规定由用人单位支付：①治疗工伤期间的工资福利；②五级、六级伤残职工按月领取的伤残津贴；③终止或者解除劳动合同时，应当享受的一次性伤残就业补助金。工伤职工符合领取基本养老金条件的，停发伤残津贴，享受基本养老保险待遇。基本养老保险待遇低于伤残津贴的，从工伤保险基金中补足差额。

职工所在用人单位未依法缴纳工伤保险费，发生工伤事故的，由用人单位支付工伤保险待遇。用人单位不支付的，从工伤保险基金中先行支付。从工伤保险基金中先行支付的工伤保险待遇应当由用人单位偿还。用人单位不偿还的，社会保险经办机构可以依法追偿。由于第三人的原因造成工伤，第三人不支付工伤医疗费用或者无法确定第三人的，由工伤保险基金先行支付。工伤保险基金先行支付后，有权向第三人追偿。工伤职工有下列情形之一的，停止享受工伤保险待遇：①丧失享受待遇条件的；②拒不接受劳动能力鉴定的；③拒绝治疗的。

五、失业保险

职工应当参加失业保险，失业保险费由用人单位和职工按照国家规定共同缴纳。《失业保险条例》规定，用人单位按照本单位工资总额的 2% 缴纳失业保险费，职工按照本人工资的 1% 缴纳失业保险费。为减轻企业负担，促进扩大就业，人力资源和社会保障部、财政部数次发文降低失业保险费率，用人单位缴费阶段性降低到 1%，个人费率不得超过单位费率，部分省份实施了失业保险总费率 1%。

失业人员申领失业保险金应当同时符合以下条件：①失业前用人单位和本人已经缴纳失业保险费满 1 年的；②非因本人意愿中断就业的；③已进行失业登记，并有求职要求的。

失业保险金根据失业人员失业前所在单位和本人的缴费年限领取。按照规定，累计缴费时间满 1 年不足 5 年的，领取失业保险金的期限最长为 12 个月；累计缴费时间满 5 年不足 10 年的，领取失业保险金的期限最长为 18 个月；累计缴费时间 10 年以上的，领取失业保险金的期限最长为 24 个月。重新就业后，再次失业的，缴费时间重新计算，领取失业保险金的期限与前次失业应领取而尚未领取的失业保险金的期限合并计算，但是最长不得超过 24 个月。失业保险金的标准，由省、自治区、直辖市人民政府确定，并不得低于城市居民最低生活保障标准。

失业人员在领取失业保险金期间，参加职工基本医疗保险，享受基本医疗保险待遇。失业人员应当缴纳的基本医疗保险费从失业保险基金中支付，个人不缴纳基本医疗保险费。失业人员在领取失业保险金期间死亡的，参照当地对在职职工死亡的规定，向其遗属发给一次性丧葬补助金和抚恤金。所需资金从失业保险基金中支付。

失业人员在领取失业保险金期间有下列情形之一的，停止领取失业保险金，并同时停止享受其他失业保险待遇：①重新就业的；②应征服兵役的；③移居境外的；④享受基本养老保险待遇的；⑤无正当理由，拒不接受当地人民政府指定部门或者机构介绍的适当工作或者提供的培训的。

六、生育保险

职工应当参加生育保险，由用人单位按照国家规定缴纳生育保险费，职工不缴纳生育保险费。用人单位已经缴纳生育保险费的，其职工享受生育保险待遇；职工未就业配偶按照国家规定享受生育医疗费用待遇，所需资金从生育保险基金中支付。

生育保险待遇包括生育医疗费用和生育津贴。生育医疗费用包括生育和计划生育的医疗费用以及法律法规规定的其他项目费用。生育津贴按照职工所在用人单位上年度职工月平均工资计发。

根据国务院办公厅 2019 年 3 月 6 日印发的《关于全面推进生育保险和职工基本医疗

保险合并实施的意见》，推进两项保险合并实施，统一参保登记，即参加职工基本医疗保险的在职职工同步参加生育保险。统一基金征缴和管理，生育保险基金并入职工基本医疗保险基金，按照用人单位参加生育保险和职工基本医疗保险的缴费比例之和确定新的用人单位职工基本医疗保险费率，个人不缴纳生育保险费。两项保险合并实施后实行统一定点医疗服务管理，统一经办和信息服务，确保职工生育期间的生育保险待遇不变。

七、社会保险费征缴与管理

根据《社会保险费征缴暂行条例》规定，企业在办理登记注册时，同步办理社会保险登记。企业以外的缴费单位应自成立之日起30日内，向当地社会保险经办机构申请办理社会保险登记。用人单位应当自用人之日起30日内为其职工向社会保险经办机构申请办理社会保险登记。自愿参加社会保险的无雇工的个体工商户、未在用人单位参加社会保险的非全日制从业人员以及其他灵活就业人员，应当向社会保险经办机构申请办理社会保险登记。

用人单位应当自行申报、按时足额缴纳社会保险费，非因不可抗力等法定事由不得缓缴、减免。职工应当缴纳的社会保险费由用人单位代扣代缴，用人单位应当按月将缴纳社会保险费的明细情况告知本人。无雇工的个体工商户、未在用人单位参加社会保险的非全日制从业人员以及其他灵活就业人员，可以直接向社会保险费征收机构缴纳社会保险费。国家建立全国统一的个人社会保障号码。个人社会保障号码为公民身份号码。

除基本医疗保险基金与生育保险基金合并建账及核算外，其他各项社会保险基金按社会保险险种分别建账，分账核算，执行国家统一的会计制度。社会保险基金存入财政专户，按照统筹层次设立预算，通过预算实现收支平衡。县级以上人民政府在社会保险基金出现支付不足时，给予补贴。社会保险经办机构应当定期向社会公布参加社会保险情况及社会保险基金的收入、支出、结余和收益情况。

思维导图实训 5-2

社会保险

请同学们结合"社会保险"相关知识点，参考以下作品进行分组训练。

项目五　劳动与社会保险法律制度

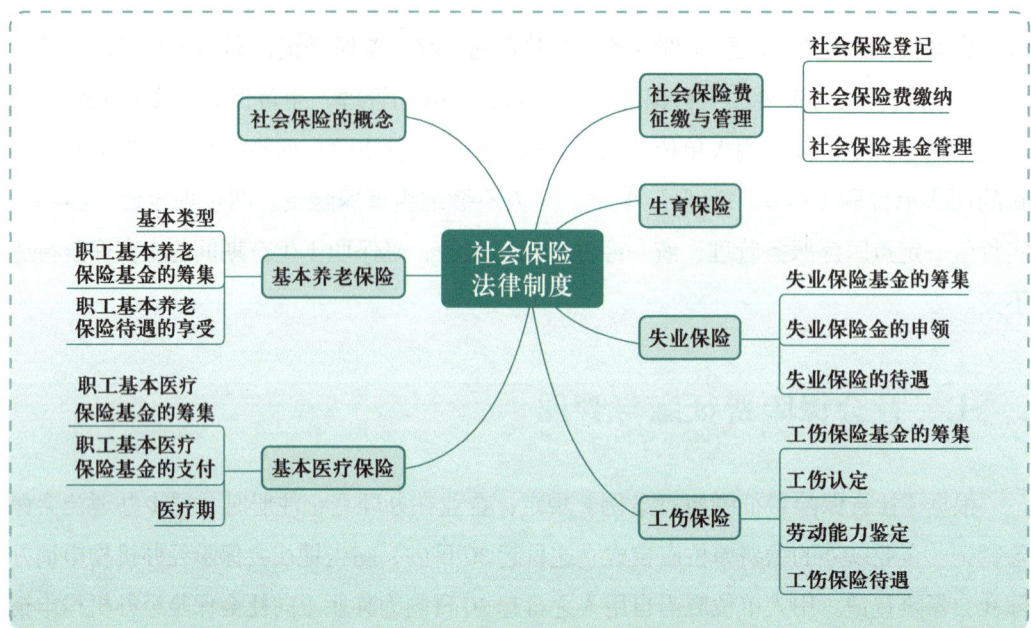

综合案例分析

2015年1月4日，甲公司录用张某工作，月工资6 000元，双方签订了5年的劳动合同，试用期8个月，由张某自行购买社会保险。2018年1月甲公司派张某去上海学习培训1年花费10万元，并签订培训期满后5年的服务期协议。2019年1月5日，张某在培训学习时意外摔伤，入院治疗2个月花费3万元。2020年1月5日，张某与甲公司劳动合同到期，张某拟到同城市同行业乙公司继续从事财务工作。甲公司要求张某支付违约金并提出竞业限制要求。请回答以下问题：

（1）甲公司录用张某的行为是否符合劳动合同法？

（2）张某外出学习期间的受伤应该如何认定？如何享受社保待遇？

（3）张某离职时甲公司提出的要求是否合理？

【后疫情时代中的经济法】

1. 新冠肺炎疫情导致我国经济和各个行业都受到影响，作为劳动者，应当以什么样的心态来看待和用人单位之间的关系呢？

【要点提示】　新冠肺炎疫情期间，我国党和政府想尽各种办法，通过保劳动者就业来保民生，通过保企业正常经营来保劳动者就业。劳动者与用人单位之间应当以"辅车相伴，唇齿相依，相互体谅，共克时艰"的原则来处理劳动关系。

2. 对新冠肺炎患者、疑似病人、密切接触者在其隔离治疗期间，用人单位能解除劳动合同吗？

【要点提示】 对新冠肺炎患者、疑似病人、密切接触者在其隔离治疗期间或医学观察期间，以及因政府实施隔离措施或采取其他紧急措施导致不能提供正常劳动的企业职工，企业应当支付职工在此期间的工作报酬，并不得依据《劳动合同法》第40条、41条与职工解除劳动合同。

【同步练习】

一、单选题

1. 用人单位招用劳动者的下列情形中，符合法律规定的是（   ）。

    A. 丙超市与刚满15周岁的初中毕业生赵某签订劳动合同

    B. 乙公司以只招男生为由拒绝录用应聘者李女士从事会计工作

    C. 甲公司设立的分公司已领取营业执照，该分公司与张某订立劳动合同

    D. 丁公司要求王某提供2 000元保证金后才与其订立劳动合同

2. 下列各项中，属于劳动合同必备条款的是（   ）。

    A. 保密条款　　　　　　　B. 竞业限制条款

    C. 社会保险条款　　　　　D. 服务期条款

3. 2019年7月10日，刘某到甲公司上班，公司自9月10日起一直拖欠其劳动报酬，直至2020年1月10日双方劳动关系终止。下列关于刘某申请劳动仲裁的期间表述中，正确的是（   ）。

    A. 应自2019年9月10日起1年内提出申请

    B. 应自2019年9月10日起3年内提出申请

    C. 应自2020年1月10日起1年内提出申请

    D. 应自2019年7月10日起3年内提出申请

4. 下列关于经济补偿金和违约金的表述中，不正确的是（   ）。

    A. 违约金的支付主体是劳动者

    B. 经济补偿金只能由用人单位和劳动者在劳动合同中约定

    C. 违约金只能在服务期和竞业限制条款中约定

    D. 经济补偿金的支付主体只能是用人单位

5. 下列社会保险中不需要个人支付保险费用的是（　　）。

　　A. 基本养老保险　　　　　　　B. 基本医疗保险

　　C. 工伤保险　　　　　　　　　D. 失业保险

6. 甲公司高级管理人员张某 2019 年度平均月工资为 15 000 元，公司所在地职工月平均工资为 4 000 元。2020 年甲公司每月应扣缴张某基本养老保险费的下列计算中，正确的是（　　）。

　　A. 4 000×2×8%=640（元）　　B. 15 000×8%=1 200（元）

　　C. 4 000×8%=320（元）　　　 D. 4 000×3×8%=960（元）

二、多选题

1. 下列选项中属于劳动关系，适用《劳动法》规定的有（　　）。

　　A. 乡镇企业与其职工之间的关系

　　B. 某家庭与其聘用的保姆之间的关系

　　C. 个体老板与其雇工之间的关系

　　D. 国家机关与实行劳动合同制的工勤人员之间的关系

2. 甲公司与职工对试用期期限的下列约定中，符合法律规定的有（　　）。

　　A. 李某的劳动合同期限 2 年，双方约定的试用期为 2 个月

　　B. 王某的劳动合同期限 6 个月，双方约定的试用期为 20 日

　　C. 赵某的劳动合同期限 5 个月，试用期 5 个月

　　D. 张某的试用期合同 4 个月，之后的劳动合同期限 4 年

3. 下列情形中，用人单位可单方面解除劳动合同的有（　　）。

　　A. 张某严重失职，营私舞弊，给用人单位造成重大损失

　　B. 胡某被依法追究刑事责任

　　C. 钱某严重违反用人单位的规章制度

　　D. 王某因怀孕无法胜任工作

4. 下列关于劳动争议仲裁说法正确的有（　　）。

　　A. 我国劳动争议仲裁机构按行政区划层层设立

　　B. 审理劳动争议案件的仲裁庭，按照"一案一庭"的原则组成

　　C. 劳动争议由劳动合同履行地或用人单位所在地的劳动争议仲裁委员会管辖

　　D. 仲裁庭裁决劳动争议案件，一般应当自受理仲裁申请之日起 45 日内结束

5. 下列关于职工基本养老保险待遇的表述中，正确的有（　　）。

　　A. 参保职工未达法定退休年龄因病致残完全丧失劳动能力的，可领取病残

津贴

    B. 参保职工死亡后，其个人账户中的余额可以全部依法继承

    C. 参保职工达到法定退休年龄时累计缴费满 15 年，按月领取基本养老金

    D. 参保职工死亡同时符合领取基本养老保险丧葬补助金、工伤保险丧葬补助金和失业保险丧葬补助金条件的，其遗属可以同时领取

6. 下列失业人员中，应停止领取失业保险金并同时停止享受其他失业保险待遇的有（　　）。

    A. 重新就业的孙某　　　　　　B. 移居境外的杜某

    C. 已享受基本养老保险待遇的陈某　　D. 应征服兵役的贾某

三、判断题

1. 用人单位与劳动者自签订书面劳动合同之日起建立劳动关系。（　　）

2. 劳动合同期满，但用人单位与劳动者约定的服务期尚未到期的，除双方另有约定外，劳动合同应当续延至服务期满。（　　）

3. 用人单位发生合并或分立，原劳动合同终止，不再履行。（　　）

4. 职工因病或非因工负伤停止工作、治病休息，在规定的医疗期内，用人单位不可以适用无过失性辞退或经济性裁员与其解除劳动合同。（　　）

5. 失业保险费由用人单位和职工共同缴纳。（　　）

6. 参加职工基本养老保险的劳动者死亡后，其养老金账户内的金额可以全部依法继承。（　　）

项目六
经济仲裁与诉讼

【知识目标】

- 仲裁的基本制度和仲裁机构。
- 仲裁程序。
- 民事诉讼的基本制度与管辖。
- 民事诉讼的程序。

【能力目标】

- 能正确运用仲裁法律制度处理经济纠纷。
- 能正确运用民事诉讼法律制度分析具体经济纠纷案件的处理。

【思政目标】

- 培养学生诚信、友善、和谐、法治的社会主义核心价值观。
- 维护稳定的社会经济发展秩序。

【学习参考法律法规】

- 《中华人民共和国仲裁法》
- 《中华人民共和国民事诉讼法》

甲公司与乙公司签订了一份钢材购销合同，约定因该合同发生纠纷双方可向 A 仲裁委员会申请仲裁，也可向合同履行地 B 法院起诉。请分析：

（1）如甲公司向 A 仲裁委员会申请仲裁，乙公司在仲裁庭首次开庭前未提出异议，A 仲裁委员会能否对该案进行仲裁？

（2）如甲公司向 B 法院起诉，乙公司在法院首次开庭时对法院管辖权提出异议，异议能否成立？

【案例启示】

（1）仲裁协议的效力。

（2）仲裁委员会管辖与法院管辖的区分。

模块一 经 济 仲 裁

一、经济仲裁的概念与适用范围

（一）经济仲裁的概念

在我国，解决经济纠纷的途径主要有经济仲裁、民事诉讼、行政复议和行政诉讼。经济仲裁和民事诉讼适用于解决横向关系的经济纠纷，即平等民事主体的当事人之间发生的经济纠纷。行政复议和行政诉讼适用于解决纵向关系的经济纠纷，即行政管理相对人和行政机关之间发生的经济纠纷。

经济仲裁是指在经济活动中，双方当事人根据事前或者事后达成的仲裁协议，自愿将经济纠纷提交仲裁机构处理，仲裁机构作出对双方当事人均具有约束力的裁决的一种法律制度。

（二）经济仲裁的适用范围

依据《中华人民共和国仲裁法》（简称《仲裁法》）第 2 条，经济仲裁适用于平等主体的公民、法人和其他组织之间发生的合同纠纷和其他财产权益纠纷。

依据《仲裁法》第 3 条与第 77 条，下列纠纷不能经济仲裁：①婚姻、收养、监护、扶养、继承纠纷；②依法应当由行政机关处理的行政争议；③劳动争议和农业集体经济组织内部的农业承包合同纠纷。

随堂练习6-1

下列纠纷中，可以用《仲裁法》解决的是（　　）。
A. 甲、乙之间的农村土地承包合同纠纷
B. 乙、丙之间的货物买卖合同纠纷
C. 丙、丁之间的遗产继承纠纷
D. 丁、戊之间的劳动争议纠纷

课程思政 6-1

经济纠纷可以申请仲裁或诉讼吗？

经济纠纷是指市场经济主体之间因经济权利和经济义务的矛盾而引起的权益争议，包括平等主体之间涉及经济内容的纠纷和公民、法人或者其他组织作为行政管理相对人与行政机关之间因行政管理所发生的涉及经济内容的纠纷。

思政要点：侧重于培养学生诚信、友善、和谐、法治的社会主义核心价值观，自觉维护稳定的社会经济发展秩序。

二、经济仲裁的原则

（1）自愿原则。当事人采用仲裁方式解决纠纷，应当双方自愿，达成仲裁协议。没有仲裁协议，一方申请仲裁的，仲裁委员会不予受理。仲裁不实行级别管辖和地域管辖，仲裁机构由当事人自愿协商决定。

（2）坚持以事实为根据，以法律为准绳的原则。仲裁要依据法律，公平合理地解决纠纷，若法律没有规定或者规定不完备，仲裁庭可以按照公平合理的一般原则来解决纠纷。

（3）独立仲裁原则。仲裁机关不依附于任何机关而独立存在，仲裁依法独立进行，不受任何行政机关、社会团体和个人的干涉。

三、经济仲裁的制度

（一）协议仲裁制度

1. 仲裁协议的概念

仲裁协议是指双方当事人自愿将他们之间已经发生或者可能发生的争议提交仲裁机构裁决的书面约定。仲裁协议是仲裁机构取得仲裁权的基础，通常表现为仲裁条款和包括合同书、信件、数据电文在内的其他书面形式，以口头方式订立的仲裁协议无效。

2. 仲裁协议的内容

仲裁协议应当具有下列内容：①请求仲裁的意思表示；②仲裁事项；③选定的仲裁委员会。仲裁协议对仲裁事项或者仲裁委员会没有约定或者约定不明确的，当事人可以补充协议；达不成补充协议的，仲裁协议无效。

知识拓展 6-1

明确仲裁机构的特殊规定

1. 仲裁协议约定的仲裁机构名称不准确，但能够确定具体的仲裁机构的，应当认定选定了仲裁机构。

2. 仲裁协议仅约定纠纷适用的仲裁规则的，视为未约定仲裁机构，但当事人达成补充协议或者按照约定的仲裁规则能够确定仲裁机构的除外。

3. 仲裁协议约定两个以上仲裁机构的，当事人可以协议选择其中的一个仲裁机构申请仲裁；当事人不能就仲裁机构选择达成一致的，仲裁协议无效。

4. 仲裁协议约定由某地的仲裁机构仲裁且该地仅有一个仲裁机构的，该仲裁机构视为约定的仲裁机构。该地有两个以上仲裁机构的，当事人可以协议选择其中的一个仲裁机构申请仲裁；当事人不能就仲裁机构选择达成一致的，仲裁协议无效。

3. 仲裁协议的效力

（1）仲裁协议独立存在，合同未成立、合同成立后未生效或者被撤销，不影响仲裁协议的效力。《仲裁法》第17条规定，有下列情形之一的，仲裁协议无效：①约定的仲裁事项超出法律规定的仲裁范围的；②无民事行为能力人或者限制民事行为能力人订立的仲裁协议；③一方采取胁迫手段，迫使对方订立仲裁协议的。

（2）仲裁协议效力的异议。

① 确认机关。人民法院和仲裁委员会都有确认权，但人民法院的确认权优先。当事人对仲裁协议的效力有异议的，可以请求仲裁委员会作出决定或者请求人民法院作出裁

定。一方请求仲裁委员会作出决定，另一方请求人民法院作出裁定的，由人民法院裁定。

② 提出时间。当事人对仲裁协议的效力有异议，应当在仲裁庭首次开庭前提出。当事人在仲裁庭首次开庭前没有对仲裁协议的效力提出异议，而后向人民法院申请确认仲裁协议无效的，人民法院不予受理。

当事人达成仲裁协议，一方向人民法院起诉未声明有仲裁协议，人民法院受理后，另一方在首次开庭前提交仲裁协议的，人民法院应当驳回起诉，但仲裁协议无效的除外；另一方未提出异议的，视为放弃仲裁协议，法院应当继续审理。

随堂练习6-2

A市水天公司与B市龙江公司签订一份运输合同，并约定如发生争议提交A市的C仲裁委员会仲裁。后因水天公司未按约支付运费，龙江公司向C仲裁委员会申请仲裁。在第一次开庭时，水天公司未出庭参加仲裁审理，而是在开庭审理后的第二天向A市中级人民法院申请确认仲裁协议无效。C仲裁委员会应当（　　）。

A. 裁定中止仲裁程序　　　　B. 裁定终结仲裁程序
C. 裁定驳回仲裁申请　　　　D. 继续审理

（二）一裁终局制度

一裁终局制度是指仲裁裁决一经仲裁庭作出，即为终局裁决。仲裁裁决作出后，当事人就同一纠纷再申请仲裁或者向法院起诉的，仲裁委员会或者法院不予受理。当事人应当自动履行仲裁裁决，一方当事人不履行的，另一方当事人可以向人民法院申请强制执行。裁决被人民法院依法裁定撤销或者不予执行的，当事人就该纠纷可以根据双方重新达成的仲裁协议申请仲裁，也可以向人民法院起诉。

（三）仲裁回避制度

仲裁回避制度是指当事人有权在法律适用的范围内申请仲裁庭的组成人员回避对该案仲裁的权利，其目的是确保仲裁机关能够公平公正地处理经济纠纷，保护当事人的合法权益。

仲裁回避的适用情形：①仲裁员是本案当事人或者当事人、代理人的近亲属；②仲裁员与本案有利害关系；③仲裁员与本案当事人、代理人有其他关系，可能影响公正仲裁的；④仲裁员私自会见当事人、代理人，或者接受当事人、代理人请客送礼的。

当事人应当在首次开庭前提出回避申请，并说明理由。若当事人在首次开庭后才知道回避事由，可以在最后一次开庭终结前提出。仲裁员是否回避，由仲裁委员会主任决定；仲裁委员会主任担任仲裁员时，由仲裁委员会集体决定。仲裁员回避产生的后果：①依照《仲裁法》规定重新选定或者指定仲裁员；②当事人可以请求已进行的仲裁程序重新进行，是否准许，由仲裁庭决定；③仲裁庭也可以自行决定已进行的仲裁程序是否重新进行。

> **课堂思考 6-1**
>
> 请思考：经济仲裁与劳动仲裁有哪些区别？

四、仲裁委员会与仲裁庭

（一）仲裁委员会

仲裁委员会可以在直辖市和省、自治区人民政府所在地的市设立，也可以根据需要在其他设区的市设立，不按行政区划层层设立。设立仲裁委员会，应当经省、自治区、直辖市的司法行政部门登记。

仲裁委员会是常设机构，独立于行政机关，与行政机关没有隶属关系。各仲裁委员会的法律地位是平等的，相互之间也没有隶属关系。

仲裁委员会由主任 1 人、副主任 2~4 人和委员 7~11 人组成。仲裁委员会的主任、副主任和委员由法律、经济贸易专家和有实际工作经验的人员担任。仲裁委员会的组成人员中，法律、经济贸易专家不得少于 2/3。

仲裁委员会应当从公道正派的人员中聘任仲裁员。仲裁员应当符合下列条件之一：①通过国家统一法律职业资格考试取得法律职业资格，从事仲裁工作满 8 年的；②从事律师工作满 8 年的；③曾任法官满 8 年的；④从事法律研究、教学工作并具有高级职称的；⑤具有法律知识、从事经济贸易等专业工作并具有高级职称或者具有同等专业水平的。仲裁委员会按照不同专业设仲裁员名册。

（二）仲裁庭

仲裁庭是非常设机构，是为处理具体经济纠纷而临时设立的，案件办理终结，仲裁庭就自动终止。

仲裁庭可以由 3 名仲裁员或者 1 名仲裁员组成。由 3 名仲裁员组成的，设首席仲裁员。当事人约定由 3 名仲裁员组成仲裁庭的，应当各自选定或者各自委托仲裁委员会主任指定 1 名仲裁员，第三名仲裁员由当事人共同选定或者共同委托仲裁委员会主任指定。第三名仲裁员是首席仲裁员。当事人约定由 1 名仲裁员成立仲裁庭的，应当由当事人共同选定或者共同委托仲裁委员会主任指定仲裁员。

当事人没有在仲裁规则规定的期限内约定仲裁庭的组成方式或者选定仲裁员的,由仲裁委员会主任指定。

五、仲裁程序

微课：
经济仲裁

（一）仲裁的申请

发生经济纠纷时,当事人均有权在仲裁时效期间向仲裁委员会申请仲裁。申请仲裁应符合以下条件：有仲裁协议；有具体的仲裁请求和事实、理由；属于仲裁委员会的受理范围。当事人申请仲裁,应当向仲裁委员会递交仲裁协议、仲裁申请书及副本。

知识拓展 6-2

仲裁时效的规定

《仲裁法》第 74 条：法律对仲裁时效有规定的,适用该规定。法律对仲裁时效没有规定的,适用诉讼时效的规定。

《民法典》第 188 条：向人民法院请求保护民事权利的诉讼时效期间为三年。法律另有规定的,依照其规定。

（二）仲裁的受理

仲裁委员会收到仲裁申请书之日起 5 日内,认为符合受理条件的,应当受理,并将受理决定通知当事人；认为不符合受理条件的,应当书面通知当事人不予受理,并说明理由。

仲裁委员会受理仲裁申请后,应当在仲裁规则规定的期限内将仲裁规则和仲裁员名册送达申请人,并将仲裁申请书副本和仲裁规则、仲裁员名册送达被申请人。被申请人收到仲裁申请书副本后,应当在仲裁规则规定的期限内向仲裁委员会提交答辩书。仲裁委员会收到答辩书后,应当在仲裁规则规定的期限内将答辩书副本送达申请人。被申请人未提交答辩书的,不影响仲裁程序进行。

（三）仲裁的开庭

（1）仲裁应当开庭进行。当事人协议不开庭的,仲裁庭可以根据仲裁申请书、答辩书以及其他材料作出裁决。仲裁开庭进行,是指在仲裁庭的主持下,在双方当事人和其他仲裁参与人的参加下,按照法定程序,对案件进行审理并作出裁决的方式。

(2)仲裁不公开进行。当事人协议公开的,可以公开进行,但涉及国家秘密的除外。仲裁不公开进行,是指仲裁庭在审理案件时不对社会公开,不允许群众旁听,也不允许新闻记者采访和报道。

当事人应当对自己的主张提供证据。仲裁庭认为有必要收集的证据,可以自行收集。证据应当在开庭时出示,当事人可以质证。当事人在仲裁过程中有权进行辩论。辩论终结时,首席仲裁员或者独任仲裁员应当征询当事人的最后意见。

(四)仲裁的和解与调解

当事人申请仲裁后,可以不在仲裁庭的主持下自行和解。达成和解协议的,可以请求仲裁庭根据和解协议作出裁决书,也可以撤回仲裁申请。当事人达成和解协议,撤回仲裁申请后反悔的,可以根据仲裁协议申请仲裁。

仲裁庭在作出裁决前,可以先行调解。当事人自愿调解的,仲裁庭应当调解。调解不成的,应当及时作出裁决。调解达成协议的,仲裁庭应当制作调解书或者根据协议的结果制作裁决书。调解书与裁决书具有同等法律效力。调解书经双方当事人签收后,即发生法律效力。在调解书签收前当事人反悔的,仲裁庭应当及时作出裁决。

随堂练习6-3

根据我国仲裁法的规定,下列关于仲裁程序的表述正确的是(　　)。
A. 仲裁应当开庭进行,但当事人可以约定不开庭
B. 仲裁不公开进行,但如不涉及国家秘密,当事人也可以约定公开进行
C. 对仲裁庭的组成,当事人可以约定由3名仲裁员组成仲裁庭
D. 当事人对仲裁的调解书不得申请撤销,对裁决书可以申请撤销

(五)仲裁的裁决

裁决应当按照多数仲裁员的意见作出,少数仲裁员的不同意见可以记入笔录。仲裁庭不能形成多数意见时,裁决应当按照首席仲裁员的意见作出。

裁决书应当写明仲裁请求、争议事实、裁决理由、裁决结果、仲裁费用的负担和裁决日期。当事人协议不愿写明争议事实和裁决理由的,可以不写。裁决书由仲裁员签名,加盖仲裁委员会印章。对裁决持不同意见的仲裁员,可以签名,也可以不签名。裁决书自作出之日起发生法律效力。

六、仲裁的执行

当事人应当履行裁决。一方当事人不履行的,另一方当事人可以向被执行人住所地或者被执行的财产所在地的中级人民法院申请执行。受申请的人民法院应当执行。

一方当事人申请执行裁决,另一方当事人申请撤销裁决的,人民法院应当裁定中止执行。人民法院裁定撤销裁决的,应当裁定终结执行。撤销裁决的申请被裁定驳回的,人民法院应当裁定恢复执行。

知识拓展 6-3

当事人提出证据证明裁决有下列情形之一的,可以向仲裁委员会所在地的中级人民法院申请撤销裁决:①没有仲裁协议的;②裁决的事项不属于仲裁协议的范围或者仲裁委员会无权仲裁的;③仲裁庭的组成或者仲裁的程序违反法定程序的;④裁决所根据的证据是伪造的;⑤对方当事人隐瞒了足以影响公正裁决的证据的;⑥仲裁员在仲裁该案时有索贿受贿、徇私舞弊、枉法裁决行为的。人民法院经组成合议庭审查核实裁决有前款规定情形之一的,应当裁定撤销。人民法院认定该裁决违背社会公共利益的,应当裁定撤销。当事人申请撤销裁决的,应当自收到裁决书之日起 6 个月内提出。

随堂练习 6-4

甲、乙两公司因贸易合同纠纷进行仲裁,裁决后甲公司申请执行仲裁裁决,乙公司申请撤销仲裁裁决,此时受理申请的人民法院应(　　)。

A. 裁定撤销裁决　　　　　　　B. 裁定终结执行

C. 裁定中止执行　　　　　　　D. 将案件移交上级人民法院处理

思维导图实训 6-1

经济仲裁

请同学们结合"经济仲裁"相关知识点,参考以下作品进行分组训练。

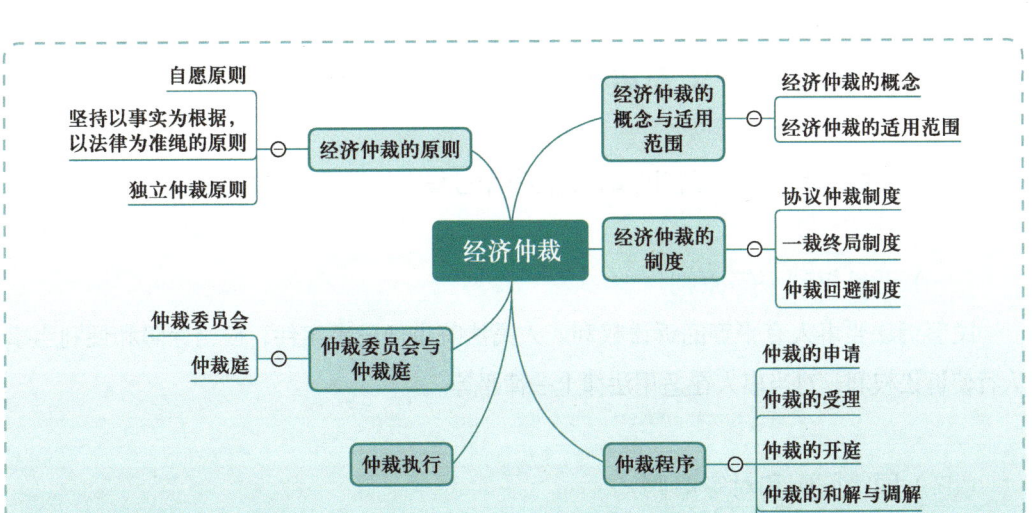

模块二　民事诉讼

一、民事诉讼的概念与适用范围

（一）民事诉讼的概念

民事诉讼，是指法院在当事人和其他诉讼参与人的参加下，按照法律规定的程序，审理和解决民事案件的诉讼活动以及在活动中产生的各种法律关系的总和。

（二）民事诉讼的适用范围

民事诉讼的范围是公民之间、法人之间、其他组织之间以及他们相互之间因财产关系和人身关系产生的纠纷。主要包括以下几类：

（1）民事案件。具体包括：①由民法调整的物权关系、债权关系、知识产权关系、人身权关系引起的诉讼。例如，合同纠纷案件。②由婚姻法、继承法、收养法调整的婚姻家庭关系、继承关系、收养关系引起的诉讼。例如，离婚诉讼案件。③由经济法调整的经济关系中属于民事性质的诉讼。例如，因不正当竞争行为引起的损害赔偿争议。

（2）商事案件。指由商法调整的商事关系引起的诉讼。例如，票据案件。

（3）劳动争议案件。指因劳动法调整的社会关系发生的争议，法律规定适用民事诉讼程序的案件。例如，劳动合同纠纷案件。

（4）法律规定人民法院适用民事诉讼法审理的非讼案件。如选民资格案件。

二、民事诉讼的基本原则

民事诉讼的基本原则,是指民事诉讼的整个过程中起指导作用的准则。

(一)诉讼权利平等原则

民事诉讼当事人有平等的诉讼权利。人民法院审理民事案件,应当保障和便利当事人行使诉讼权利,对当事人在适用法律上一律平等。

(二)同等原则和对等原则

同等原则是指外国主体与中国主体有同样的待遇。我国法律对人民法院进行民事诉讼的外国人、无国籍人、外国企业和组织,赋予同我国公民、法人和其他组织有同等的诉讼权利义务。

对等原则是指我国法院对外国主体和中国主体加以同样的限制。这是为了维护我国主权和尊严以及我国公民、法人和其他组织在外国进行诉讼时的正当权益。

(三)辩论原则

当事人有权在人民法院的主持下,就案件事实和争议各自陈述自己的主张和理由,进行辩论,维护当事人自身的合法权益。

(四)诚信原则和处分原则

在民事诉讼程序中,人民法院、诉讼参加人和其他诉讼参与人要遵守诚实信用原则。当事人能自行处分自己的实体权利和程序权利,人民法院的判决不能超过原告的请求范围。

(五)法院调解自愿和合法的原则

人民法院在审理案件过程中,可以在当事人自愿和合法的前提下,对当事人进行说服劝告,使其互相谅解、达成协议,从而解决争议问题。

(六)检察监督原则

人民检察院有权对民事诉讼实行法律监督,可以依据具体情况抗诉或者提出检察建议。

（七）支持起诉原则

机关、社会团体、企业事业单位对损害国家、集体或者个人民事权益的行为，可以支持受损害的单位或者个人向人民法院起诉。支持起诉者仅限于单位，不包括个人。

三、民事诉讼法律关系的主体

民事诉讼法律关系的主体包括受诉人民法院、诉讼参加人和其他诉讼参与人。这些主体在诉讼中所处的法律地位不同，各自实施不同的诉讼行为，但都要按照《中华人民共和国民事诉讼法》（简称《民事诉讼法》）的规定依法进行诉讼活动，行使诉讼权利，履行诉讼义务。

人民法院在诉讼中行使审判权，与当事人和其他诉讼参与人形成审判法律关系，人民法院有权组织和指挥诉讼程序。

诉讼参加人包括当事人和诉讼代理人。当事人是指因民事权利义务发生争议，以自己的名义进行诉讼，要求法院行使民事裁判权的人，有狭义和广义之分。狭义的当事人仅指原告和被告。广义的当事人，除原告和被告外，还包括共同诉讼人、诉讼中的第三人。诉讼代理人是指根据法律规定和当事人的委托，代当事人进行民事诉讼活动的人，分为法定诉讼代理人和委托诉讼代理人。

其他诉讼参与人包括证人、鉴定人、勘验人员和翻译人员。他们和诉讼结果没有法律上的利害关系，只是基于不同的原因参加诉讼，协助人民法院和当事人查明案件事实。

> **课堂思考 6-2**
>
> 1. 法人可以做当事人吗？
> 2. 法人的分支机构可以做当事人吗？

四、民事诉讼的基本制度

人民法院审理民事案件，依照法律规定实行合议、回避、公开审判和两审终审制度。

（一）合议制度

合议制度是相对于独任制度而言的。独任制度指的是由 1 名审判员独任审理案件的制度。独任制适用于简易程序，除选民资格案件或者重大、疑难的案件以外的特别程序，督促程序和公示催告程序。合议制度是指 3 名以上审判人员组成审判组织，代表法院行使审判权，对案件进行审理并作出裁判的制度。合议庭的成员人数必须是单数。人民法院审理第一审民事案件，由审判员、陪审员共同组成合议庭或者由审判员组成合议庭。

人民法院审理第二审民事案件，由审判员组成合议庭。

合议庭的审判长由院长或者庭长指定审判员一人担任；院长或者庭长参加审判的，由院长或者庭长担任。合议庭评议案件，实行少数服从多数的原则。评议应当制作笔录，由合议庭成员签名。评议中的不同意见，必须如实记入笔录。

（二）回避制度

回避制度是指为了保证案件审判的公平公正，要求与案件有一定利害关系的审判人员与其他人员不参与本案的审理活动和诉讼活动的制度。回避制度适用于审判人员、书记员、翻译人员、鉴定人、勘验人。这些人存在以下原因时，应当回避：①是本案当事人或者当事人、诉讼代理人近亲属的；②与本案有利害关系的；③与本案当事人、诉讼代理人有其他关系，可能影响对案件公正审理的。

审判人员接受当事人、诉讼代理人请客送礼，或者违反规定会见当事人、诉讼代理人的，当事人有权要求他们回避。回避的方式有两种：一种是自行回避，另一种是当事人申请回避。当事人申请回避。应当说明理由，并在案件开始审理时提出，但若案件开始审理后才知道回避事由的，可以在法庭辩论终结前提出。被申请回避的人员在人民法院作出是否回避的决定前，应当暂停参与本案的工作，但案件需要采取紧急措施的除外。院长担任审判长时的回避，由审判委员会决定；审判人员的回避，由院长决定；其他人员的回避，由审判长决定。

人民法院对当事人提出的回避申请，应当在申请提出的3日内，以口头或者书面形式作出决定。申请人对决定不服的，可以在接到决定时申请复议一次。复议期间，被申请回避的人员，不停止参与本案的工作。

随堂练习6-5

某区法院审理原告许某与被告某饭店食物中毒纠纷一案。审前，法院书面告知许某合议庭由审判员甲、乙和人民陪审员丙组成时，许某未提出回避申请。开庭后，许某始知人民陪审员丙与被告法定代表人是亲兄弟，遂提出回避申请。关于本案的回避，下列说法中正确的是（　　）。

A. 许某可在知道丙与被告法定代表人是亲兄弟时提出回避申请
B. 法院对回避申请作出决定前，丙不停止参与本案审理
C. 应由审判长决定丙是否应回避
D. 法院作出回避决定后，许某可对此提出上诉

（三）公开审判制度

公开审判制度，是指除法律规定的情况外，人民法院对民事案件的审判活动依法向社会公开的制度。通常情况下，人民法院审理民事案件，应当公开进行，但涉及国家秘密、个人隐私或者法律另有规定的案件，不公开审理。离婚案件、涉及商业秘密的案件，当事人申请不公开审理的，可以不公开审理。不论是否公开审理的案件，宣判时一律公开进行。

（四）两审终审制度

两审终审制度，是指一个民事案件经过两级人民法院审判后即终结的制度。我国法院分为四级：最高人民法院、高级人民法院、中级人民法院、基层人民法院。除最高人民法院外，其他各级人民法院都有自己的上一级人民法院。按照两审终审制，一个案件经第一审人民法院审判后，当事人如果不服，有权在法定期限内向上一级人民法院提起上诉，由该上一级人民法院进行第二审。二审人民法院的判决、裁定是终审的判决、裁定。

按照特别程序、督促程序、公示催告程序和破产还债程序、小额诉讼程序审理的案件，实行一审终审。最高人民法院所作的一审判决、裁定，为终审判决、裁定。

五、民事诉讼的管辖

诉讼管辖是指各级人民法院之间以及不同地区的同级人民法院之间，受理第一审民事案件的分工和权限。在我国，诉讼管辖可分为级别管辖、地域管辖、移送管辖、指定管辖。

（一）级别管辖

级别管辖是指按照一定的标准，划分上下级人民法院受理第一审民事案件的分工和权限。级别管辖的确定主要是以案件的性质、复杂程度、标的额和影响范围的大小为标准。基层人民法院原则上管辖第一审民事案件；中级人民法院管辖重大涉外案件、在本辖区有重大影响的案件和最高人民法院确定由中级人民法院管辖的案件；高级人民法院管辖在本辖区有重大影响的第一审民事案件；最高人民法院管辖在全国有重大影响的案件及其认为应当由它审理的案件。

（二）地域管辖

地域管辖是指同级人民法院之间受理第一审民事案件在辖区间的分工和权限。地域管辖分为一般地域管辖、特殊地域管辖、协议管辖和专属管辖。

一般地域管辖也称普通管辖，指按照当事人所在地和人民法院辖区的隶属关系确定案件管辖人民法院。通常实行"原告就被告"的原则，即由被告住所地人民法院管辖。如果被告住所地与经常居住地不一致，由经常居住地人民法院管辖。

特殊地域管辖，指以被告住所地、诉讼标的所在地、法律事实所在地为标准确定案件管辖人民法院，也称特别管辖。《民事诉讼法》规定了10种属于特殊地域管辖的诉讼：①因合同纠纷提起的诉讼，由被告住所地或者合同履行地人民法院管辖。②因保险合同纠纷提起的诉讼，由被告住所地或者保险标的物所在地人民法院管辖。③因票据纠纷提起的诉讼，由票据支付地或者被告住所地人民法院管辖。④因公司设立、确认股东资格、分配利润、解散等纠纷提起的诉讼，由公司住所地人民法院管辖。⑤因铁路、公路、水上、航空运输和联合运输合同纠纷提起的诉讼，由运输始发地、目的地或者被告住所地人民法院管辖。⑥因侵权行为提起的诉讼，由侵权行为地或者被告住所地人民法院管辖。⑦因铁路、公路、水上和航空事故请求损害赔偿提起的诉讼，由事故发生地或者车辆、船舶最先到达地、航空器最先降落地或者被告住所地人民法院管辖。⑧因船舶碰撞或者其他海事损害事故请求损害赔偿提起的诉讼，由碰撞发生地、碰撞船舶最先到达地、加害船舶被扣留地或者被告住所地人民法院管辖。⑨因海难救助费用提起的诉讼，由救助地或者被救助船舶最先到达地人民法院管辖。⑩因共同海损提起的诉讼，由船舶最先到达地、共同海损理算地或者航程终止地的人民法院管辖。

随堂练习6-6

2019年2月，家住甲市A区的赵刚向家住甲市B区的李强借了5 000元，言明2020年2月之前偿还。到期后赵刚一直没有还钱。2020年3月，李强找到赵刚家追讨该债务，两人发生争吵，李强被赵刚家的宠物狗咬伤，治伤花费6 000元。关于李强要求赵刚支付医药费的诉讼管辖，下列选项正确的是（　　）。

A. 甲市A区法院　　　　　　　　B. 甲市B区法院
C. 甲市中级人民法院　　　　　　D. 应当专属甲市A区法院

协议管辖，是指当事人就合同或者其他财产权益纠纷书面协议选择被告住所地、合同履行地、合同签订地、原告住所地、标的物所在地等与争议有实际联系的地点的人民法院管辖，但不得违反《民事诉讼法》对级别管辖和专属管辖的规定。

专属管辖，是指法律强制规定某些案件必须由特定的人民法院管辖，其他人民法院无权管辖，当事人也不得协议变更的管辖。主要包括以下案件：①因不动产纠纷提起的诉讼，由不动产所在地人民法院管辖。②因港口作业中发生纠纷提起的诉讼，由港口所在地人民法院管辖。③因继承遗产纠纷提起的诉讼，由被继承人死亡时住所地或者主要遗产所在地人民法院管辖。

（三）移送管辖

移送管辖，是指人民法院发现受理的案件不属于本院管辖，将案件移送给有管辖权的人民法院，受移送的人民法院应当受理。如果受移送的人民法院认为受移送的案件依照规定不属于本院管辖，应当报请上级人民法院指定管辖，不得再自行移送。

（四）指定管辖

指定管辖，是指有管辖权的人民法院由于特殊原因，不能行使管辖权，由上级人民法院指定管辖。人民法院之间因管辖权发生争议时，由争议双方协商解决；协商解决不了的，报请它们的共同上级人民法院指定管辖。

六、民事诉讼审判程序

（一）第一审程序

1. 第一审普通程序

第一审普通程序是指人民法院审理第一审民事案件通常适用的程序。

（1）起诉与受理。起诉是指当事人在自己的民事权益受到侵害或与他人发生民事争议时，向人民法院提起诉讼，要求人民法院通过审判予以司法保护的行为。

微课：
模拟法庭

起诉必须符合以下条件：①原告是与本案有直接利害关系的公民、法人和其他组织；②有明确的被告；③有具体的诉讼请求和事实、理由；④属于人民法院受理民事诉讼的范围和受诉人民法院管辖。当事人通常应书面起诉，向人民法院递交起诉状。书写起诉状确有困难的，可以口头起诉，由人民法院记入笔录，并告知对方当事人。

原告起诉并不会必然引起诉讼程序的开始，必须经过人民法院审查受理，诉讼程序才真正开始。受理是指人民法院经过审查，认为原告的起诉符合法定条件，决定予以立案审理的行为。人民法院认为符合起诉条件的，应当在7日内立案，并通知当事人；认为不符合起诉条件的，应当在7日内作出裁定书，不予受理。原告对裁定不服的，可以提起上诉。立案意味着民事诉讼程序正式启动。

（2）审理前的准备。人民法院立案后，应当在立案之日起5日内将起诉状副本发送被告，被告应当在收到起诉状之日起 15 日内提出答辩状。被告不提出答辩状的，不影响人民法院审理。人民法院对决定受理的案件，应当告知当事人有关的诉讼权利义务。人民法院对受理的案件，分别情形，予以处理：①当事人没有争议，符合督促程序规定条件的，可以转入督促程序；②开庭前可以调解的，采取调解方式及时解决纠纷；③根据案件情况，确定是适用简易程序还是普通程序；④需要开庭审理的，通过要求当事人交换证据等方式，明确争议焦点。

（3）开庭审理。开庭审理，是指人民法院在当事人及其他诉讼参与人的参加下，在法庭上对案件进行实体审理的诉讼活动。主要包括以下环节：①庭前准备。开庭审理前，书记员应当查明当事人和其他诉讼参与人是否到庭，宣布法庭纪律。开庭审理时，由审判长核对当事人，宣布案由，宣布审判人员、书记员名单，告知当事人有关的诉讼权利义务，询问当事人是否提出回避申请。②法庭调查。法庭调查顺序如下：当事人陈述；告知证人的权利义务，证人作证，宣读未到庭的证人证言；出示书证、物证、视听资料和电子数据；宣读鉴定意见；宣读勘验笔录。③法庭辩论。法庭辩论顺序如下：原告及其诉讼代理人发言；被告及其诉讼代理人答辩；第三人及其诉讼代理人发言或者答辩；互相辩论。法庭辩论终结，由审判长按照原告、被告、第三人的先后顺序征询各方最后意见。④评议与宣判。法庭辩论终结，应当依法作出判决。判决前能够调解的，还可以进行调解；调解不成的，应当及时判决。

2. 简易程序

简易程序是指基层人民法院及其派出的人民法庭，审理简单民事案件所适用的既独立又简便易行的诉讼程序。简易程序适用于事实清楚、权利义务关系明确、争议不大的简单的民事案件，应当在立案之日起 3 个月内审结。人民法院在审理过程中，发现案件不宜适用简易程序的，应当裁定转为普通程序。

课程思政 6-2

经济案件在法庭上如何举证维权呢？

经济纠纷案件的举证方式通常是谁主张谁举证，即当事人对自己提出的事实主张，有提出证据并加以证明的责任。如果未能尽到上述责任，则可能承担对其主张不利的法律后果。

思政启示：培养学生自觉遵守法律，维护稳定的社会发展秩序，保障社会主义建设事业顺利地进行。

（二）第二审程序

第二审程序，是指当事人不服第一审人民法院尚未生效的判决和裁定，在法定期间内向上一级人民法院提起上诉，要求撤销或变更原判决和裁定，上一级人民法院据此对案件进行审理所适用的程序。上诉必须在法定的上诉期限内提起，对判决提起上诉的期限是15日，对裁定提起上诉的期限是10日。

第二审人民法院对上诉案件，应当组成合议庭，开庭审理。合议庭认为不需要开庭审理的，可以不开庭审理。第二审人民法院对上诉案件，经过审理，按照下列情形，分别处理：①原判决、裁定认定事实清楚，适用法律正确的，以判决、裁定方式驳回上诉，维持原判决、裁定；②原判决、裁定认定事实错误或者适用法律错误的，以判决、裁定方式依法改判、撤销或者变更；③原判决认定基本事实不清的，裁定撤销原判决，发回原审人民法院重审，或者查清事实后改判；④原判决遗漏当事人或者违法缺席判决等严重违反法定程序的，裁定撤销原判决，发回原审人民法院重审。原审人民法院对发回重审的案件作出判决后，当事人提起上诉的，第二审人民法院不得再次发回重审。

随堂练习6-7

吴某被王某打伤后诉至法院，王某败诉。一审判决书送达王某时，其当即向送达人郑某表示上诉，但因其不识字，未提交上诉状。关于王某行为的法律效力，下列选项正确的是（　　）。

A. 王某已经表明上诉，产生上诉效力

B. 郑某将王某的上诉要求告知法院后，产生上诉效力

C. 王某未提交上诉状，不产生上诉效力

D. 王某口头上诉经二审法院同意后，产生上诉效力

（三）审判监督程序

审判监督程序，又称再审程序，是指对已经发生法律效力的判决、裁定、调解书，人民法院认为确有错误，对案件再次审理的程序。

各级人民法院院长对本院已经发生法律效力的判决、裁定、调解书，发现确有错误，认为需要再审的，应当提交审判委员会讨论决定。当事人对已经发生法律效力的判决、裁定，认为有错误的，可以向上一级人民法院申请再审；当事人一方人数众多或者当事人双方为公民的案件，也可以向原审人民法院申请再审。最高人民检察院对各级人民法院已经发生法律效力的判决、裁定，上级人民检察院对下级人民法院已经发生法律效力

的判决、裁定，发现确有错误的，应当提出抗诉。

人民法院按照审判监督程序再审的案件，发生法律效力的判决、裁定是由第一审法院作出的，按照第一审程序审理，所作的判决、裁定，当事人可以上诉；发生法律效力的判决、裁定是由第二审法院作出的，按照第二审程序审理，所作的判决、裁定，是发生法律效力的判决、裁定；上级人民法院按照审判监督程序提审的，按照第二审程序审理，所作的判决、裁定是发生法律效力的判决、裁定。人民法院审理再审案件，应当另行组成合议庭。

（四）特别程序

特别程序，是指人民法院审理特定类型的民事非讼案件和选民资格案件所适用的程序。非讼案件包括：宣告失踪或者宣告死亡案件、认定公民无民事行为能力或者限制民事行为能力案件、认定财产无主案件、确认调解协议案件和实现担保物权案件。适用特别程序的案件，实行一审终审，即不能上诉。选民资格案件或者重大、疑难的案件，由审判员组成合议庭审理；其他案件由审判员一人独任审理。人民法院适用特别程序审理的案件，应当在立案之日起30内或者公告期满后30日内审结。有特殊情况需要延长的，由本院院长批准。

（五）督促程序

督促程序，是指人民法院根据债权人的申请，向债务人发出支付令，催促债务人在法定期限内履行给付金钱、有价证券的程序。支付令的申请必须符合以下条件：①债权人与债务人没有其他债务纠纷的；②支付令能够送达债务人的。人民法院受理申请后，经审查债权人提供的事实、证据，对债权债务关系明确、合法的，应当在受理之日起15日内向债务人发出支付令；申请不成立的，裁定予以驳回。债务人应当自收到支付令之日起15日内清偿债务，或者向人民法院提出书面异议。债务人既不提出异议又不履行支付令的，债权人可以向人民法院申请执行。

（六）公示催告程序

公示催告程序，是指在票据持有人的票据被盗、遗失或者灭失的情况下，人民法院根据当事人的申请，以公示方式告知并催促利害关系人在法定期间内申报权利，如逾期无人申报，根据当事人的申请，依法作出除权判决的程序。公示催告程序的管辖法院是票据支付地的基层人民法院，公示催告的期间不得少于60日。人民法院决定受理申请，应当同时通知支付人停止支付，支付人收到人民法院停止支付的通知，应当停止支付，至公示催告程序终结。公示催告期间,转让票据权利的行为无效。

随堂练习6-8

甲公司遗失了一张金额为80万元的汇票,向法院申请公示催告,法院受理后即通知支付人A银行停止支付,并发出公告,催促利害关系人申报权利。在公示催告期间,甲公司按原计划与材料供应商乙企业签订购货合同,将该汇票权利转让给乙企业作为付款。公告期满,无人申报,法院即组成合议庭作出判决,宣告该汇票无效。关于下列说法,正确的有(   )。

A. 银行应当停止支付,直至公示催告程序终结
B. 甲公司将该汇票权利转让给乙企业的行为有效
C. 甲公司若未提出申请,法院可以作出宣告该汇票无效的判决
D. 法院若判决宣告汇票无效,应当组成合议庭

七、执行程序

执行程序,是指人民法院依照法定的程序,对已经发生法律效力的判决、裁定和其他法律文书确定的内容,依法采取强制措施,迫使义务人履行义务的程序。发生法律效力的民事判决、裁定、调解书和其他应当由人民法院执行的法律文书,当事人必须履行。一方拒绝履行的,对方当事人可以向人民法院申请执行。

申请执行的期间为2年,从法律文书规定履行期间的最后一日起计算;法律文书规定分期履行的,从规定的每次履行期间的最后一日起计算;法律文书未规定履行期间的,从法律文书生效之日起计算。申请执行时效的中止、中断,适用法律有关诉讼时效中止、中断的规定。

知识拓展 6-4

对于民事案件,法律规定了9种不同的执行措施:①查询、冻结、划拨被执行人的存款;②扣留、提取被执行人的收入;③查封、扣押、冻结、拍卖、变卖被执行人的财产;④搜查被执行人的财产;⑤强制被执行人交付法律文书指定的财物或票证;⑥强制被执行人迁出房屋或者退出土地;⑦强制被执行人履行法律文书指定的行为;⑧要求有关单位办理财产权证照转移手续;⑨强制被执行人支付迟延履行期间债务利息及迟延履行金。

项目六 经济仲裁与诉讼

思维导图实训 6-2

民事诉讼

请同学们结合"民事诉讼"相关知识点，参考以下作品进行分组训练。

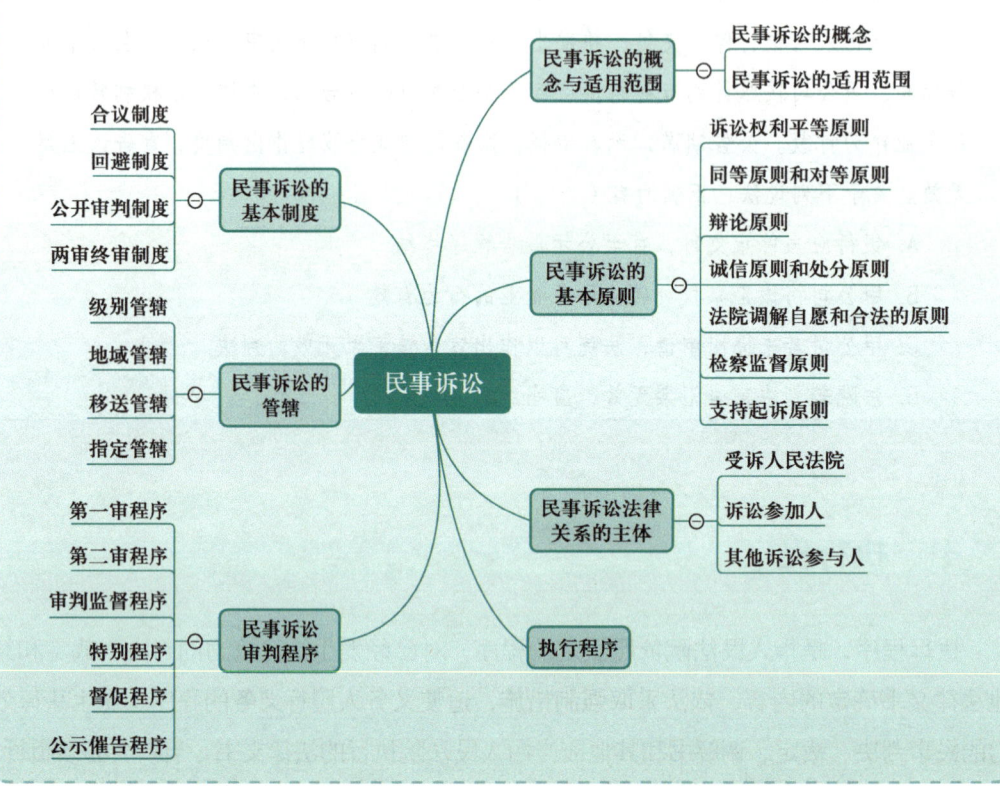

综合案例分析

2018年5月，洪山区老马与武昌区小孙签订了一份大米购销合同。合同内容如下：2018年10月20日，老马向小孙提供10吨优质大米，10月27日小孙按每斤1元的价格一次付清2万元货款。合同未履行前，由于优质大米价格上涨，10月10日，老马提出了变更合同的要求，要求按每斤1.1元供货，否则终止合同。小孙不同意变更合同，坚持按合同约定的价格付款。为了解决合同纠纷，双方一致同意到仲裁委员会进行仲裁。

请回答下列问题并说明理由。

（1）此案中经济法律关系的主体、客体和内容是什么？

（2）老马与小孙的经济纠纷能否申请仲裁？为什么？若能申请仲裁，必须具备什么条件？

（3）如果老马不同意仲裁，并且单方终止合同，小孙决定通过诉讼解决此纠纷，他应到哪个法院起诉？

（4）起诉后如果小孙对一审判决不服，还可以通过什么办法维护自己的权益？

【后疫情时代中的经济法】

1. 疫情期间，法院如何让司法"不打烊"？

【要点提示】 为推进网上立案服务工作，提高立案审核率，缩短等待时间，有效保障当事人的诉讼权利，各地法院在智慧法院建设成果的基础上，大力优化网上立案、手机 App 立案、微信小程序立案等多种线上立案渠道，不断优化使用体验，提升审核效率，为当事人提供便捷、高效的立案服务。

2. 后疫情时代，法律服务行业遇见什么样的机遇？

【要点提示】 后疫情时代，直播、小视频、自媒体等推广平台百舸争流，云诉讼、云仲裁、网媒银等在线办案方式层出不穷。律师可结合自身业务拓展方向、业务结构、语言表达、外在形象等特点，进行网络直播、发布小视频等，尝试各种新推广方式。

【同步练习】

一、单选题

1. 下列各项中，属于《仲裁法》适用范围的是（　　）。

　　A. 自然人之间因继承财产发生的纠纷

　　B. 农户之间因土地承包经营发生的纠纷

　　C. 纳税企业与税务机关之间因纳税发生的争议

　　D. 公司之间因买卖合同发生的纠纷

2. 甲、乙签订的买卖合同中订有有效的仲裁条款，后因合同履行发生纠纷，乙未声明有仲裁条款而向法院起诉，法院受理了该案。首次开庭后，甲提出应依合同中的仲裁条款解决纠纷、法院对该案没有管辖权。下列对该案的处理方式中，正确的是（　　）。

　　A. 法院与仲裁机构协商解决该案管辖权事宜

　　B. 法院继续审理该案

　　C. 法院中止审理，待确定仲裁条款效力后再决定是否继续审理

D. 法院终止审理，由仲裁机构审理该案

3. 大成公司与华泰公司签订投资合同，约定了仲裁条款：如因合同效力和合同履行发生争议，由 A 仲裁委员会仲裁。合作中双方发生争议，大成公司遂向 A 仲裁委员会提出仲裁申请，要求确认投资合同无效。A 仲裁委员会受理。华泰公司提交答辩书称，如合同无效，仲裁条款当然无效，故 A 仲裁委员会无权受理本案。随即，华泰公司向法院申请确认仲裁协议无效。大成公司见状，向 A 仲裁委员会提出请求确认仲裁协议有效。关于本案，下列说法中正确的是（　　）。

    A. A 仲裁委员会无权确认投资合同是否有效

    B. 投资合同无效，仲裁条款即无效

    C. 仲裁条款是否有效，应由法院作出裁定

    D. 仲裁条款是否有效，应由 A 仲裁委员会作出决定

4. 下列关于地域管辖的表述中，符合民事诉讼法律制度规定的是（　　）。

    A. 对公民提起的民事诉讼，被告住所地与经常居住地不一致的，由被告住所地人民法院管辖

    B. 因公路事故请求损害赔偿提起的诉讼，可由事故发生地人民法院管辖

    C. 因保险合同纠纷提起的诉讼，当事人对管辖法院未约定的，可由合同履行地人民法院管辖

    D. 因票据纠纷提起的诉讼，当事人对管辖法院未约定的，可由出票地人民法院管辖

5. 根据民事诉讼法律制度的规定，下列民事纠纷中，当事人不得约定纠纷管辖法院的是（　　）。

    A. 收养协议纠纷   B. 赠与合同纠纷

    C. 物权变动纠纷   D. 商标权纠纷

6. 根据民事诉讼法律制度的规定，下列当事人申请再审的情形中，人民法院可以受理的是（　　）。

    A. 再审申请被驳回后再次提出申请的

    B. 对再审判决提出申请的

    C. 对再审裁定提出申请的

    D. 在调解书发生法律效力后 6 个月内提出申请的

二、多选题

1. 下列情形中，属于仲裁员审理案件时必须回避的有（　　）。

A. 是本案的当事人 B. 与本案有利害关系
C. 是本案当事人的近亲属 D. 接受当事人的礼物

2. 根据《仲裁法》的规定，下列情形中，仲裁协议无效的有（　　）。
   A. 甲、乙两公司在建设工程合同中依法约定有仲裁条款，其后，该建设工程合同被确认无效
   B. 王某与李某在仲裁协议中约定，将他们之间的扶养合同纠纷交由某仲裁委员会仲裁
   C. 郑某与甲企业在仲裁协议中对仲裁委员会约定不明确，且不能达成补充协议
   D. 陈某在与高某发生融资租赁合同纠纷后，胁迫高某与其订立将该合同纠纷提交某仲裁委员会仲裁的协议

3. 下列关于仲裁协议效力的表述中，符合仲裁法律制度规定的有（　　）。
   A. 仲裁协议具有独立性，合同的变更、解除，不影响仲裁协议的效力
   B. 仲裁协议具有排除诉讼管辖权的效力
   C. 当事人对协议的效力有异议的，只能请求人民法院裁定
   D. 仲裁协议对仲裁事项没有约定且达不成补充协议的，仲裁协议无效

4. 因票据纠纷提起的诉讼，应由特定地域的人民法院管辖，对该类纠纷享有管辖权的法院有（　　）。
   A. 原告住所地法院 B. 被告住所地法院
   C. 票据出票地法院 D. 票据支付地法院

5. 根据《民事诉讼法》的规定，提起民事诉讼必须符合的法定条件有（　　）。
   A. 有书面诉状
   B. 有明确的被告
   C. 有具体的诉讼请求和事实、理由
   D. 原告与本案有直接利害关系

6. 北京的甲公司和长沙的乙公司于2017年4月1日在上海签订一买卖合同。合同约定，甲公司向乙公司提供一批货物，双方应于2017年4月10日在厦门交货并付款。其后，甲公司依约交货，但乙公司拒绝付款。经交涉无效，甲公司准备对乙公司提起诉讼。双方就合同纠纷管辖法院未作约定。根据《民事诉讼法》的规定，下列各地方的人民法院中，对甲公司拟提起的诉讼有管辖权的有（　　）。
   A. 北京　　B. 长沙　　C. 上海　　D. 厦门

三、判断题

1. 当事人提出证据证明仲裁裁决有依法应撤销情形的,可在收到裁决书之日起 1 年内,向仲裁委员会所在地的基层人民法院申请撤销仲裁裁决。( )

2. 上级人民法院对下级人民法院已发生法律效力的判决,发现确有错误的,有权指令下级人民法院再审。( )

3. 仲裁调解书与仲裁裁决书具有同等的法律效力。( )

4. 票据持有人有权向人民法院申请公示催告。( )

5. 各级人民法院院长对本院已经发生法律效力的判决、裁定,发现确有错误,认为需要再审的,有权决定再审。( )

6. 督促程序中,债务人不履行支付令,债权人可以向人民法院申请执行。( )

项目七
学生核心技能实训

【知识目标】

- 使学生掌握创办公司的法律流程。
- 使学生掌握民事案件第一审普通程序。
- 使学生掌握经济仲裁程序。

【能力目标】

- 提高学生的实践动手能力。
- 培养学生运用所学的经济法知识解决实际问题的能力。

【思政目标】

- 培养学生的创新创业能力和创客素养。
- 培养学生的团队合作精神和拼搏精神。

【学习参考法律法规】

- 《中华人民共和国公司法》
- 《中华人民共和国民事诉讼法》
- 《中华人民共和国仲裁法》

项目七　学生核心技能实训

甲、乙公司因租赁合同发生纠纷，甲向某仲裁委员会申请仲裁，乙向法院提起诉讼。据了解，甲、乙没有签订仲裁协议。

分析：甲、乙公司解决纠纷的途径是什么？仲裁委员会和法院对甲、乙的请求各会作出什么样的处理？

【案例启示】

（1）仲裁和诉讼的区别。

（2）提起仲裁的条件。

模块一　模拟创办公司实训

一、大学生创业办公司的流程

大学生创办公司的流程如下：

（1）核名。到市场监督管理局去领取一张"企业（字号）名称预先核准申请表"，填写你准备取的公司名称，由市场监督管理局上网（市场监督管理局内部网）检索是否有重名；如果没有重名，就可以使用这个名称，市场监督管理局会核发一张"企业（字号）名称预先核准通知书"。

（2）租房。如果自己没有厂房或者办公室则需租一间办公室。有的地方不允许在居民楼里办公。

（3）编写"公司章程"。可以在市场监督管理局网站下载"公司章程"的样本，按照拟办理公司的具体性质修改、确定。章程的最后由所有股东签名。

（4）去专门刻章的地方刻一个法定代表人的章。

（5）到会计师事务所领取"银行询征函"。对于有验资需求的公司，需到会计师事务所领取"银行询征函"。

（6）去银行开立公司验资户（仅对有验资需求的公司）。所有股东带上公司章程、工商局发的核名通知、法定代表人的章、身份证、用于验资的钱、空白询征函表格，到银行去开立公司账户。开立好公司账户后，各个股东按自己出资额向公司账户中存入相应的钱。

（7）办理验资报告（仅对有验资需求的公司）。拿着银行出具的股东缴款单、银行盖章后的询征函，以及公司章程、核名通知、房租合同、房产证复印件，到会计师事务所办理验资报告。

（8）注册公司。到市场监督管理局领取公司设立登记的各种表格（也可网上办理），包括设立登记申请表、股东（发起人）名单、董事经理监理情况、法人代表登记表、指定代表或委托代理人登记表。注册公司，并领取营业执照（营业执照、组织机构代码证、税务登记证三证合一）。

（9）凭营业执照，到公安局指定的刻章社去刻公章、财务章。

（10）凭营业执照、去银行开立基本存款账户。

（11）到税务局申请领购发票。

知识拓展 7-1

《公司法》对设立有限责任公司的规定

《公司法》第23条规定，设立有限责任公司，应当具备下列条件：①股东符合法定人数；②有符合公司章程规定的全体股东认缴的出资额；③股东共同制定公司章程；④有公司名称，建立符合有限责任公司要求的组织机构；⑤有公司住所。

课程思政 7-1

创办公司后可以抽逃资金吗？

抽逃注册资本是指公司发起人、股东违反《公司法》的规定在公司成立后又将其资本抽回或者变相转移等行为。根据我国《公司法》规定，虚假出资和抽逃注册资本将承担民事和行政责任，同时，我国《刑法》也规定了虚报注册资本罪、虚假出资以及抽逃注册资金罪，违反了《刑法》相应规定的行为人将承担刑事责任。

思政要点：培养学生爱岗敬业、诚实守信、廉洁自律的职业观和创客素养。

二、大学生自主创业享有的优惠政策

为鼓励高校毕业生自主创业，以创业带动就业，财政部、国家税务总局发出《关于支持和促进就业有关税收政策的通知》，明确自主创业的毕业生从毕业年度起可享受三年税收减免的优惠政策。其中，高校毕业生在校期间创业的，可向所在高校申领"高校毕业生自主创业证";离校后创业的,可凭毕业证书直接向创业地县以上人社部门申请核发"就业失业登记证",作为享受政策的凭证。

以湖南省大学生创业优惠政策为例进行说明。①大学生自主创业的,可到户口所在地有关部门申请最高 5 万元的小额担保贷款。②在放宽创业准入条件的基础上,对大学生自主创业工商登记注册免收登记类、证照类费用,并设立大学生创业注册登记绿色通道,凡大学生注册登记非禁止、非限制类发展项目且无重大要件缺失的,实行即到即办。创业遇到严重挫折的大学生,可在长沙市享受到失业保险和社会救助。③创业可享 3 年税费减免。大学生自主创业三年内,同级财政采取先征后返的方式减免其营业税和个人所得税的地方所得部分,市属行政事业性收费全免;经评定为成长性好的项目,可继续享受二年政策优惠。④长沙市还规定,各级公共就业服务机构和人才服务中心要建立大学生档案免费托管制度。大学生自主创业 3 年内申请专利、商标、软件著作权等无形资产的,由纳税地部门对申请费用给予全额补贴。

三、大学生创业如何避险维权

为增强大学生创业者自身的风险意识与抗风险能力,相关部门及高校可搭建大学生创业模拟实训平台,培养有志创业的大学生具备基本的创业素质和创业技能,依托创业模拟实训考核评价,择优提供创业资金、项目开发、融资服务以及跟踪扶持等;建立大学生创业风险与权益保障模拟实验室,通过设置现实化的风险与权益受损情境,推进大学生创业风险和权益受损处置预演,帮助有志创业的大学生有效降低创业学习与适应性成本。

通过保险大数法则分散风险,对大学生创业融资担保等资金行为进行再保险,建立大学生创业企业融资"风险池",构建大学生创业风险预警系统和熔断机制。相关部门可牵头建立大学生创业备案与评估机制,通过对创业阶段的认定,建立大学生创业优质项目名单,为金融机构向符合条件的创业项目进行融资并提供保险服务支持。

针对大学生创业融资难、场地少的问题,建议各地的高新技术开发区、大学生科技园、创业园、工业园、创业孵化基地与当地高校进行无缝对接,发挥创业孵化器、加速器作用,为有志创业的大学生提供较低成本的经营场所和孵化服务,加大大学生创业专项资金投入,并在项目、技术、实习岗位等方面给予政策扶持。

四、分组进行模拟创办公司实训

各组自行在教学平台上选取创办公司的案例,并协商确定创办公司的分工,分组撰写创业项目规划书以及制作汇报 PPT，并拍摄创业项目宣传小视频上传教学平台。

创业项目规划书从项目主要内容（占 30%）、市场营销（占 20%）、财务计划（占 20%）、风险与对策（占 20%）、素质考核（占 10%）方面考核学生综合运用经济法律知识的能力。模拟创办公司的考核方式及考核标准如表 7-1 所示。

微课：
春蕾代理记账公司

表 7-1 模拟创办公司考核方式、考核标准一览表

考核点	考核方式	考核标准			
		优（90~100 分）	良（80~89 分）	中（70~79 分）	及格（60~69 分）
模拟创办公司	创业规划的主要内容（占 30%）	能非常准确地介绍项目的技术原理、技术水平、新颖性、独特性、用途和应用范围；项目的市场保护措施；项目研发计划；项目生产计划	能较准确地介绍项目的技术原理、技术水平、新颖性、独特性、用途和应用范围；项目的市场保护措施；项目研发计划；项目生产计划	创业规划书的写作格式稍有瑕疵，内容较完整	能在其他同学帮助下完成创业规划的任务
	创业规划的市场营销（占 20%）	能非常准确地介绍项目的营销方式和渠道、营销队伍、促销计划、价格策略	能较为准确地介绍项目的营销方式和渠道、营销队伍、促销计划、价格策略	基本上能独立完成创业规划项目的市场营销任务	能在其他同学帮助下完成创业规划项目的营销任务
	创业规划的财务计划（占 20%）	能非常准确地介绍项目的资金需求和使用；预计销售收入和经济效益；财务分析	能较为准确地介绍项目的资金需求和使用；预计销售收入和经济效益；财务分析	基本上能独立完成创业规划项目的财务计划任务	能在其他同学帮助下完成创业规划项目的财务计划任务
	创业规划的风险与对策（占 20%）	能非常准确地进行项目的 SWOT 分析（优势、劣势、机会、威胁）	能较为准确地进行项目的 SWOT 分析（优势、劣势、机会、威胁）	基本上能独立完成创业规划项目的 SWOT 分析（优势、劣势、机会、威胁）	能在其他同学帮助下完成创业规划项目的 SWOT 分析（优势、劣势、机会、威胁）
	素质考核（占 10%）	团队成员分工合理；能主动学习，无缺勤、迟到、早退等现象；能表现出良好的团队合作精神和创客素养	团队成员分工合理；能主动学习，无缺勤、迟到、早退等现象；能表现出较好的创客素养，能较好地完成任务	团队成员分工较合理；无缺勤、迟到、早退等现象；能表现出较好的创客素养，能完成任务	团队成员分工较合理；无缺勤、迟到、早退等现象；能表现出一定的创客素养，能在其他同学帮助下完成任务

思维导图实训 7-1

创办公司流程

请同学们结合"创办公司流程"相关知识点,参考以下作品进行分组训练。

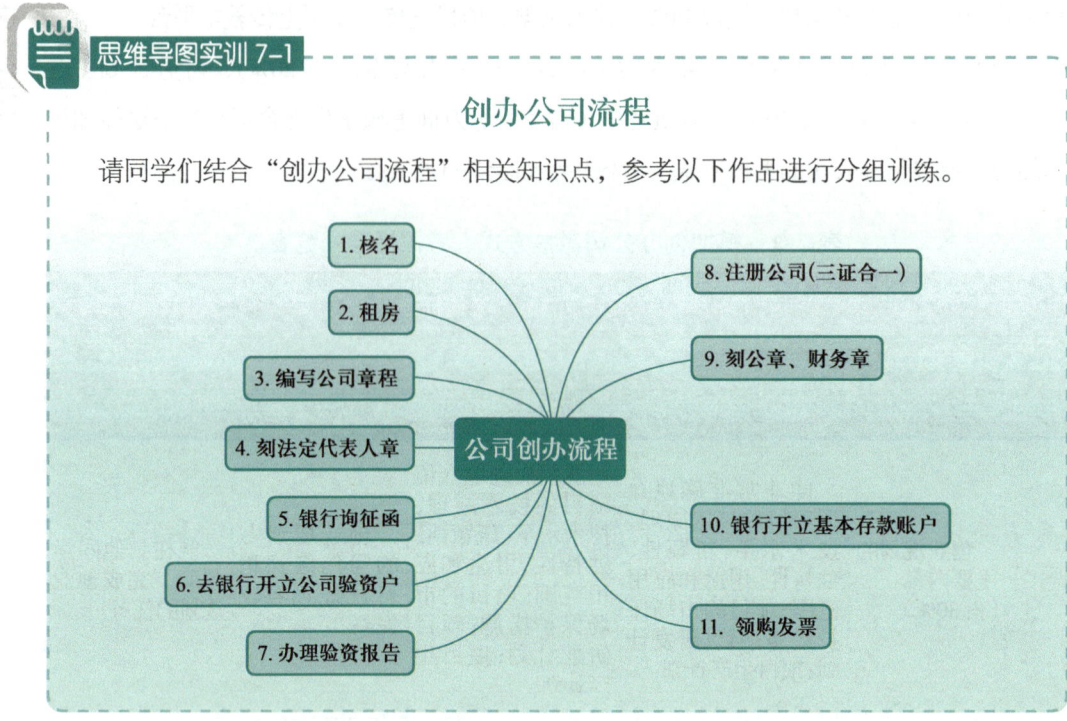

模块二　模拟法庭实训

一、民事第一审普通程序庭审简介

民事案件第一审普通程序庭审按法庭准备、法庭调查、法庭辩论、评议与宣判的顺序进行。具体而言:

(1)法庭准备阶段。由书记员查点当事人及其诉讼参加人到庭情况、宣布法庭纪律等;由审判长核对当事人身份、宣布合议庭组成人员以及交待回避权等。

(2)法庭调查阶段。①事实调查。先由原告陈述事实,再由被告答辩。②出示证据。先由原告方出示证据,再由被告方出示证据,并且按照当事人陈述、证人证言、书证、物证、视听资料和电子数据、宣读鉴定意见、宣读勘验笔录的顺序进行。

(3)法庭辩论阶段。在审判长的主持下,先由原告代理人作辩论发言,再由被告代理人作辩论发言,最后展开双方互相辩论。

(4)法庭判决阶段。在审判长的主持下,先对案件进行调解;调解不成功的,进行判决(当庭宣判或定期宣判)。

二、民事案件庭审流程举例

（一）法庭准备阶段

书记员：①查点当事人及其诉讼参加人到庭情况。②宣布法庭纪律：到庭所有人员应听从审判员统一指挥，遵守法庭秩序；旁听人员必须保持肃静，不得喧哗、鼓掌、插话，不得进入审判区；当事人及其诉讼参与人不得中途退庭，如擅自退庭，是原告的作撤诉处理，是被告的则依法缺席判决等。③请主审法官入席。④报告审判员，当事人均已到庭，请开庭。

微课：
学生模拟法庭1

审判长：现在开庭，首先核对当事人身份。原告，你的姓名、年龄、职业、住址？有无代理人？

原告：我叫刘××，女，28岁，×××学校教师，住×××教工宿舍，电话135××××××××。

原告代理人：×××，湖南××律师事务所律师，一般代理。

审判长：被告，你的姓名、年龄、职业、住址？可有代理人？

被告：我叫戴××，湖南省长沙市×××化妆品有限公司董事长，住所地：长沙市××路××号，电话136××××××××。

被告代理人：姚××，湖南×××律师事务所律师，一般代理。

审判长：依照《民事诉讼法》第×条的规定，长沙市×××人民法院今天依法公开开庭审理原告刘××与被告长沙市×××化妆品有限公司消费者权益保护纠纷一案。下面宣布合议庭组成人员：本案由××担任审判长，××、××担任审判员共同组成合议庭，书记员××担任法庭记录。下面本庭根据《民事诉讼法》第×条的规定，交待回避权。审判人员有以下三种情况，可能影响案件公正审理的，当事人有权口头或书面申请他们回避：第一，是本案当事人或者是当事人、诉讼代理人的近亲属；第二，与本案有利害关系；第三，与本案当事人有其他关系，可能影响对案件的公正审理的。现在询问当事人是否申请回避？

原告：不申请。

被告：不申请。

（二）法庭调查阶段

审判长：下面进行法庭事实调查，先由原告陈述事实。

原告：2018年1月26日，原告刘××在××处购买了由被告××公司生产的×××护肤液（中性肌肤适用）一瓶，净含量130毫升，价格170元。该化妆品外包装盒底部标注"限用日期：记载于底部或侧面"，内置玻璃容器底部标注："限用合格 2020 年 11 月 21 日"。我购买该化妆品后即开瓶使用。该化妆品外包装上没有标注开瓶后的使用期限以及正确的使用方法。原告买到这样的化妆品，难以正确使用。××公司不在化妆品外包装上正确标注，这种行为侵害了原告依法享有的消费者知情权。请求判令被告：①在×××护肤液的外包装上标注开瓶使用期限，并提供相应的检测报告；②说明和标注正确使用商品或接受服务的方法。

审判长：下面由被告答辩。

被告：我公司生产的×××护肤液，有相关的生产许可证和卫生许可证，并且已在内置玻璃容器底部标注了"限用合格 2020 年 11 月 21 日"，不构成侵犯原告的知情权。

审判员 1：根据原、被告陈述，本案争议焦点是：①本案化妆品包装上标注的"限用合格日期"，是否包括开瓶后的使用期限；②在本案化妆品上标注"限用合格日期"，是否误导消费者；③××公司对本案化妆品的标注方法，是否侵害了消费者知情权；④对在×××护肤液外包装上标注开瓶后使用期限的诉讼请求，应否支持。双方当事人围绕此焦点提供相关证据。

审判员 1：先由原告方向本庭出示证据。

原告：原告刘××向法庭提交了购物发票、×××护肤液的包装盒以及照片 4 张，用以证明起诉事实。

审判员 1：被告对发票有无异议？

被告：对原告提供的发票的真实性及内容无异议。对原告提交的购物发票无异议。

审判员 2：现在由被告方向本庭出示证据。

被告：×××公司向法庭提交了×××商标注册证、企业标准备案号、生产许可证、卫生许可证、××市疾病预防控制中心的检验报告、×××护肤液的包装盒和说明书，用以证明其经批准生产的×××护肤液是合格化妆品，该化妆品的正确使用方法已经向消费者说明。

审判员 2：原告对被告提供的证据及要证明的内容有何意见？

原告：刘××对××公司提交证据的真实性无异议。

审判员 2：原告、被告在事实方面有无补充？

原告：没有。

被告：没有。

审判长：双方当事人在事实方面没有补充，事实调查结束。下面围绕争议焦点进行法庭辩论。

(三)法庭辩论阶段

审判长： 首先由原告代理人作辩论发言。

原告代理人： 被告××公司生产的化妆品开瓶后即接触空气，加之温度、环境的变化，以及使用人的使用习惯和卫生条件不同，其活性成分容易发生变化，开瓶后的保质期必将大大缩短。原告于2018年1月26日购买的×××护肤液上标注的"限用合格2020年11月21日"，应该是指该产品在符合规定的贮存条件、包装完好、未开瓶状况下的保质期，不包括开瓶后的使用期限。因此，请求法院支持原告的诉讼请求。

审判长： 下面由被告代理人作辩论发言。

被告代理人： 被告认为×××护肤液上标注的"限用合格2020年11月21日"，应该是指"开瓶前或开瓶后都应达到的安全使用期限"。

审判员1： 现在开始双方互相辩论。

原告代理人：《消费者权益保护法》第8条规定："消费者享有知悉其购买、使用的商品或者接受的服务的真实情况的权利。消费者有权根据商品或者服务的不同情况，要求经营者提供商品的价格、产地、生产者、用途、性能、规格、等级、主要成分、生产日期、有效期限、检验合格证明、使用方法说明书、售后服务，或者服务的内容、规格、费用等有关情况。"限期使用产品的生产者，应当将该产品的安全使用期标注在显著位置，清晰地告知消费者。××公司只按国家标准的规定标注了"限用合格日期"，没有按产品质量法的规定标注产品的安全使用期，侵害了原告刘××依法享有的知情权。

被告代理人： 原告刘××已了解"限用合格日期"仅指×××护肤液未开瓶状态下的保质期，现仍要求××公司在×××护肤液外包装上标注开瓶后的使用期限明显不合理。对于×××护肤液开瓶后的使用期限，××公司按照现有技术也表示难以确定。

审判员2： 双方无新的辩论，辩论结束，下面征询双方当事人最后意见。原告，最后还有什么意见？

原告： 坚持诉讼请求。

审判员2： 被告，最后还有什么意见？

被告： 请求驳回原告的诉讼请求。

(四)法庭调解、判决阶段

审判长： 下面依据法律有关规定，对本案进行调解。原告，你有何调解意见？

原告： 在诉讼前，双方已进行过多次协商，但被告没有调解诚意，现我不愿意进行调解，听候判决。

审判长： 被告，有何调解意见？

被告： 不同意调解！

审判长： 由于双方都不同意调解，本庭不再做调解工作，下面进行宣判。

本庭认为，本案事实清楚，可以结案。

被告××公司有义务向消费者告知×××护肤液开瓶前、后的安全使用期限。在民事诉讼中，法律只保护特定民事主体自身的合法权益，因此民事诉讼中的权利人和标的物均应是特定的。原告刘××要求××公司在×××护肤液的包装上标注开瓶使用期限，这一诉讼请求虽然合理，却已涉及不特定的权利主体和标的物，超出本案能够处理的范围，难以全部支持。但这一诉讼请求中，包含了刘××希望知道自己购买的这一瓶×××护肤液开瓶使用期限。作为消费者，原告刘××享有知情权，该诉讼请求中的这一部分合理合法，应当支持。

综上所述，长沙市××区人民法院依照《民事诉讼法》第×条的规定，做出以下判决：

（1）被告××公司于本判决生效之日起三个月内，以书面形式向原告××告知其购买的×××护肤液的开瓶使用期限。

（2）驳回原告刘××关于要求××公司在与其购买的×××护肤液同样产品上标注开瓶使用期限的诉讼请求。

（3）一审案件受理费共50元，由原告、被告各负担一半。

如不服本判决，可在判决书送达之日起十五日内，向本院递交上诉状正本一份、副本两份，上诉于长沙市中级人民法院。

闭庭。

书记员： 全体起立。在主审法官退出法庭后当事人及旁听人员退出法庭。

课程思政 7-2

民事案件庭审作伪证的后果

通常情况下，民事诉讼作伪证情节较轻的，不追究刑事责任，但依然会面临处罚。根据《民事诉讼法》第111条规定，下列情形当事人要受到罚款、拘留的处罚：

1. 伪造、毁灭重要证据，妨碍人民法院审理案件的；
2. 以暴力、威胁、贿买方法阻止证人作证或者指使、贿买、胁迫他人作伪证的。
3. 隐藏、转移、变卖、毁损已被查封、扣押的财产，或者已被清点并责令其保管的财产，转移已被冻结的财产的；
4. 对司法工作人员、诉讼参加人、证人、翻译人员、鉴定人、勘验人、协助执行的人，进行侮辱、诽谤、诬陷、殴打或者打击报复的；
5. 以暴力、威胁或者其他方法阻碍司法工作人员执行职务的；

6. 拒不履行人民法院已经发生法律效力的判决、裁定的。人民法院对有前款规定的行为之一的单位，可以对其主要负责人或者直接责任人员予以罚款、拘留；构成犯罪的，依法追究刑事责任。

思政要点：侧重于培养学生诚信、公正、法治的社会主义核心价值观

三、分组进行模拟法庭实训

各组自行在教学平台上选取模拟庭审的民商事、经济案件，并协商确定模拟庭审角色分配，撰写各自角色台词进行模拟实训，时间30分钟以内，实训过程要求拍摄成视频并上传教学平台。

模拟法庭实训从法律文书写作（占40%）、庭审表现（占40%）、素质考核（占20%）方面考核学生综合运用经济法律知识的能力。模拟法庭的考核方式及考核标准如表7-2所示。

微课：
学生模拟法庭2

微课：
学生模拟法庭3

表7-2 模拟法庭考核方式、考核标准一览表

考核点	考核方式	考核标准			
		优（90~100分）	良（80~89分）	中（70~79分）	及格（60~69分）
模拟法庭	法律文书写作（占40%）	能非常准确地进行案例分析；法律文书写作格式符合标准、内容完整	较准确地进行案例分析；法律文书写作格式符合标准、内容完整	符合案例分析要求；法律文书写作格式稍有瑕疵、内容较完整	能在其他同学帮助下完成法律文书写作任务
	庭审表现（占40%）	庭审表达语言连贯、流畅，并能脱稿表达；庭审表现自然，台风和气质良好	庭审表达语言较为流畅，并能半脱稿表达；庭审表现较自然，台风和气质较好	基本上能独立完成模拟法庭角色任务	能在其他同学帮助下完成模拟法庭角色任务
	素质考核（占20%）	主动学习，无缺勤、迟到、早退等现象；分组讨论能表现出良好的集体主义、团队合作等优良品德	主动学习，无缺勤、迟到、早退等现象；分组讨论能表现出较好的团队合作精神，能较好地完成任务	主动学习，无缺勤、迟到、早退等现象；具有团队合作精神，能完成任务	主动学习，无缺勤、迟到、早退等现象；具有团队合作精神，能在其他同学帮助下完成任务

思维导图实训 7-2

模拟法庭流程

请同学们结合"模拟法庭流程"相关知识点,参考以下作品进行分组训练。

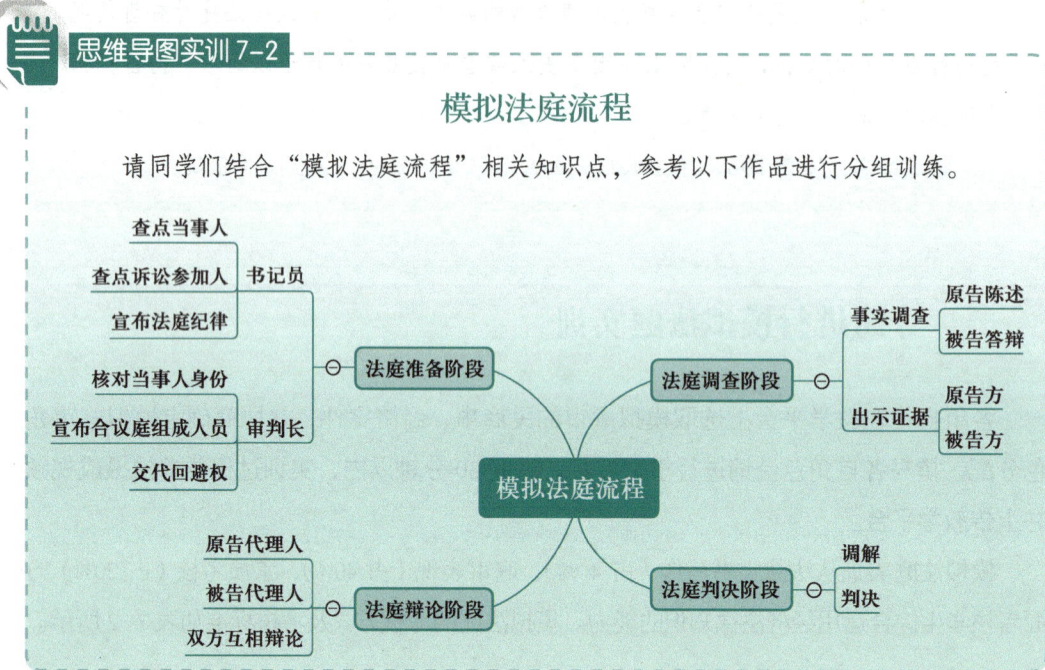

模块三 模拟仲裁庭实训

一、仲裁程序简介

仲裁程序包括仲裁申请、仲裁庭受理、开庭裁决、调解与和解、执行等部分。

微课:
学生模拟仲裁庭 1

(一)仲裁申请

仲裁申请是仲裁机构受理案件的前提。我国《仲裁法》规定仲裁不实行级别管辖和地域管辖,当事人可以向双方约定的仲裁机构申请仲裁。

(二)仲裁受理

仲裁委员会收到仲裁申请书之日起 5 日内,认为符合受理条件的予以受理;认为不符合受理条件的,书面通知当事人不予受理并阐述理由。仲裁庭是具体负责审理和裁决提交仲裁争议案件的组织,分为独任制仲裁庭(由 1 名仲裁员组成)和合议制仲裁庭(由 3 名仲裁员组成并设首席仲裁员)。合议庭的裁决由多数票决定,仲裁庭不能形成多数意见时,裁决书应按首席仲裁员的意见做出。

（三）开庭裁决

仲裁庭应开庭进行（但不公开进行）。当事人协议不开庭的，仲裁庭可根据仲裁申请书、答辩书等材料裁决。开庭分为公开与不公开两种，裁决以不公开开庭为原则。

（四）调解与和解

仲裁庭在裁决之前，可以先行调解。调解达成协议的，仲裁庭制作调解书，或者根据协议的结果制作裁决书，调解书与裁决书具有同等法律效力；调解不成的，仲裁庭应及时作出裁决，裁决书自作出之日起发生法律效力。当事人申请仲裁后，可以自行和解。达成和解协议，当事人可以请求仲裁庭根据和解协议作出裁决书，也可以撤回仲裁申请。当事人达成和解协议，撤回仲裁申请后后悔的，可以根据仲裁协议申请仲裁。

> **课堂思考 7-1**
>
> 甲、乙两公司因合同纠纷向某市仲裁委员会申请仲裁。仲裁庭作出裁决后，甲公司不服，拟再次申请仲裁，或向法院起诉。
>
> **分析**：甲公司是否可以再次申请仲裁或者向法院起诉？

（五）执行

当事人应当履行仲裁庭裁决，一方当事人不履行的，另一方当事人可以依照《民事诉讼法》的规定向人民法院申请执行。一方当事人申请执行裁决，另一方当事人申请撤销裁决的，人民法院应当裁定中止执行。

二、仲裁庭庭审流程举例

（一）开庭准备

书记员：①查点当事人及其庭审参加人到庭情况。②宣布仲裁庭纪律：到庭所有人员应听从仲裁员统一指挥，遵守仲裁庭秩序；旁听人员必须保持肃静，不得喧哗、鼓掌、插话，不得进入庭审区；当事人在仲裁庭开庭后，未经仲裁庭许可，不得中途退庭；擅自退庭的，申请人按撤回仲裁申请处理，被申请人按缺席仲裁处理等。③请首席仲裁员、仲裁员入席。④报告首席仲裁员，当事人均已到庭，请开庭。

首席仲裁员：今天，××市仲裁委员会开庭审理申请人××公司诉被申请人××房产开发公司因承包合同工程款争议一案。现在依次核对申请人及代理人、被申请人及代理人的身份。现在核对当事人身份，请申请人说明法人名称、住所地、法定代表人的姓名和职务。

申请人：××有限公司，××省××市××路××号，总经理孙××，电话：

微课：
学生模拟仲裁庭 2

135×××××××。

首席仲裁员：请申请人的委托代理人说明自己的姓名、工作单位、职业以及委托权限。

申请人委托代理人：周××，××律师事务所律师，特别代理。

首席仲裁员：请被申请人说明法人名称、住所地、法定代表人的姓名和职务。

被申请人：××房产开发公司，××市××路××号，总经理××，电话：137×××××××。

首席仲裁员：请被申请人的委托代理人说明自己的姓名、工作单位、职业以及委托权限。

被申请人委托代理人：叶××，××律师事务所律师，特别代理。

首席仲裁员：现宣布当事人在仲裁活动中的权利、义务。根据《仲裁法》及相关法律法规规定：①当事人有委托一至二名律师或者其他代理人参加仲裁活动和口头或者书面申请仲裁员回避的权利；②当事人有放弃、追加、变更仲裁请求或者提出反请求的权利；③当事人有遵守仲裁庭纪律、未经仲裁庭同意不得中途退庭的义务；④当事人对已发生法律效力的调解书和裁决书有按规定期限必须履行的义务。以上权利和义务，双方当事人听清楚没有？

申请人：听清楚了。

被申请人：听清楚了。

首席仲裁员：现在宣布仲裁庭组成人员。本仲裁庭由首席仲裁员苏××，仲裁员陶××和彭××组成。书记员由周××担任，负责本庭记录。双方当事人是否请求本庭组成人员或其他组成人员予以回避？

申请人：不申请。

被申请人：不申请。

（二）庭审调查

首席仲裁员：现在进行庭审调查，首先请申请人陈述仲裁申请的请求和理由。

申请人：我方和被申请人在2017年5月15日签订一个小区配套设施建设合同，约定2018年5月底交付，由被申请人支付建设费用1 200万元，约定在2017年10月底竣工。但由被申请人预先支付建设费用700万元，剩余款项在设施竣工后一并付清；否则，申请人可以不建设配套设施，被申请人自行承担损失。但由于实际投入远大于预算，被申请人答应加大投资，但过了几个月后被申请人一直没有付清加大投资的预付款，我公司多次追索未果，致使我方长期停工造成损失，因此做出如下仲裁请求，希望仲裁庭予以采纳：①被申请人继续履行合同约定支付700万元的预付款；②被申请人向申请人支付违约金 200 万元；③被申请人支付因其滞期付款而造成我方停工损失 600 万元；④被申请人向申请人偿付为办理本案支出的差旅费及仲裁费。

首席仲裁员：下面请被申请人宣读仲裁答辩书。

仲裁被申请人：2017 年 5 月 15 日，被申请人与申请人签订一个小区配套设施建设合同。在本次合同约定之后，我方公司与申请人因为合同预付款的问题进行了一次和解。和解协议重新约定由被申请人我方公司按照实际需求按期预付合同款项，但在竣工前所预付的款项不能超过 500 万元，且被申请人已经按照约定支付了申请人在前期所需求的所有款项。因此，申请人无权再要求我方公司支付超过 500 万元的预付款、违约金 200 万元、停工损失 600 万元以及相应差旅费和仲裁费用。以上所述，均有相应证据予以证明，请仲裁庭查明，驳回申请人的全部仲裁请求。

仲裁员 1：下面由双方当事人出示证据并相互质证。请双方当事人就本案争议出示有关书证、物证及鉴定结论等证据材料，有关证据、材料必须实事求是地反映案件的真实情况，举证人应对所提供证据承担法律责任。请问申请人有无证据向仲裁庭提供？

申请人代理人：有。第一份证据是关于申请人与被申请人首次签订的合同书一份。证明双方当初存在合同协议，请求被申请人依据合同继续履行该合同规定的义务，支付工程预付款 700 万元，以及所规定的违约金 200 万元。

仲裁员 1：被申请人对此份证据有无质证意见？

被申请人代理人：对于对方代理人提出的此份证据，我方认为此份合同已经失去效力。因为在签完合同之后，申请人与我方已经另外达成和解协议，对合同规定的义务进行了重新规定。和解协议重新约定由被申请人按照实际需求按期预付合同款项，但在竣工前所预付的款项不能超过 500 万元。

仲裁员 1：鉴于被申请人对此份证据存有异议，待合议庭评议后再作出是否予以采纳的决定。请申请人继续出示证据。

申请人代理人：第二份证据是我方停工损失计算表，是证明关于我方建设单位因为申请人长期滞期预付工程预付款，导致我方因停工而造成的损失共计 600 万元。

仲裁员 1：对方代理人对此份证据有无质证意见？

被申请人代理人：有。请问对方代理人，您的损失计算表是如何计算出来的？

申请人代理人：是根据我方实际投入的生产建设工程设备以及人力、物力、工期等计算得出。

仲裁员 1：鉴于被申请人对此份证据存有异议，待合议庭评议后再作出是否予以采纳的决定。请申请人继续出示证据。

申请人代理人：最后一份证据是往返机票的差旅费发票证明。证明在本次仲裁活动中多次往返×××与××给我方公司造成的差旅费损失，共计6 000元。证据出示完毕。

仲裁员1：对方代理人对此份证据有无质证意见？

被申请人代理人：有。对这部分差旅费用，我方认为对方公司完全没有理由主张。

仲裁员1：鉴于被申请人对此份证据存有异议，待合议庭评议后再作出是否予以采纳的决定。

仲裁员2：请问被申请人有无证据需要作证，如果有，请出示有关证据。

被申请人代理人：有。我方提供一份证据是双方的和解协议书，证明我方与申请人在签订合同后重新达成的和解协议，致使对方依据合同所主张的所有请求一律无效，并且我方已经依照和解协议支付了工程预付款500万元。对方当事人应继续履行协议，按期进行工程建设。其他款项在竣工后，我方会依照协议补足剩余工程款。证据出示完毕。

仲裁员2：申请人对被申请人提供的证据是否有异议？

申请人的代理人：有。我方认为对方提出的和解协议在效力上存在瑕疵，我方提供反证予以反驳。这份证据是关于建设工程是实际投入的工程款项，其投入资金远远大于当初双方预算的资金，故本方主张此份协议存在效力瑕疵。

仲裁员2：鉴于申请人对此份证据存有异议，待合议庭评议后再作出是否予以采纳的决定。

首席仲裁员：双方当事人还有无新的证据需要举证。

申请人：没有。

被申请人：没有。

首席仲裁员：现在我宣布庭审调查结束。

（三）仲裁庭辩论阶段

首席仲裁员：下面进行仲裁庭辩论程序，请申请人及其代理人发言。

申请人代理人：尊敬的仲裁员，现根据本案事实，发表如下代理意见，供仲裁庭定案参考：关于本案存在的两份协议，一份是关于被申请方与我方最初订立的合同，另一份是在订立合同之后，双方又再次签订的和解协议。关于这两份协议的效力双方刚才均提出了不同意见。申请人我方认为，关于第一份合同的效力并不因为双方之后另外签订的和解协议的存在而丧失。首先，第一份合同所约定的违约金等违约责任以及约定双方的权利义务都是第二份和解协议达成的基础，并且和解协议并未规定在达成和解协议后，双方当初约定的所有合同条款当然无效。其次，关于第一份合同所约定的如果建设单位在实际施工过程中所投入资金大于预算时，××房产开发公司一方应予以补足。根据这一条款，我方主张，应由被申请方继续补足合同预付款，或者根据合同承担违约责任200万元。我方还请求对方支付因滞期支付工程款给我方造成的停工损失600万元。最后，所要求对方承担的合理差旅费以及仲裁费用都是在合理的要求范围内，理应得到补偿。以上代理意见供仲裁员定案参考，依法裁判。

首席仲裁员： 请被申请人及其代理人发言。

被申请人代理人： 尊敬的仲裁员，现根据本案事实，发表如下代理意见，供仲裁庭定案参考：关于对方申请人所提出的代理意见，我方不予认同。后期双方签订的和解协议，应被认定双方当事人的独立新协议，双方在和解协议中明确规定，由被申请人我方按期预付合同款项，但在竣工前所预付的款项总额不超过500万元。剩余款项在工程竣工后予以补足。因此，对于申请方所提出的违约金责任以及工程款补足部分的请求以及其他差旅费请求，我方均不予支持。我方认为：申请方应按照和解协议的规定继续按期完成工程建设。以上代理意见供仲裁员定案参考，依法裁判。

首席仲裁员： 现在开始双方互相辩论。

申请人代理人： 对于对方代理意见所提出的第一份合同认定无效，请问对方代理有无法律根据？

被申请人代理人： 我方认为，双方当事人在事后签订的和解协议即可认定第一份合同无效。

申请人代理人： 请问对方代理人，在发现工程实际投入款大于预算时，对方公司是否答应了加大投入建设资金的请求。

被申请人代理人： 对于这一问题，经过确认，双方确实在口头有这一协议，我方答应加大建设资金的请求，但因为无书面协议，我方也并未明确在何时应给付对方加大建设的资金。故应认定，应以和解协议为准，按照预期计算支付工程预付款。

首席仲裁员： 请问双方当事人还有无补充意见。

被申请人代理人： 没有了。

申请人代理人： 没有了。

（四）仲裁庭裁决阶段

首席仲裁员： 下面开始进行仲裁庭调解，申请人是否愿意通过本庭调解解决双方的争议。

申请人： 不同意。

首席仲裁员： 被申请人是否愿意通过本庭调解解决双方的争议。

被申请人： 不同意。

首席仲裁员： 鉴于双方当事人均不同意调解，所以本仲裁庭不再进行调解。

首席仲裁员： 现在宣布仲裁庭意见。根据平等互利、重合同、守信用的原则，本着公平合理、实事求是的精神，仲裁庭意见如下：①申请人和被申请人双方签订的基础设施建设合同体现了平等自愿原则，合同的内容和形式合法有效，仲裁庭予以确认。双方在之后签订的调解协议对合同的被申请方义务部分作了改动，但不影响合同在其他部分的效力。②申请人按约为被申请人合同的约定进行了工程建设。后期的和解协议重新约定了被申请方的工程建设预付款 500 万元，经审查，后期的工程实际投入大幅度超出了双方预算。本仲裁庭认为被申请方应当按照实际需求加大投入工程建设资金，以保障申请方继续进行工程建设。③因为双方当事人后期签订的和解协议对原先合同的被申请方义务重新作了改动，故本仲裁庭认为申请方请求对被申请方的违约责任不予支持，但被申请方应对其滞期支付工程款造成被申请方的停工损失予以补偿。基于上述意见，仲裁庭裁决如下：

（1）驳回申请人要求被申请方支付违约金、差旅费的仲裁请求。

（2）被申请人继续履行合同约定支付 700 万元的预付款，支付因其滞期付款而造成申请方停工损失 600 万元。

（3）本案案件受理费人民币 5 000 元由被申请人承担，案件受理费和处理费在本裁决书下达前一次性交清。

本裁决为终局裁决。裁决书一经送达，即发生效力。

闭庭。

书记员： 全体起立，请仲裁员退庭，请双方当事人和其他人员退庭。

课程思政 7-3

诉讼与仲裁如何选择？

近年来，随着经济社会的发展、人们法律意识的增强、社会关系的进一步复杂化，出现了大量诉讼，使得诉讼机关不堪重负，严重影响了诉讼的公正性和效率性，而仲裁作为诉讼以外的纠纷解决机制，具有高效快捷、专业化强、自主性大、保密性强、执行力广等优势。因此，有必要让人们充分认识仲裁制度解决争议和纠纷的作用，更多地选择和利用仲裁方式，进一步加强仲裁在社会纠纷解决机制体系中的作用。

思政要点： 侧重于培养学生公正、和谐的社会主义核心价值观以及团队合作精神。

三、分组进行模拟仲裁庭实训

各组自行在教学平台上选取模拟仲裁庭的民商事、经济案件,并协商确定模拟仲裁庭角色分配,撰写各自角色台词进行模拟实训,时间 30 分钟以内,实训过程要求拍摄成视频并上传教学平台。

模拟仲裁庭实训从法律文书写作(占 40%)、庭审表现(占 40%)、素质考核(占 20%)等方面考核学生综合运用经济法律知识的能力。模拟仲裁庭的考核方式及考核标准如表 7-3 所示。

表 7-3 模拟仲裁庭考核方式、考核标准一览表

考核点	考核方式	考核标准			
		优 (90~100 分)	良 (80~89 分)	中 (70~79 分)	及格 (60~69 分)
模拟仲裁庭	法律文书写作(占 40%)	能非常准确地进行案例分析;法律文书写作格式符合标准,内容完整	较准确地进行案例分析;法律文书写作格式符合标准,内容完整	符合案例分析要求;法律文书写作格式稍有瑕疵,内容较完整	能在其他同学帮助下完成法律文书写作任务
	庭审表现(占 40%)	庭审表达语言连贯、流畅,并能脱稿表达;庭审表现自然,台风和气质良好	庭审表达语言较为流畅,并能半脱稿表达;庭审表现较自然,台风和气质较好	基本上能独立完成模拟仲裁庭角色任务	能在其他同学帮助下完成模拟仲裁庭角色任务
	素质考核(占 20%)	主动学习,无缺勤、迟到、早退等现象;分组讨论能表现出良好的集体主义、团队合作等优良品德	主动学习,无缺勤、迟到、早退等现象;分组讨论能表现出较好的团队合作精神,能较好地完成任务	主动学习,无缺勤、迟到、早退等现象;具有团队合作精神,能完成任务	主动学习,无缺勤、迟到、早退等现象;具有团队合作精神,能在其他同学帮助下完成任务

思维导图实训 7-3

模拟仲裁庭流程

请同学们结合"模拟仲裁庭流程"相关知识点,参考以下作品进行分组训练。

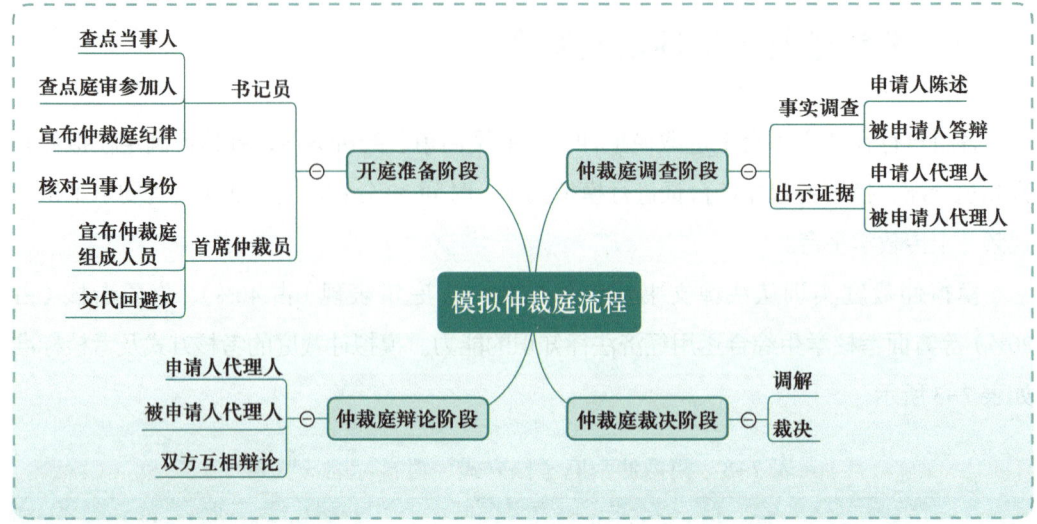

综合案例分析

案由：买卖合同纠纷

申请人：××有限公司，住所地：××市××路××号。法定代表人：江××，电话：××××××××××。

委托代理人：××，××律师事务所律师，一般代理。

委托代理人：××，××律师事务所律师，一般代理。

被申请人：××有限公司，住所地：××市××路××号。法定代表人：李××，电话：××××××××××。

委托代理人：××，××律师事务所律师，一般代理。

委托代理人：××，××律师事务所律师，一般代理。

申请人××公司称，申请人与被申请人于2016年至2018年保持供货关系，但被申请人××公司一直拖欠货款，截至2019年1月18日，被申请人××公司尚欠申请人××公司货款总计189 397元。经申请人××公司多次催要，被申请人××公司至今未予给付。现根据双方当事人事先签订的仲裁协议，向××仲裁委员会申请仲裁，请求仲裁庭：1.判令被申请人××公司一次性还清所欠货款189 397元；2.判令被申请人××公司承担本案仲裁费用。

被申请人××公司称，所欠申请人××公司货款属实，但申请人××公司所供产品系假冒产品，并已产生了质量事故，故应依公平、合理原则扣减20%的货款，且延长质保期至2019年12月月底。

要求：(1) 各组协商分配角色扮演，协商不了的抽签决定角色分配。

（2）参考模拟庭审流程，自行查找、补充相关证据并完成各个角色台词。

（3）模拟庭审时间：30分钟。

【后疫情时代中的经济法】

1. 应对新冠肺炎疫情，在鼓励高校毕业生自主创业方面，有哪些优惠政策呢？

【要点提示】 以湖南省为例，对已发放创业担保贷款的高校毕业生，如患新冠肺炎可向贷款银行申请展期还款，展期期限原则上不超过 1 年，财政部门继续给予贴息支持，并相应调整信用记录。鼓励高校毕业生以多种方式实现灵活就业，对离校 2 年内未就业高校毕业生灵活就业的，按规定给予社会保险补贴，补贴标准为其个人实际缴费的 40%，补贴期限最长不超过 2 年等。

2. 新冠肺炎疫情之下，创业企业的机会在哪里？

【要点提示】 与困难的一面相对应的，必定是机遇。幸运的是，我们已经看到了很多创业企业在危机之下孕育出的一些创新尝试，比如在线办公和协作、在线教育、基于到家场景的生鲜和药品配送、远程医疗等领域的创新。

【同步练习】

一、单选题

1. 自主创业的毕业生，从毕业年度起可享受（　　）税收减免的优惠政策。

  A. 1 年　　　　　B. 2 年　　　　　C. 3 年　　　　　D. 5 年

2. 当事人不服人民法院第一审民事判决的，有权在法定期限内向上一级人民法院提起上诉，该法定期限是指（　　）。

  A. 判决书作出之日起 10 日内　　　B. 判决书作出之日起 15 日内

  C. 判决书送达之日起 15 日内　　　D. 判决书送达之日起 10 日内

3. 甲、乙因纠纷达成仲裁协议，甲选定 A 仲裁员，乙选定 B 仲裁员，另由仲裁委员会主任指定一名首席仲裁员，3 人组成仲裁庭。仲裁庭在作出裁决时产生了两种不同意见。根据《仲裁法》的规定，仲裁庭应当采取的做法是（　　）。

  A. 按多数仲裁员的意见作出裁决　　　B. 按首席仲裁员的意见作出裁决

  C. 提请仲裁委员会作出裁决　　　　　D. 提请仲裁委员会主任作出裁决

二、多选题

1. 设立有限责任公司,应当具备(   )条件。

   A. 股东符合法定人数

   B. 有符合公司章程规定的全体股东认缴的出资额

   C. 股东共同制定公司章程

   D. 有公司名称和公司住所

2. 甲地 A 公司和乙地 B 公司在丙地签订了一份货物买卖合同,约定由 B 公司在丁地向 A 公司交货。后 B 公司未能按约履行合同,A 公司便向人民法院提起诉讼。根据规定,该案有管辖权的人民法院是(   )。

   A. 甲地人民法院   B. 乙地人民法院

   C. 丙地人民法院   D. 丁地人民法院

3. 下列纠纷适用于《民事诉讼法》,可以提起民事诉讼的是(   )。

   A. 侵害名誉权纠纷   B. 企业破产案件

   C. 劳动合同纠纷   D. 按照督促程序解决的债务案件

4. 下列各项中,符合《仲裁法》规定的有(   )。

   A. 仲裁实行自愿原则

   B. 仲裁一律公开进行

   C. 仲裁不实行级别管辖和地域管辖

   D. 当事人不服仲裁裁决可以向人民法院起诉

三、判断题

1. 高校毕业生在校期间创业的,可向所在高校申领"高校毕业生自主创业证"。(   )

2. 法庭辩论阶段,在审判长的主持下,先由被告代理人作辩论发言,再由原告代理人作辩论发言,最后展开双方互相辩论。(   )

3. 仲裁庭应开庭进行,当事人协议不开庭的,仲裁庭可根据仲裁申请书、答辩书等材料裁决。(   )

4. 仲裁庭作出的仲裁裁决书发生法律效力后,如果当事人一方不履行裁决的,另一方当事人不可以向人民法院申请执行。(   )

5. 我国《仲裁法》规定仲裁不实行级别管辖和地域管辖,当事人可以向双方约定的仲裁机构申请仲裁。(   )

项目八
财经商贸各专业经济法规简介

【知识目标】

- 了解我国有关票据法和税法的基本规定。
- 了解我国有关专利法和广告法的基本规定。
- 了解我国有关电子商务法律法规的基本规定。
- 了解我国有关证券法和保险法的基本规定。
- 了解国际贸易术语的含义。

【能力目标】

- 能运用所学知识理解票据纠纷、税收纠纷所涉及的法律问题。
- 能运用所学知识理解专利纠纷、广告纠纷所涉及的法律问题。
- 能运用所学知识理解电商纠纷所涉及的法律问题。
- 能运用所学知识理解保险纠纷所涉及的法律问题。
- 能运用国际贸易术语理解国际贸易纠纷所涉及的法律问题。

【思政目标】

- 培养学生具有诚实守信的职业素养,引导学生遵纪守法。
- 培养学生自觉遵守市场经济活动中的法律法规,维护稳定的社会主义市场经济秩序。
- 培养学生自觉遵守国际交往中的交易规则和交易习惯。
- 培养学生具有中国特色社会主义道路自信、理论自信、制度自信、文化自信。

项目八 财经商贸各专业经济法规简介

【学习参考法律法规】

- 《中华人民共和国票据法》《中华人民共和国个人所得税法》《中华人民共和国企业所得税法》《中华人民共和国税收征收管理法》《中华人民共和国增值税暂行条例》《中华人民共和国消费税暂行条例》。
- 《中华人民共和国专利法》《中华人民共和国广告法》。
- 《中华人民共和国电子商务法》《中华人民共和国消费者权益保护法》。
- 《中华人民共和国证券法》《中华人民共和国保险法》。

2016年1月20日，邵阳市北塔区地方税务局对其注册地的邵阳市某房地产开发有限公司（简称甲公司）下达《税务处理决定书》，要求甲公司缴纳欠缴税款及滞纳金共计120余万元；1月26日下达《税务行政处罚决定书》。甲公司未就上述两份文书在规定期限内提起诉讼，亦未申请复议。2018年11月11日，北塔区地税局下达《税务事项通知书》，通知甲公司在接到该通知3日内缴纳税款、滞纳金及罚款。甲公司未在规定期限内履行义务，经地税局局长批准，北塔区地税局于2019年5月5日作出《税收保全措施决定书》，决定对甲公司在中信银行股份有限公司邵阳分行的存款账户实施冻结。甲公司不服，诉至法院。

分析：北塔区地税局作出《税收保全措施决定书》的行为是否合法？为什么？

【案例启示】

（1）采取税收保全措施的法定程序及时效。

（2）税务行政诉讼的起诉、受理、审理和判决。

模块一　财经法律法规简介

一、票据法简介

（一）票据的概述

1. 票据的概念与分类

票据的概念有广义和狭义之分。广义的票据包括各种有价证券和凭证，如股票、企业债券、发票、提单等；狭义的票据，即《中华人民共和国票据法》（简称《票据法》）中规定的"票据"，指由出票人签发的、约定自己或者委托付款人在见票时或指定的日期向收款人或持票人无条件支付一定金额的有价证券，包括汇票、本票和支票。

2. 票据的特征

（1）票据是"完全有价证券"，即票据权利与票据本身融为一体、不可分离，也就是说，票据权利的产生、行使、转让和消灭都离不开票据。

（2）票据是"文义证券"，即票据上的一切票据权利、义务必须严格依照票据记载的文义而定，文义之外的任何理由、事项均不得作为根据，即使文义记载有错，也不得用票据之外的其他证明方法变更或补充。

（3）票据是"无因证券"，即票据如果符合《票据法》规定的条件，票据权利就成立，持票人不必证明取得票据的原因，仅以票据文义请求履行票据权利。

（4）票据是"金钱债权证券"，即票据上体现的权利性质是财产权而不是其他权利，财产权的内容是请求支付一定的金钱而不是物品。

（5）票据是"要式证券"，即票据的制作、形式、文义都有规定的格式和要求，必须符合《票据法》的规定。

（6）票据是"流通证券"，即票据可以流通转让。与一般财产权相比，票据权利的转让灵活简便，无须通知债务人，通过背书行为直接转让。

3. 票据的功能

（1）支付功能。即票据可以充当支付工具，代替现金使用。汇票、本票、支票都具有这一功能。

（2）汇兑功能。即票据可以代替货币在不同地方之间运送，方便异地之间的支付。如果只拿一张票据到异地支付，相对而言既安全又方便。

（3）信用功能。即票据当事人可以凭借自己的信誉，将未来才能获得的金钱作为现在的金钱来使用。即票据的出票人可以使用未来可取得的资金签发票据。

（4）结算功能。即债务抵销功能。简单的结算是互有债务的双方当事人各签发一张本票，待两张本票都到到期日可以相互抵销债务。

（5）融资功能。即融通资金或调度资金。票据的融资功能是通过票据的贴现、转贴现实现的。

（二）票据行为

1. 票据行为的概念与分类

票据行为是指票据当事人以发生票据债务为目的、以在票据上签名或盖章为权利义

微课：
票据行为

务成立要件的法律行为。票据行为包括出票、背书、承兑和保证。

（1）出票。出票是指出票人签发票据并将其交付给收款人的票据行为。出票包括"签发"票据和"交付"票据两个行为。签发票据是出票人依照票据法的规定作成票据，即在原始票据上记载法定事项并签章；交付票据，即将作成的票据交付给他人占有。这两者缺一不可。

（2）背书。背书是指在票据背面或者粘单上记载有关事项并签章的行为。以背书的目的为标准，将背书分为转让背书和非转让背书。转让背书是指以转让票据权利为目的的背书；非转让背书是指以授予他人行使一定的票据权利为目的的背书。

随堂练习 8-1

甲公司将一张银行承兑汇票转让给乙公司，乙公司以质押背书方式向 W 银行取得贷款。贷款到期，乙公司偿还贷款，收回汇票并转让给丙公司。票据到期后，丙公司作成委托收款背书，委托开户银行提示付款。根据票据法律制度的规定，下列背书中，属于非转让背书的有（　　）。

A. 甲公司背书给乙公司　　B. 乙公司质押背书给 W 银行
C. 乙公司背书给丙公司　　D. 丙公司委托收款背书

（3）承兑。承兑是指汇票付款人承诺在汇票到期日支付汇票金额的票据行为。仅适用于商业汇票。

（4）保证。保证是指票据债务人之外的人，为担保特定债务人履行票据债务而在票据上记载有关事项并签章的行为。

2. 票据行为的构成要件

（1）票据行为的实质要件。包括票据行为人的票据能力和票据行为人的意思表示。具有完全民事行为能力的自然人，都具有票据能力。无民事行为能力人和限制民事行为能力人无票据能力。票据行为人的意思表示应为表示主义，即只要票据行为在外观上符合票据法，就属于有效行为，一般情况下，不问行为人在行为时意思表示是否真实。

（2）票据行为的形式要件。包括票据记载事项、票据签章和票据交付。

票据记载事项必须符合《票据法》的规定，票据须以文字将票据行为人的票据意思之内容记载于统一格式的票据上，否则就不能使票据行为生效。

票据签章是票据法对各种票据行为所作的强制性要求，是票据行为生效的必备要件。持票人行使票据权利，应当按照法定程序在票据上签章。票据上的签章，为签名、盖章或者签名加盖章。票据交付是指票据行为人将记载完毕的票据交给相对人持有。有效的票据行为，除了行为人以书面方式在票据上记载法定事项并签章外，还需要将票据交付相对人。

（三）汇票

1. 汇票的概念与分类

汇票是指出票人签发的，委托付款人在见票时或者在指定日期无条件支付确定的金额给收款人或持票人的票据。汇票分为银行汇票和商业汇票。银行汇票是由出票银行签发的，承诺自己在见票时按照票面注明的实际结算金额无条件支付给收款人或持票人的票据。商业汇票是由出票人签发的委托付款人在指定日期无条件支付确定的金额给收款人或持票人的票据。商业汇票按承兑人不同，分为商业承兑汇票和银行承兑汇票。

2. 汇票的出票

（1）汇票出票的款式。包括汇票出票的绝对必要记载事项和汇票出票的相对必要记载事项。汇票出票的绝对必要记载事项包括：①表明"汇票"的字样；②无条件支付的委托；③确定的金额；④付款人名称；⑤收款人名称；⑥出票日期；⑦出票人签章。汇票出票的相对必要记载事项包括：①付款日期；②付款地；③出票地。

微课：
票据当事人

> **随堂练习 8-2**
>
> 根据支付结算法律制度的规定，下列关于商业汇票出票的表述，正确的有（　　）。
> A. 商业承兑汇票可以由收款人签发
> B. 签发银行承兑汇票必须记载付款人名称
> C. 银行承兑汇票应当承兑银行签发
> D. 商业承兑汇票可以由付款人签发

（2）汇票出票的效力。包括对出票人的效力、对付款人的效力及对收款人的效力。

对出票人的效力是指出票人签发汇票后，即承担保证该汇票承兑和付款的责任。出票人在汇票得不到承兑或者付款时，应当向持票人清偿法律规定的金额和费用。

对付款人的效力是指出票行为是单方行为，付款人并不因此而有付款义务，只是基于出票人的付款委托而使其具有承兑人的地位，只有在其对汇票进行承兑后，付款人才成为汇票上的主债务人。

对收款人的效力是指收款人取得出票人发出的汇票后，即取得票据权利，一方面就票据金额享有付款请求权；另一方面，在付款请求权不能满足时，享有追索权。同时，收款人享有依法转让票据的权利。

3. 汇票的背书

持票人将汇票权利转让给他人或者将一定的汇票权利授予他人行使时，应当背书并交付汇票。

（1）背书的规则。背书由背书人在票据背面或者粘单上记载有关事项、被背书人名称、背书日期并签章。票据凭证不能满足背书人记载事项的需要，可以加附粘单，黏附于票据凭证上。粘单上的第一记载人，应当在汇票和粘单的黏接处签章。被背书人名称是背书必须记载事项，此类背书称为记名背书。背书未记载日期的，视为在汇票到期日前背书。

（2）背书的效力。背书人以背书转让汇票后，即承担保证其后手所持汇票承兑和付款的责任。背书人在汇票得不到承兑或者付款时，应当向持票人清偿票据法规定的金额和费用。

4. 汇票的付款

汇票的付款是指付款人或其代理付款人依据票据文义向票据权利人支付汇票金额以消灭票据关系的行为。汇票的付款在程序上要经过以下三个步骤。

（1）持票人提示付款。持票人提示付款是指持票人向付款人出示汇票，请求支付票据金额的行为。通过委托收款银行或者通过票据交换系统向付款人提示付款的，视同持票人提示付款。

（2）付款人付款。持票人依规定提示付款的，付款人必须在当日足额付款。付款人及其代理付款人付款时，应当审查汇票背书的连续，审查提示付款人的合法身份证明或者有效证件。

（3）持票人签收并缴回汇票。持票人获得付款的，应当在汇票上签收，并将汇票交给付款人。持票人委托银行收款的，受委托的银行将代收的汇票金额转账收入持票人账户，视同签收。

知识拓展 8-1

票据丧失的补救

票据丧失是指票据因灭失、遗失、被盗等原因而使票据权利人脱离其对票据的占有。票据一旦丧失，票据的债权人不采取措施补救就不能阻止债务人向拾获者履行义务，因此，需要进行票据丧失的补救。票据丧失后，可以采取挂失止付、公示催告和普通诉讼三种形式进行补救。

5. 汇票的追索

（1）票据追索适用的情形。持票人对下列情形之一行使追索：①汇票被拒绝承兑的；②承兑人或者付款人死亡、逃匿的；③承兑人或者付款人被依法宣告破产的或者因违法被责令终止业务活动的。

（2）被追索人的确定。票据的出票人、背书人、承兑人和保证人对持票人承担连带责任。持票人行使追索权，可以不按照票据债务人的先后顺序，对其中任何一人、数人或者全体行使追索权。持票人对票据债务人中的一人或者数人已经进行追索的，对其他票据债务人仍可以行使追索权。

（3）追索的内容。持票人行使追索权，可以请求被追索人支付下列金额和费用：①被拒绝付款的票据金额；②票据金额自到期日或者提示付款日起至清偿日止，按照中国人民银行规定的利率计算的利息；③取得有关拒绝证明和发出通知书的费用。

（4）追索权的行使。

① 获得有关证明。持票人行使追索权时，应当提供被拒绝承兑或者拒绝付款的有关证明。持票人不能出示拒绝证明、退票理由书或者未按照规定期限提供其他合法证明的，丧失对其前手的追索权。但是，承兑人或者付款人仍应当对持票人承担责任。

② 行使追索。持票人应当自收到被拒绝承兑或者被拒绝付款的有关证明之日起3日内，将被拒绝事由书面通知其前手；其前手应当自收到通知之日起3日内书面通知其再前手。持票人也可以同时向各票据债务人发出书面通知。未按照规定期限通知的，持票人仍可以行使追索权。

（5）追索的效力。被追索人依照规定清偿债务后，其责任解除，与持票人享有同一权利。

> **课堂思考 8-1**
>
> 甲公司签发并承兑了一张汇票给乙公司。乙公司将汇票背书转让给丙公司，并在汇票背面记载"不得转让"字样。丙公司又将汇票背书转让给丁公司。丁公司在向甲公司提示付款时遭到拒绝。
>
> **分析：** 在该案中，甲公司需承担票据责任吗？丁公司可以向丙公司行使追索权吗？丁公司可以向乙公司行使追索权吗？

（四）本票

1. 本票的概念与分类

本票是指出票人签发的、承诺自己在见票时无条件支付确定的金额给收款人或者持票人的票据。我国《票据法》规定的本票，指银行本票。银行本票分为定额本票和不定额本票。

2. 本票的特殊规则

本票的出票、背书、付款行为和追索权的行使，一般均可适用票据法关于汇票的有关规定。但《票据法》对本票还规定了一些特殊的规则。

（1）本票的出票。本票出票的绝对必要记载事项相对于汇票出票而言没有付款人的记载，因为本票是自付证券，出票人就是付款人，不存在另外的付款人。本票出票的相对必要记载事项主要包括付款地和出票地2项。

（2）本票的付款。本票是见票付款的票据，持票人在取得本票后，随时可以向出票人请求付款。本票的出票人在持票人提示见票时，必须承担付款的责任。本票自出票日起，付款期限最长不得超过2个月。本票的持票人未按照规定期限提示见票的，丧失对出票人以外的前手的追索权。

（五）支票

1. 支票的概念与分类

支票是由出票人签发的、委托办理支票存款业务的银行在见票时无条件支付确定金额给收票人或持票人的票据。

支票分为现金支票、转账支票和普通支票三种。现金支票只能用于支付现金。转账支票只能用于转账。普通支票可以用于支付现金，又可以用于转账。

2. 支票的特殊规则

支票的出票、背书、付款行为和追索权的行使，一般均可适用票据法关于汇票的有关规定。但票据法对支票还规定了一些特殊的规则。

（1）支票的出票。支票的出票人只能是在办理支票存款业务的银行或者其他金融机构开立了支票存款账户的人。支票的出票人所签发的支票金额不得超过其付款时在付款人处实有的存款金额。出票人签发的支票金额超过其付款时在付款人处实有的存款金额的，为空头支票。我国禁止签发空头支票。

> **课程思政8-1**
>
> #### 主观意图签发空头支票需要承担什么法律责任
>
> 《票据法》第87条：支票的出票人所签发的支票金额不得超过其付款时在付款人处实有的存款金额。出票人签发的支票金额超过其付款时在付款人处实有的存款金额的，为空头支票。禁止签发空头支票。
>
> 签发空头支票，不以骗取财物为目的的，由中国人民银行处以票面金额5%但不低于1 000元的罚款；以骗取财物为目的的，出票人还将被追究刑事责任。

思政启示： 侧重培养学生自觉维护社会经济秩序，促进社会主义市场经济的发展。

支票出票的绝对必要记载事项相对于汇票、本票出票而言没有收款人的记载，支票上的金额可以由出票人授权补记，未补记前的支票不得使用。支票出票的相对必要记载事项主要包括收款人名称、付款地和出票地 3 项。

（2）支票的付款。支票的持票人应当自出票日起 10 日内提示付款，支票限于见票即付，不得另行记载付款日期。出票人在付款人处的存款足以支付支票金额时，付款人应当在当日足额付款。

思维导图实训 8-1

票据法简介

请同学们结合"票据法简介"相关知识点，参考以下作品进行分组训练。

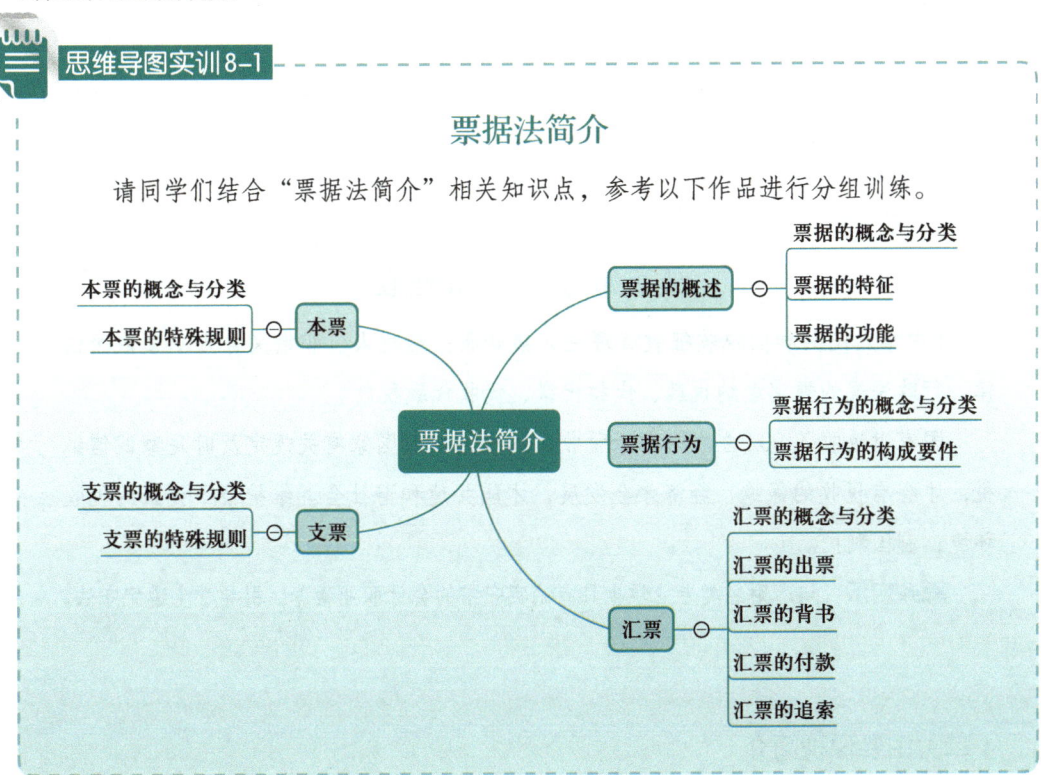

二、税收法律制度简介

（一）税收法律制度概述

1. 税收与税收法律关系

（1）税收与税法。税收是指以国家为主体，为实现国家职能，凭借政治权力，按照法定标准，无偿取得财政收入的一种特定分配形式。税收与其他分配方式相比，具有强制性、无偿性、固定性的特征。税收收入是财政收入的主要来源。税法即税收法律制度，是调整税收关系的法律规范的总称，是国家法律的重要组成部分。它是以宪法为依据，调整国家与社会成员在征纳税上的权利与义务关系，维护社会经济秩序和纳税秩序，保障国家利益和纳税人合法权益的法律规范，是国家税务机关及一切纳税单位和个人依法征税、依法纳税的行为规则。

（2）税收法律关系。税收法律关系体现为国家征税与纳税人纳税的利益分配关系。包括主体、客体和内容。主体是指税收法律关系中享有权利和承担义务的当事人。客体是指主体的权利、义务所共同指向的对象，也就是征税对象。内容是指主体所享受的权利和所应承担的义务，是税收法律关系中最实质的东西，也是税法的灵魂。

2. 税法构成要素

税法的构成要素一般包括纳税人、征税对象、税目、税率、计税依据、纳税环节、纳税期限、纳税地点、税收优惠、法律责任等。

课程思政 8-2

谈谈如何依法诚信纳税

《中华人民共和国税收征收管理法》第 4 条：纳税人、扣缴义务人必须依照法律、行政法规的规定缴纳税款、代扣代缴、代收代缴税款。

国家财政收入 90% 左右来源于税收，纳税人按照国家有关规定及时足额诚信纳税，才会有税收的保障，经济才会发展，才能共建和谐社会。维护公平公正的税收环境，利国利民。

思政启示：培养财经类专业学生具有诚实守信的会计职业素养，引导学生遵纪守法。

（二）主要税种简介

1. 增值税

（1）增值税概述。增值税是对销售商品或者劳务过程中实现的增值额征收的一种税。增值税是我国现阶段税收收入规模最大的税种。

按照《中华人民共和国增值税暂行条例》的规定，在中华人民共和国境内销售货物或者加工、修理修配劳务，销售服务、无形资产、不动产以及进口货物的单位和个人，为增值税的纳税人。

根据纳税人的经营规模以及会计核算健全程度不同，增值税的纳税人可划分为小规模纳税人和一般纳税人。增值税小规模纳税人标准为年应征增值税销售额 500 万元及以

微课：
增值税改革

下。一般纳税人是指年应税销售额超过小规模纳税人标准的企业和企业性单位。

知识拓展 8-2

小微企业税收优惠

财税〔2019〕13号：小微企业必须是小规模纳税人，每月销售额不超过10万元（按季度不超过30万元）。对于小微企业暂免征收增值税，新成立的公司，符合小微企业条件，享受免交增值税优惠。

（2）增值税的税率和征收率。增值税的税率包括基本税率、低税率和零税率。

基本税率为13%。除适用低税率的商品外，销售货物、进口货物或提供应税劳务均应适用基本税率，有形动产租赁服务适用基本税率。

低税率为9%。包括两方面：其一是适用低税率的销售或者进口下列货物：①粮食、食用植物油；②自来水、暖气、冷气、热水、煤气、石油液化气、天然气、沼气、居民用煤气用品；③图书、报纸、杂志、音像制品、电子出版物；④饲料、化肥、农药、农机、农膜；⑤国务院规定的其他货物。其二是营改增项目：①基础电信服务；②交通运输服务；③邮政服务；④建筑服务；⑤转让土地使用权；⑥销售不动产；⑦不动产租赁服务。

低税率为6%。①金融服务；②增值电信服务；③现代服务（租赁服务除外）；④生活服务；⑤销售无形资产（转让土地使用权除外）。

纳税人出口货物，适用零税率，但是，国务院另有规定的除外。境内的单位和个人跨境销售国务院规定范围内的服务、无形资产，税率为零。

纳税人兼营不同税率的货物或者应税劳务，应当分别核算不同税率货物或者应税劳务的销售额；未分别核算销售额的，从高适用税率。

小规模纳税人增值税征收率为3%。

（3）增值税的计算。

① 一般计税方法应纳税额的计算。一般纳税人销售货物、劳务、服务、无形资产、不动产（简称"应税销售行为"），采取一般计税方法计算应纳增值税额。其计算公式为：

$$应纳税额 = 当期销项税额 - 当期进项税额$$

当期销项税额小于当期进项税额不足抵扣时，其不足部分可以结转下期继续抵扣。

销项税额是指纳税人发生应税销售行为，按照销售额和适用税率计算并向购买方收取的增值税额。其计算公式为：

$$销项税额 = 销售额 \times 适用税率$$

销售额是指纳税人发生应税销售行为向购买方收取的全部价款和价外费用,但是不包括收取的销项税额。

进项税额是指纳税人购进货物、劳务、服务、无形资产或者不动产,支付或者负担的增值税额。

随堂练习 8-3

> 城建公司为增值税一般纳税人,2020年3月销售化妆品取得含税价款 226 万元,另收取包装物租金 1.13 万元,已知增值税适用税率为 13%,甲公司当月上述业务增值税销项税额的下列算式中,正确的是( )万元。
>
> A.(226+1.13)÷(1+13%)×13%=26.13
>
> B. 226÷(1+13%)×13%=26
>
> C. 226×13%=29.38
>
> D.(226+1.13)×13%=29.53

② 简易计税方法应纳税额的计算。小规模纳税人发生应税销售行为采用简易计税方法计税,应按照销售额和征收率计算应纳增值税税额,不得抵扣进项税额。其计算公式为:

$$应纳税额 = 销售额 \times 征收率$$

简易计税方法的销售额不包括其应纳税额,纳税人采用销售额和应纳税额合并定价方法的,按照下列公式计算销售额:

$$销售额 = 含税销售额 \div (1 + 征收率)$$

③ 进口货物应纳税额的计算。纳税人进口货物,无论是一般纳税人还是小规模纳税人,均应按照组成计税价格和规定的税率计算应纳税额。不允许抵扣发生在境外的任何税金。其计算公式为:

$$应纳税额 = 组成计税价格 \times 税率$$

组成计税价格的公式为:

$$组成计税价格 = 关税完税价格 + 关税 + 消费税$$

2. 消费税

(1)消费税概述。消费税是指对特定的某些消费品和消费行为征收的一种间接税。消费税的特点:①征收范围具有选择性;②一般情况下,征税环节具有单一性;③计税方法具有灵活性;④消费税是价内税。

消费税的征税范围主要是根据我国目前的经济发展现状和消费政策、人民群众的消费水平和消费结构以及财政需要，并借鉴国外的通行做法而加以确定的。消费税税目包括烟、酒、高档化妆品、贵重首饰及珠宝玉石、高档手表、高尔夫球及球具、游艇、实木地板、木制一次性筷子、成品油、鞭炮焰火、小汽车、摩托车、电池、涂料15种。

消费税纳税人是指在我国境内生产、委托加工和进口规定的消费品的单位和个人，以及国务院确定的销售规定的消费品的其他单位和个人。

（2）消费税的税率与应纳税额的计算。消费税的税率采用比例税率和定额税率两种形式，以适应不同应税消费品的实际情况。消费税根据不同的税目或子目确定相应的税率或单位税额。白酒、卷烟采取了比例税率和定额税率复合征收的形式，啤酒、黄酒、成品油采用定额税率征收，其余的应税消费品采用比例税率计征。

根据不同的税率形式，消费税应纳税额计算公式为：

实行从价定率（即比例税率）计征的应纳税额 = 销售额 × 比例税率

实行从量定额（即定额税率）计征的应纳税额 = 销售数量 × 定额税率

实行复合方法计征的应纳税额 = 销售额 × 比例税率 + 销售数量 × 定额税率

销售额为纳税人销售应税消费品向购买方收取的全部价款和价外费用，不包括增值税。

随堂练习 8-4

甲公司为增值税小规模纳税人，2020 年 8 月，生产销售一批应税消费品，取得含增值税销售额 33 372 元，已知增值税征收率为 3%，消费税税率为 10%，甲公司生产销售该批应税消费品应缴纳的消费税税额的下列算式中，正确的是（　　）元。

A. 33 372×10%=3 337.2

B. 33 372×（1-10%）×10%=3 003.48

C. 33 372÷（1-10%）×10%=3 708

D. 33 372÷（1+3%）×10%=3 240

3. 企业所得税

（1）企业所得税概述。企业所得税是对企业和其他取得收入的组织生产经营所得和其他所得征收的一种所得税。企业所得税是以所得额为课税对象，计税依据为应纳税所得额，采取按年计征，分期预缴的征收管理办法。

中国境内的企业和其他取得收入的组织，是企业所得税的纳税人。企业所得税采取收入来源地和居民管辖权相结合的双重管辖权,把企业分为居民企业和非居民企业。居民企业是指依法在中国境内成立,或者依照外国(地区)法律成立但实际管理机构在中国境内的企业。非居民企业是指依照外国(地区)法律成立且实际管理机构不在中国境内,但在中国境内设立机构、场所的,或者在中国境内未设立机构、场所,但有来源于中国境内所得的企业。

企业所得税的基本税率为25%,国家重点扶持的高新技术企业减按15%的税率征收,符合条件的小型微利企业减按20%的税率计征。

(2)企业所得税应纳税所得额的计算。企业所得税的计税依据是应纳税所得额,即企业每一纳税年度的收入总额,减除不征税收入、免税收入、各项扣除以及允许弥补的以前年度亏损后的余额。

应纳税所得额 = 收入总额 − 不征税收入 − 免税收入 − 各项扣除 − 以前年度亏损

① 收入总额。企业收入总额是指以货币形式和非货币形式从各种来源取得的收入。包括销售货物收入,提供劳务收入,转让财产收入,股息、红利等权益性投资收益,利息收入,租金收入,特许权使用费收入,接受捐赠收入以及其他收入。

② 不征税收入。不征税收入包括财政拨款及依法收取并纳入财政管理的行政事业性收费、政府性基金及国务院规定的其他不征税收入。

③ 免税收入。免税收入包括国债利息收入,符合条件的居民企业之间的股息、红利等权益性投资收益,在中国境内设立机构、场所的非居民企业从居民企业取得与该机构、场所有实际联系的股息、红利等权益性投资收益,符合条件的非营利组织的非营利性收入。

④ 各项扣除。各项扣除是指准予在计算应纳税所得额时扣除的内容,即企业实际发生的与取得收入有关的、合理的支出,包括成本、费用、税金、损失和其他支出。

⑤ 以前年度亏损。企业某一纳税年度发生的亏损可以用下一年度的所得弥补,下一年度的所得不足以弥补的,可以逐年延续弥补,但最长不得超过5年。自2018年1月1日起,当年具备高新技术企业或科技型中小企业资格的企业,其具备资格年度之前5个年度发生的尚未弥补完的亏损,准予结转以后年度弥补,最长结转年限由5年延长至10年。

(3)企业所得税应纳税额的计算。企业所得税应纳税额为企业的应纳税所得额乘以适用税率,减除依税收优惠的规定减免和抵免的税额后的余额。其计算公式为:

应纳税额 = 应纳税所得额 × 适用税率 − 减免税额 − 抵免税额

随堂练习 8-5

2019年某居民企业取得主营业务收入4 000万元，发生主营业务成本2 600万元，发生销售费用600万元，管理费用480万元，财务费用60万元，税费160万元（含增值税120万元），所得税税率为25%，企业无减免、抵免税额，该企业的应纳税额为（　　）万元。

A. 100　　　B. 25　　　C. 220　　　D. 55

4. 个人所得税

（1）个人所得税概述。个人所得税是指对个人（即自然人）取得的各项应税所得征收的一种所得税。

个人所得税纳税人，包括中国公民（含香港地区、澳门地区、台湾地区同胞）、个体工商户、个人独资企业投资者和合伙企业自然人合伙人等。个人所得税纳税人依据住所和居住时间两个标准，分为居民个人和非居民个人。居民个人是指在中国境内有住所，或者无住所而一个纳税年度内在中国境内居住累计满183天的个人。居民个人从中国境内和境外取得的所得，依法缴纳个人所得税。非居民个人是指在中国境内无住所又不居住，或者无住所而一个纳税年度内在中国境内居住累计不满183天的个人。非居民个人从中国境内取得的所得，依法缴纳个人所得税。

个人所得税应税所得项目按应纳税所得的来源划分9个应税项目，分别为：①工资、薪金所得；②劳务报酬所得；③稿酬所得；④特许权使用费所得；⑤经营所得；⑥利息、股息、红利所得；⑦财产租赁所得；⑧财产转让所得；⑨偶然所得。居民个人取得上述①至④项所得（综合所得），按纳税年度合并计算个人所得税；非居民个人取得上述①至④项所得，按月或者按次分项计算个人所得税。纳税人取得上述⑤至⑨项所得，依照法律规定分别计算个人所得税。

（2）个人所得税的税率。居民个人每一纳税年度内取得的综合所得包括：工资、薪金所得；劳务报酬所得；稿酬所得；特许权使用费所得。综合所得适用3%~45%的超额累进税率。但综合所得需要按月或者按次预扣预缴税款，预扣预缴税率分别为：工资、薪金所得，适用按月预扣预缴3%~45%的超额累进税率；特许权使用费所得适用预缴20%的比例税率；稿酬所得适用预缴20%再减征30%的比例税率；劳务报酬所得适用预缴20%的比例税率，对劳务报酬所得一次收入畸高的，可以实行加成征收，具体办法由国务院规定；经营所得适用5%~35%的超额累进税率；利息、股息、红利所得，财产租赁所得，财产转让所得，偶然所得，适用比例税率，税率为20%。

微课：
工资、薪金所得税预扣法

（3）居民个人综合所得应纳税额的计算。居民个人取得综合所得按年计算个人所得税；有扣缴义务人的，由扣缴义务人按月或者按次预扣预缴税款；需要办理汇算清缴的，应当在取得所得的次年 3 月 1 日至 6 月 30 日内办理汇算清缴。

工资、薪金所得是按"累计预扣法"计算预扣税款，并按月办理全员全额扣缴申报。

劳务报酬所得按以下方法按次或按月预扣预缴税款：①每次收入不超过 4 000 元的，预扣预缴税额 =（收入 -800）× 预扣率；②每次收入 4 000 元以上的，预扣预缴税额 = 收入 ×（1-20%）× 预扣率 - 速算扣除数。

稿酬所得按以下方法按次或按月预扣预缴税款：①每次收入不超过 4 000 元的，预扣预缴税额 =（收入 -800）×70%×20%；②每次收入 4 000 元以上的，预扣预缴税额 = 收入 ×（1-20%）×70%×20%。

特许权使用费所得按以下方法按次或按月预扣预缴税款：①每次收入不超过 4 000 元的，预扣预缴税额 =（收入 -800）×20%；②每次收入 4 000 元以上的，预扣预缴税额 = 收入 ×（1-20%）×20%。

居民纳税人的综合所得，首先按月或按次依上面公式预缴后，还需按年度汇算清缴，税款多退少补。

其计算公式为：

$$应纳税额 = 应纳税所得额 × 适用税率 - 速算扣除数$$

$$应纳税所得额 = 全年收入额 - 费用 6 万元 - 专项扣除 - 专项附加扣除 - 依法确定的其他扣除$$

① 全年收入额。全年收入额包括工资薪金全年应税收入额，以及劳务报酬所得、稿酬所得、特许权使用费所得以收入减除 20% 的费用后的余额为收入额，其中，稿酬所得的收入额减按 70% 计算。

② 专项扣除。专项扣除是指税法允许扣除的个人承担的养老保险、失业保险、医疗保险及住房公积金。

③ 专项附加扣除。税法设立了 6 项专项附加扣除，包括子女教育、继续教育、住房贷款利息、住房租金、赡养老人、大病医疗。

④ 依法确定的其他扣除。其他扣除主要包括商业健康保险、企业年金等。

随堂练习 8-6

杨某 2020 年收入情况如下：全年工资薪金收入 36 万元，"三险一金"等专项扣除为 4 500 元 / 月，全年享受专项附加扣除共计 2.4 万元，全年取得劳务报酬收入 3 万元，稿酬收入 2 万元。工资收入全年已预扣预缴 27 480 元，劳务报酬收入

> 已预扣预缴 5 200 元，稿酬收入已预扣预缴 2 240 元，全年应纳税所得额范围在 144 000 元至 300 000 元的，适用税率 20%，速算扣除数 16 920 元。不考虑其他因素，杨某汇算清缴应补交（　　）元个人所得税税额。
> A. 400　　　　B. －400　　　　C. 34 520　　　　D. －34 520

（4）其他应税项目应纳税额的计算。

个体工商户的生产、经营所得应纳税额的计算公式为：

应纳税额 = 应纳税所得额 × 适用税率 － 速算扣除数

= （收入总额 － 成本 － 费用 － 损失 － 税金 － 其他支出 －

允许弥补以前年度亏损）× 税率 － 速算扣除数

利息、股息、红利所得、财产租赁所得、财产转让所得和偶然所得应纳税额计算公式为：

应纳税额 = 应纳税所得额 × 适用税率

（三）税收征收管理法

税收征收管理法是调整税收征收与管理过程中所发生的社会关系的法律规范总称。包括国家权力机关制定的税收征管法律、国家权力机关授权行政机关制定的税收征管行政法规和有关税收征管的规章制度等。

税收征收管理法属于税收程序法，是以规定税收实体法中所确定的权利义务的履行程序为主要内容的法律规范，是税法的有机组成部分。税收征收管理法不仅是纳税人全面履行纳税义务必须遵守的法律准则，也是税务机关履行征税职责的法律依据。

1. 税务管理

税务管理，是指税收征收管理机关为了贯彻执行国家税收法律制度，加强税收工作，协调征税关系而对纳税人和扣缴义务人实施的基础性的管理制度和管理行为。

税务管理主要包括税务登记管理、账簿和凭证管理、发票管理、纳税申报管理等。税务管理是税收征收管理的重要内容，是税款征收的前提和基础。

2. 税款征收

税款征收是税务机关依照税收法律、法规的规定，将纳税人依法应纳的税款以及扣缴义务人代扣代缴的税款通过不同的方式组织入库的一系列活动的总称。税款征收是税收征收管理工作的中心环节，是全部税收征管工作的目的和归宿。

（1）税款征收方式。我国税款征收主要有以下几种方式：

① 查账征收。是针对财务会计制度健全的纳税人，税务机关依据其报送的纳税申报

表、财务会计报表和其他有关纳税资料，依照适用税率，计算其应缴纳税款的税款征收方式。适用于财务会计制度健全，能够如实核算和提供生产经营情况，并能正确计算应纳税款和如实履行纳税义务的纳税人。

② 查定征收。是针对账务不全，但能控制其材料、产量或进销货物的纳税单位或个人，税务机关依据正常条件下的生产能力对其生产的应税产品查定产量、销售额并据以确定其应缴纳税款的税款征收方式。适用于生产经营规模较小、产品零星、税源分散、会计账册不健全，但能控制原材料或进销货的小型厂矿和作坊。

③ 查验征收。是税务机关对纳税人的应税商品、产品，通过查验数量，按市场一般销售单价计算其销售收入，并据以计算其应缴纳税款的税款征收方式。适用于纳税人财务制度不健全，生产经营不固定，零星分散、流动性大的税源。

④ 定期定额征收。是税务机关对小型个体工商户在一定经营地点、一定经营时期、一定经营范围内的应纳税经营额（包括经营数量）或所得额进行核定，并以此为计税依据，确定其应缴纳税额的一种税款征收方式。适用于经税务机关认定和县以上税务机关（含县级）批准的生产、经营规模小，达不到《个体工商户建账管理暂行办法》规定设置账簿标准，难以查账征收，不能准确计算计税依据的个体工商户（包括个人独资企业）。

（2）税收征收措施。税收征收措施是指为保证税款即时征收入库，税收征收管理机关所采取的特殊措施。主要包括以下几种措施：

① 责令缴纳。纳税人未按照规定期限缴纳税款的，扣缴义务人未按照规定期限解缴税款的，税务机关可责令限期缴纳，并从滞纳税款之日起，按日加收滞纳税款万分之五的滞纳金。逾期仍未缴纳的，税务机关可以采取税收强制执行措施。

② 责令提供纳税担保。纳税担保是指经税务机关同意或确认，纳税人或其他自然人、法人、经济组织以保证、抵押、质押的方式，为纳税人应当缴纳的税款及滞纳金提供担保的行为。

微课：
税收保全

③ 税收保全措施。税收保全措施是指税务机关责令具有税法规定情形的纳税人提供纳税担保而纳税人拒绝提供纳税担保或无力提供纳税担保的。可采取书面通知纳税人的开户银行或者其他金融机构冻结纳税人的相当于应纳税款的存款；或扣押、查封纳税人的价值相当于应纳税款的商品、货物或者其他财产。

④ 税收强制执行措施。税收强制执行措施是指从事生产、经营的纳税人、扣缴义务人未按照规定的期限缴纳或解缴税款，纳税担保人未按照规定的期限缴纳所担保的税款，由税务机关责令限期缴纳，逾期仍未缴纳的。可采取书面通知纳税人的开户银行或者其他金融机构从其存款中扣缴税款；或扣押、查封、依法拍卖或者变卖其价值相当于应纳税款的商品、货物或者其他财产，以拍卖或者变卖所得抵缴

税款。

⑤ 阻止出境。阻止出境是指欠缴税款的纳税人或者其法定代表人在出境前未按规定结清应纳税款、滞纳金或者提供纳税担保的，税务机关可以通知出境管理机关阻止其出境。

3. 税务检查

税务检查又称纳税检查，是指税务机关根据国家税收法律、行政法规的规定，对纳税人、扣缴义务人履行纳税义务、扣缴义务及其他有关税务事项进行审查、核实、监督活动的总称。它是税收征收管理工作的一项重要内容，是确保国家财政收入和税收法律法规贯彻落实的重要手段。

> **课堂思考 8-2**
>
> 税务机关在查阅甲公司公开披露的信息时发现，其法定代表人张某有一笔股权转让收入未申报缴纳个人所得税，要求张某补缴税款80万元，滞纳金3.8万元。张某未结清应纳税款、滞纳金的情况下，拟出国考察，且未提供纳税担保，税务机关知晓后对张某可以采取什么方式的税款征收措施？

税务机关有权进行税务检查，发现纳税人有逃避纳税义务行为，并有明显的转移、隐匿其应纳税的商品、货物以及其他财产或者应纳税的收入的迹象的，可以按照《中华人民共和国税收征收管理法》规定的批准权限采取税收保全措施或者强制执行措施。

4. 税务处罚

税务处罚是税务机关依据《中华人民共和国税收征收管理法》等法律法规对违反税法的纳税人和扣缴义务人予以的行政处罚。对纳税人和扣缴义务人违反税务管理、违反纳税申报、拒绝税务机关检查的行为，税务机关有权责令限期改正，并可以根据情节处以罚款。对纳税人不缴或者少缴的应纳税款、偷逃的税款、骗取的出口退税款，税务机关有权追缴税款和滞纳金，并可以根据情节处以罚款。对偷逃税款的行为、逃避税务机关追缴欠税的行为、骗取出口退税款的行为、抗税的行为，构成犯罪的，税务机关应当依法移送司法机关追究刑事责任。

思维导图实训 8-2

税收法律制度简介

请同学们结合"税收法律制度简介"相关知识点，参考以下作品进行分组训练。

项目八　财经商贸各专业经济法规简介

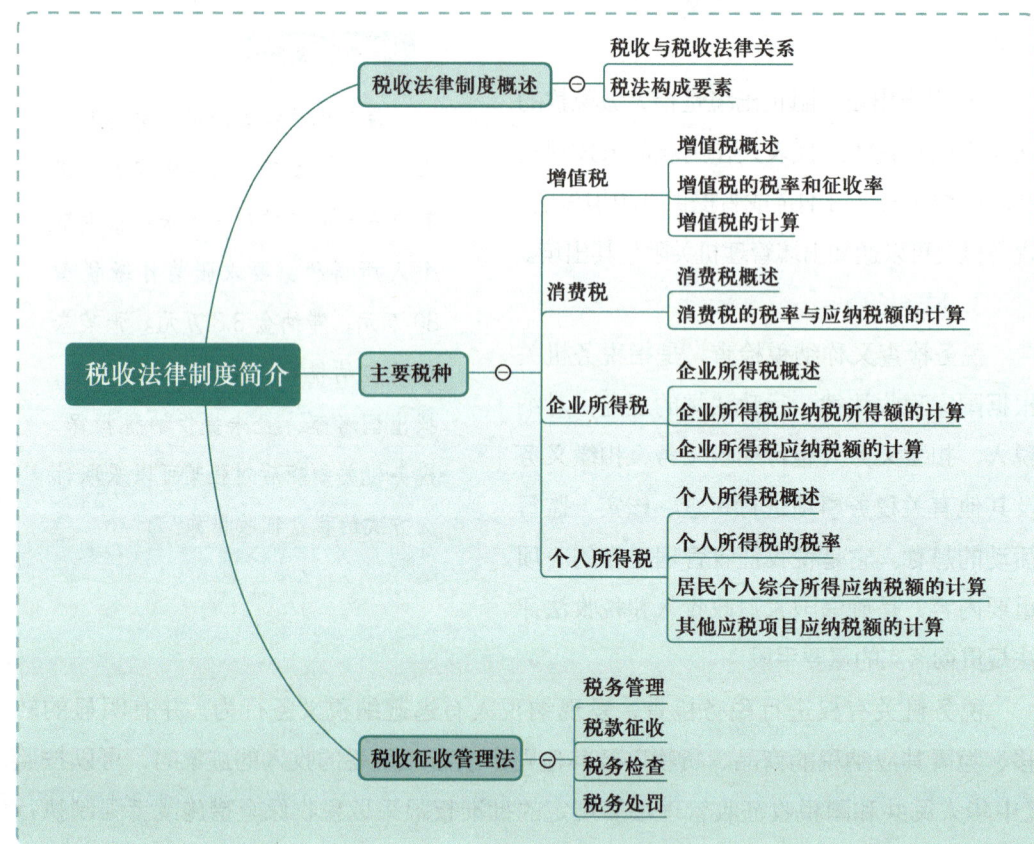

综合案例分析8-1

李健以张立为收款人签发了一张金额为50万元的商业承兑汇票,付款人为陈静。后汇票被王晓拾得。王晓伪造张立的签章将汇票转让给方平。方平为偿还货款又将汇票背书转让给杨明,并在汇票的背书栏记载有"若杨明不按期履行交货义务,则不享有票据权利"。吴香与林彭为方平提供保证,汇票上记载着吴香承担80%的保证责任,林彭承担20%的保证责任。杨明向陈静请求承兑时,陈静在汇票上记载:"承兑。李健款到后支付。"

要求：根据以上事实及《票据法》的规定,回答下列问题：

(1) 王晓是否应当承担票据责任?
(2) 张立是否要承担票据责任?
(3) 王晓伪造票据的行为是否会导致票据无效? 为什么?
(4) 如何界定方平在背书栏记载事项的性质? 其效力如何?
(5) 吴香与林彭对保证责任分担的约定是否有效? 本案保证责任该如何承担?
(6) 本汇票是否已经承兑? 为什么?

模块二　营销法律法规简介

一、专利法简介

（一）我国专利立法概述

《中华人民共和国专利法》（简称《专利法》）是1984年3月12日由第六届全国人大第四次会议通过，并于1985年4月1日起施行，至今已进行了四次修正，第四次修正于2021年6月1日起施行。《专利法》包括总则、授予专利权的条件、专利的申请、专利申请的审查和批准、专利权的期限以及终止和无效、专利实施的强制许可、专利权的保护、附则共8章82条。为配合《专利法》的实施，1985年1月19日国务院颁布了《中华人民共和国专利法实施条例》，于1985年4月1日起实施，后经2002年12月和2010年1月两次修订。

（二）专利权的概念及其法律特征

专利权是专利法的核心内容。它是指法律赋予专利权人对某项发明创造在法定期限内享有的专有权。专利权属于知识产权的一种，具有以下法律特征：

1. 专有性

专有性具有两层含义：一是任何单位和个人未经专利权人的许可不得进行以生产、经营为目的的制造、使用、许诺销售、销售、进口其专利产品，或者使用其专利方法以及使用、许诺销售、销售、进口依照该专利方法获得的产品；二是同一内容的发明创造，国家只授予一项专利权。

2. 地域性

地域性是对专利权的空间限制，指一个国家或地区所授予和保护的专利权仅在该国或地区的范围内有效，对其他国家和地区不发生法律效力，其专利权不受确认和保护。如果专利人希望在其他国家享有专利权，那么必须依照其他国家的法律另行提出专利申请。除非加入国际条约及双边协定另有规定之外，任何国家都不承认其他国家或者国际性知识产权机构所授予的专利权。

3. 时间性

时间性就是对专利权的时间限制，即法律规定的保护期限。我国《专利法》规定，发明专利权的期限为20年，实用新型专利权和外观设计专利权的期限为10年，均自申请之日起计算。

（三）专利权的客体

专利法律制度保护的对象，即专利权的客体，是指能取得专利权，可以受专利法保护的发明创造。我国专利权的客体包括发明、实用新型和外观设计三种。

1. 发明

我国《专利法》所称的发明是指对产品、方法或者其改进所提出的新的技术方案。发明可以分为产品发明、方法发明、改进发明三种类型。产品发明是指通过智力劳动创造的，能以有形形式表现的各种人工制成品或产品。方法发明是指把一种物品或物质改变成另一种状态或物品、物质所利用的手段和步骤的发明。改进发明是指对已有的产品发明或方法发明所做出的实质性革新的技术方案，但从根本上不能突破原有产品和方法的格局。

2. 实用新型

我国《专利法》所称实用新型是指对产品的形状、构造或者其结合所提出的适于实用的新的技术方案。实用新型是对已知产品的技术性能所提出的解决方案，在技术水平上的要求比发明低，故又有"小发明"之称。

3. 外观设计

我国《专利法》所称外观设计是指对产品的形状、图案、色彩及其结合所做出的富有美感并适于工业上应用的新设计。外观设计专利权保护的客体不是技术上的发明创造，而是以工业方法应用于产品上的新的艺术性设计，满足人们对产品在视觉和感官等精神方面的要求。

> **课堂思考 8-3**
>
> 甲觅得一根天然树根，就其原形制成一根雕作品，拟申请外观设计。
>
> **思考**：甲能否得到外观设计的专利权？为什么？

（四）专利权的内容与归属

专利权并非因为发明创造的产生而自动取得，而是必须按法定程序向专利局提出申请，经审核确认后，才依法授予。

1. 专利权的内容

（1）独占实施权。专利权人有自己实施专利的权利，即有权自己制造、使用、销售专利产品和使用专利方法；专利权人有禁止他人未经许可实施其专利的权利，即有权禁止他人在未经专利权人许可的情况下，以生产经营为目的制造、使用、销售、进口其专利产品，或者使用其专利方法以及使用、销售、进口依照该专利方法直接获得的产品。

（2）转让权。专利权人有权将其获得的专利所有权依法转让给他人。转让专利权时，当事人必须订立书面合同，并经国务院专利行政部门登记和公告。

（3）许可使用权。专利权人有权许可他人实施其专利技术并获得专利使用费。《专利法》规定，任何单位和个人实施他人专利时，除法律另有规定外，都必须与专利权人订立书面实施许可合同，向专利权人支付专利使用费。被许可人不得允许合同规定以外的任何单位和个人实施该专利。

（4）标记权。专利权人有权在其专利产品或该产品的包装上、说明书上、产品广告上标明专利标记和专利号。

2. 专利权的归属

《专利法》对不同发明创造的专利权归属作出了相应规定。

（1）职务发明创造。执行本单位的任务或者主要是利用本单位的物质技术条件完成的发明创造为职务发明创造。职务发明创造具体包括：在本职工作中作出的发明创造；履行本单位交付的本职工作之外的任务所作出的发明创造；退职、退休或者调动工作后1年内作出的，与在原单位承担的本职工作或者原单位分配的任务有关的发明创造。职务发明创造，申请专利的权利属于发明人或设计人所在的单位；申请被批准后，该单位为专利权人。利用本单位的物质技术条件所完成的发明创造，单位与发明人或者设计人订有合同，对申请专利的权利和专利权的归属作出约定的，从其约定。

（2）非职务发明创造。非职务发明创造，申请专利的权利属于发明人或者设计人，也就是对发明创造的实质性特点作出创造性贡献的人；申请被批准后，该发明人或者设计人为专利权人。在完成发明创造过程中，只负责组织工作的人、为物质技术条件的利用提供方便的人或者从事其他辅助工作的人都不是发明人或者设计人。

（3）合作发明创造。两个以上单位或者个人合作完成的发明创造、一个单位或者个人接受其他单位或者个人委托完成的发明创造，除另有协议的以外，申请专利的权利属于完成或者共同完成的单位或者个人；申请被批准后，申请的单位或者个人为专利权人。

（4）受让的发明创造。完成发明创造的单位和个人可以将属于自己所有的专利申请权转让给他人，合法受让人有权就受让的发明创造申请专利，申请被批准后，专利权归该申请人所有。

知识拓展 8-3

发明人或设计人是指对发明创造的实质性特点做出了创造性贡献的人，不要求具有完全民事行为能力。

> 甲公司委托某研究所为其设计一套新的工艺流程,未约定权利归属。研究所将工作交给本单位职工乙和丙,乙和丙经过反复研究设计完成。该设计方案的权利属于(   )。
>
> A. 甲公司　　　　　　　B. 研究所
>
> C. 乙和丙　　　　　　　D. 研究所与乙、丙共同拥有

(五)专利权的取得

1. 发明和实用新型取得专利权的条件

(1)新颖性。新颖性是指在申请日以前没有同样的发明或者实用新型在国内外出版物上公开发表过、在国内公开使用过或者以其他方式为公众所知,也没有同样的发明或者实用新型由他人向国务院专利行政部门提出过申请并且记载在申请日以后公布的专利申请文件中。但是,申请专利的发明创造在申请日以前 6 个月内,有下列情形之一的,不丧失新颖性:①在中国政府主办或者承认的国际展览会上首次展出的;②在规定的学术会议或者技术会议上首次发表的;③他人未经申请人同意而泄露其内容的。

(2)创造性。创造性是指同申请日以前已有的技术相比,该发明具有突出的实质性特点和显著的进步,该实用新型具有实质性特点和进步。

(3)实用性。实用性是指该发明或者实用新型能够制造或者使用,并且能够产生积极效果。

2. 外观设计取得专利权的条件

授予专利权的外观设计,应当不属于现有设计(即申请日以前在国内外为公众所知的设计),也没有任何单位或者个人就同样的外观设计在申请日以前向国务院专利行政部门提出过申请,并记载在申请日以后公告的专利文件中。授予专利权的外观设计与现有设计或者现有设计特征的组合相比,应当具有明显区别。授予专利权的外观设计不得与他人在申请日以前已经取得的合法权利相冲突。

3. 不授予专利权的情形

(1)对违反法律、社会公德或者妨害公共利益的发明创造,不授予专利权。

(2)对违反法律、行政法规的规定获取或者利用遗传资源,并依赖该遗传资源完成的发明创造,不授予专利权。

(3)不授予专利权的具体情形:①科学发现;②智力活动的规则和方法;③疾病的

诊断和治疗方法；④动物和植物品种；⑤用原子核变换方法获得的物质；⑥对平面印刷品的图案、色彩或者二者的结合作出的主要起标识作用的设计。但动物和植物品种的生产方法可以授予专利权。

随堂练习 8-8

以下成果中，能获得专利权的是（　　）。
A. 甲设计的能缓解堵车的新交通规则
B. 乙发现导致骨癌的特殊遗传基因
C. 丙设计的儿童水杯，有独特造型又能防止杯子滑落
D. 丁发明了仿真伪钞机

4. 取得专利权的程序、条件

（1）申请专利权的要求。申请发明或者实用新型专利的，应当提交请求书、说明书及其摘要和权利要求书等文件。请求书应当写明发明或者实用新型的名称，发明人的姓名，申请人的姓名或者名称、地址，以及其他事项。说明书应当对发明或者实用新型作出清楚、完整的说明，以所属技术领域的技术人员能够实现为准；必要的时候，应当有附图。摘要应当简要说明发明或者实用新型的技术要点。权利要求书应当以说明书为依据，清楚、简要地限定要求专利保护的范围。依赖遗传资源完成的发明创造，申请人应当在专利申请文件中说明该遗传资源的直接来源和原始来源；申请人无法说明原始来源的，应当陈述理由。申请外观设计专利的，应当提交请求书、该外观设计的图片或者照片以及对该外观设计的简要说明等文件。

（2）申请专利权的原则。

① 单一性原则。一件发明或者实用新型专利申请应当限于一项发明或者实用新型。属于一个总的发明构思的两项以上的发明或者实用新型，可以作为一件申请提出。一件外观设计专利申请应当限于一项外观设计。同一产品两项以上的相似外观设计，或者用于同一类别并且成套出售或者使用的产品的两项以上外观设计，可以作为一件申请提出。

② 申请在先原则。两个以上的申请人分别就同样的发明创造申请专利时，专利权授予最先申请的人；两个以上的申请人在同一日分别就同样的发明创造申请专利时，在收到国务院专利行政部门的通知后自行协商确定申请人。

③ 优先权原则。申请人自发明或实用新型在外国第一次提出专利申请之日起 12 个月内，或者自外观设计在外国第一次提出申请之日起 6 个月内，又在中国就相同主题提出专利申请的，依照该外国同我国签订的协定和共同参加的国际条约，或依照相互承认优

先权的原则,可以享受优先权。即把该申请人第一次提出专利申请的申请日,作为在我国的申请日。

(3)发明专利的审查。

① 初审公开。国务院专利行政部门收到发明专利申请后,经初步审查认为符合《专利法》要求的,自申请日起满18个月,即行公布;也可以根据申请人的请求早日公布其申请。

② 实质审查。发明专利申请自申请日起3年内,国务院专利行政部门可以根据申请人随时提出的请求,对其申请进行实质审查;申请人无正当理由逾期不请求实质审查的,视为撤回申请。国务院专利行政部门认为必要的时候可以自行对发明专利申请进行实质审查。实质审查的主要内容是发明的实质条件,即新颖性、创造性和实用性。

③ 授予专利权。国务院专利行政部门对发明专利申请进行实质审查后,认为不符合《专利法》规定的,应当要求申请人在指定的期限内陈述意见,或者对其申请进行修改,经申请人陈述意见或者进行修改后,仍然认为不符合《专利法》规定的,应当予以驳回;没有发现驳回理由的,应当授予专利权、发给专利证书并予以登记和公告。专利权自公告之日起生效。

(4)实用新型和外观设计专利的审查。实用新型专利和外观设计专利的审查实行初步审查制度。只要经过初步审查,没有发现驳回理由,国务院专利行政部门即作出授予专利权的决定,发给专利证书,并予以登记和公告。专利权自公告之日起生效。

(5)专利权的复审。专利申请人对国务院专利行政部门驳回申请的决定不服的,可以自收到通知之日起3个月内,向国务院专利行政部门设立的专利复审委员会请求复审。专利复审委员会复审后,作出决定,并通知专利申请人。专利申请人对专利复审委员会的复审决定不服的,可以自收到通知之日起3个月内向人民法院起诉。

5. 专利权取得后的责任

(1)缴纳专利年费。专利权人应当自被授予专利权的当年开始缴纳年费。

(2)依法正确实施专利。专利权人拥有对其专利的独占使用的权利,但专利权人也不得滥用其专利权。

(3)接受专利实施强制许可。根据《专利法》规定,国务院专利行政部门可以根据具备实施条件的单位或者个人的申请,或根据需依赖他人专利实施其专利的申请人的申请,或因国家出现紧急状态以及为了公共利益,依法给予实施发明专利或实用新型专利的强制许可。专利权人应当接受国务院专利行政部门依法作出的专利实施强制许可。

（六）专利权的期限、终止和无效

1. 专利权的期限

专利权的期限是指专利权受法律保护，发生法律效力的期间。在受法律保护的期间内，除法律另有规定外，任何单位或者个人未经专利权人许可，不得使用其专利中所保护的发明创造成果。《专利法》规定，发明专利权的保护期限为20年，实用新型专利权和外观设计专利权的保护期限为10年，均自申请日起计算。

2. 专利权的终止

专利权的终止是指专利权因法定事由的发生而失去法律效力。根据我国《专利法》的规定，专利权终止的原因有以下几种：①保护期限届满；②没有按规定缴纳专利年费；③书面形式声明放弃专利权；④专利权无人继承。专利权在期限届满前终止的，由国务院专利行政部门登记和公告。专利权终止后，受该项专利权保护的发明创造便成为全社会的共同财富，任何人都可以自由而无偿地使用。

3. 专利权的无效

自国务院专利行政部门公告授予专利权之日起，任何单位或者个人认为该专利权的授予不符合《专利法》有关规定的，可以请求专利复审委员会宣告该专利权无效。专利复审委员会经审查作出宣告专利权无效或者维持专利权的决定。宣告专利权无效的，国务院专利行政部门应予登记和公告。对专利复审委员会的决定不服的，可以自收到通知之日起3个月内向人民法院起诉。专利权被宣告无效的，宣告无效的专利权视为自始即不存在。

（七）专利权的限制

专利权的限制有两种情况：一是专利实施的强制许可；二是不视为侵犯专利权的行为。

1. 专利实施的强制许可

专利实施的强制许可是指国家专利主管机关，根据法定事实，不经专利权人许可，允许他人实施发明或实用新型专利。专利实施的强制许可有三种情形：①不实施时的强制许可；②国家紧急状态、非常情况或社会公共利益目的的强制许可；③从属专利的强制许可。取得实施强制许可的单位或者个人不享有独占的实施权，并且无权允许他人实施。取得实施强制许可的单位或者个人应当付给专利权人合理的使用费，其数额由双方协商，双方不能协商一致的，由国务院专利行政部门裁决。

2. 不视为侵犯专利权的行为

以下行为不视为侵犯专利权的行为：①专利产品或者依照专利方法直接获得的产品，

由专利权人或者经其许可的单位、个人售出后，使用、许诺销售、销售、进口该产品的。②在专利申请日前已经制造相同产品、使用相同方法或者已经作好制造、使用的必要准备，并且仅在原有范围内继续制造、使用的。③临时通过中国领陆、领水、领空的外国运输工具，依照其所属国同中国签订的协议或者共同参加的国际条约，或者依照互惠原则，为运输工具自身需要而在其装置和设备中使用有关专利的。④专为科学研究和实验而使用有关专利的。⑤为提供行政审批所需要的信息，制造、使用、进口专利药品或者专利医疗器械的，以及专门为其制造、进口专利药品或者专利医疗器械的。在专利侵权纠纷中，被控侵权人有证据证明其实施的技术或者设计属于现有技术或者现有设计的，不构成侵犯专利权。

微课：
销售老年爬楼车被指侵犯专利权

（八）专利权的保护

1. 侵犯专利权的行为

侵犯专利权的行为，是指未经专利权人许可，以生产经营为目的，制造、使用、销售、进口其专利产品或者使用其专利方法的行为。具体表现形式有：①制造专利产品的行为；②故意使用发明或者实用新型专利产品的行为；③故意销售专利产品的行为；④使用专利方法以及使用、销售依照专利方法直接获得的产品；⑤假冒他人专利的行为。

2. 侵犯专利权的诉讼时效

侵犯专利权的诉讼时效适用《民法典》的相关规定。

3. 侵犯专利权的法律责任

（1）民事责任。《专利法》规定，侵犯他人专利权应当承担民事责任的方式包括停止侵权、赔偿损失、消除影响。

（2）行政责任。《专利法》规定，假冒他人专利的，除依法承担民事责任外，由管理专利工作的部门责令改正并予公告，没收违法所得，可以并处违法所得 4 倍以下的罚款，没有违法所得的，可以处 20 万元以下的罚款。

（3）刑事责任。《专利法》规定，假冒他人专利，构成犯罪的，依法追究刑事责任。

 思维导图实训8-3

专利法简介

请同学们结合"专利法简介"相关知识点，参考以下作品进行分组训练。

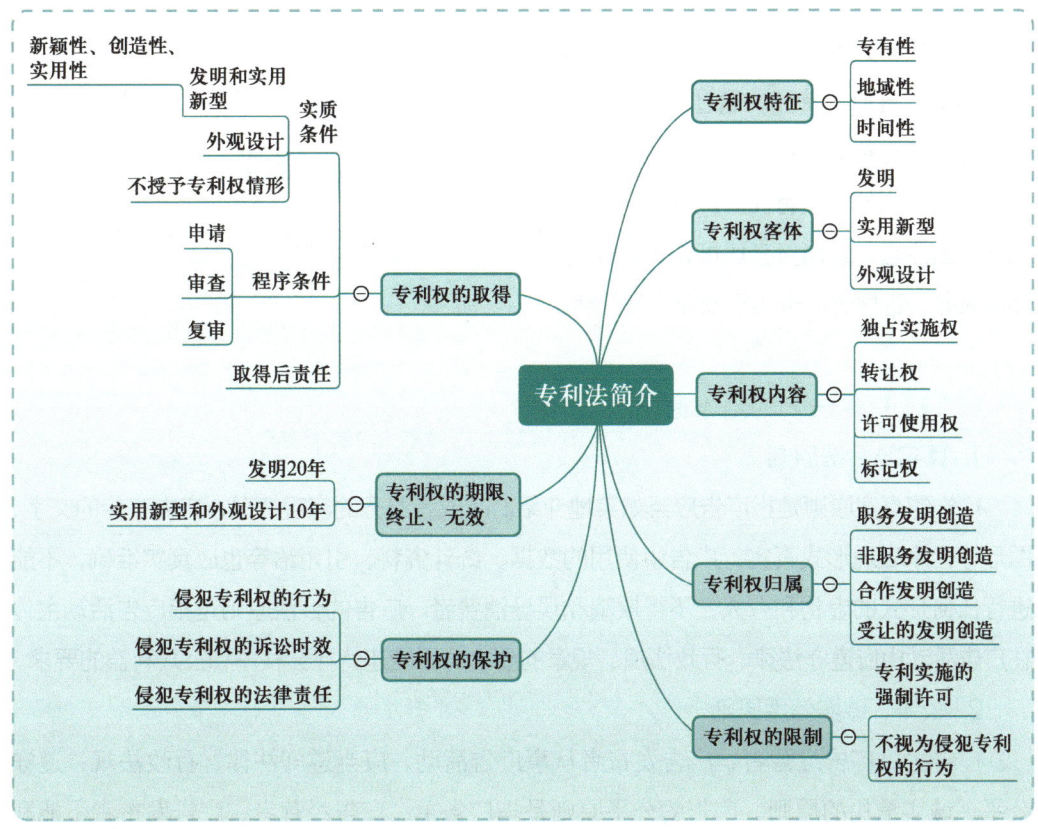

二、广告法简介

(一) 广告法与广告概述

1994 年 10 月 27 日第八届全国人民代表大会常务委员会第十次会议通过了《中华人民共和国广告法》(简称《广告法》),并于 1995 年 2 月 1 日起实施。2018 年 10 月 26 日,《广告法》修订案由第十三届全国人大常务委员会第六次会议表决通过,自 2015 年 9 月 1 日起实施,2018 年 10 月 26 日第十三届全国人大常务委员会第六次会议又对《广告法》进行了修正。

我国《广告法》规定,广告是指在中华人民共和国境内,商品经营者或者服务提供者通过一定媒介和形式直接或者间接地介绍自己所推销的商品或者服务的商业广告活动。广告有以下法律特征:

(1) 地域范围特征。只要广告的制作、发布等环节是发生在我国境内,就受到我国《广告法》的约束。

(2) 广告主体特征。商品经营者或者服务者,包括广告主、广告经营者、广告发布

微课:
新《广告法》
实施,朋友
圈里慎点
"转发"

者、广告代言人等，既可以是自然人，也可以是法人和其他组织。

（3）广告形式特征。通过一定媒介和形式直接或间接地介绍，包括对自然人、法人或组织形象的介绍等间接的宣传方式。

（4）广告的营销特征。广告的目的是引起消费者的注意，让消费者认可，从而购买其商品或服务，这样的广告属于商业广告范畴。

> **课堂思考 8-4**
>
> 朋友圈发广告是否适用《广告法》？

（二）《广告法》的基本原则

1. 真实、合法原则

广告的真实原则是指广告应当如实地介绍商品或者服务的客观情况，广告宣传的文字、图形等艺术表现形式真实，广告中使用的数据、统计资料、引用语等也应真实准确，不能进行任何形式的虚构和夸大，不得欺骗和误导消费者。广告的合法原则是指广告活动主体在广告活动中应遵守法律、行政法规、规章的要求，不能违背社会秩序和公共利益的要求。

2. 公平、诚实信用原则

广告主、广告经营者、广告发布者从事广告活动，应当遵守法律、行政法规，遵守公平、诚实信用的原则。广告的公平原则是指广告主、广告经营者、广告发布者不能利用优势或对方没有经验而欺骗消费者，广告活动中各主体必须公平竞争。广告的诚实信用原则是指广告活动中当事人应当诚实守信，以善意的方式履行自己的义务。

> ## 禁止发布夸大性广告
>
> 夸大性广告是指通过滥用溢美之词，甚至是违反科学规律的结论，对商品或者服务进行不切实际的宣传，诱骗他人过高估计广告中宣传产品的质量、性质、功效，从而达到推销商品或者服务的目的的违法广告。广告主、广告经营者、广告发布者从事广告活动，应当遵守法律、行政法规，遵守公平、诚实信用的原则。
>
> **思政要点**：培养学生树立正确的市场竞争意识，诚实守信、遵纪守法。

（三）《广告法》的适用范围

我国《广告法》第 2 条第 1 款规定，在中华人民共和国境内，商品经营者或者服务提供者通过一定媒介和形式直接或者间接地介绍自己所推销或者服务的商业广告活动，适用本法。

（1）地域范围。一切在中华人民共和国境内从事广告活动的单位和个人，都必须遵守此法。

（2）调整范围。我国《广告法》的调整范围只限于商业广告。

（3）主体范围。我国《广告法》调整广告活动中广告主、广告经营者、广告发布者三者之间的关系。

随堂练习 8-9

公益广告属于我国《广告法》的调整范畴吗？

（四）广告内容准则

广告内容准则又称广告标准，是广告法基本原则的具体体现，是指发布广告的规范与限制，是广告在内容上应当遵守的基本准则，是判断广告能否发布的依据，也是工商部门对广告内容进行监督管理的依据。

1. 广告内容的一般准则

（1）广告中对商品的性能、功能、产地、用途、质量、成分、价格、生产者、有效期限、允诺等或者对服务的内容、提供者、形式、质量、价格、允诺等有表示的，应当准确、清楚、明白。

广告主为了达到推销目的要进行客观、明确的表达，广告的文字、图像要清楚，能够让广告的接收者了解广告的意图，正确理解广告的本意，以不引起消费者误解为准。广告中表明推销的商品或者服务附带赠送的，应当明示所附带赠送商品或者服务的品种、规格、数量、期限和方式。

（2）广告不得损害未成年人和残疾人的身心健康。

（3）广告内容涉及的事项需要取得行政许可的，应当与许可的内容相符合。特殊商品或服务的广告内容需要取得行政许可，如药品、医疗器械、农药等广告，在发布前应当经过行政机关审查，否则不得发布。

（4）广告使用数据、统计资料、调查结果、文摘、引用语等印证内容的，应当真实、准确，并标明出处。

（5）广告中设计专利产品或者专利方法的，应当标明专利号和专利种类。未取得专利权的，不得在广告中谎称取得专利权。禁止使用未授予专利权的专利申请和已经终止、撤销、无效的专利做广告。

（6）广告不得贬低其他生产经营者的商品或者服务。

（7）广告应当具有可识别性，能够使消费者辨明其为广告。大众传播媒介不得以新闻报道形式变相发布广告。通过大众传播媒介发布的广告应当显著标明"广告"，与其他非广告信息相区别，不得使消费者产生误解。

2. 广告内容的禁止性规定

我国《广告法》规定了广告内容中不得有以下情形：

（1）不得使用或者变相使用中华人民共和国国旗、国歌、国徽、军旗、军歌、军徽。

（2）不得使用或者变相使用国家机关、国家机关工作人员的名义或者形象。

（3）不得使用"国家级""最高级""最佳"等用语。

（4）不得损害国家的尊严或者利益，泄露国家秘密。

（5）不得妨碍社会安定，损害社会公共利益。

（6）不得危害人身、财产安全，泄露个人隐私。

（7）不得妨碍社会公共秩序或者违背社会良好风尚。

（8）不得含有淫秽、色情、赌博、迷信、恐怖、暴力的内容。

（9）不得含有民族、种族、宗教、性别歧视的内容。

（10）不得妨碍环境、自然资源或者文化遗产保护。

（11）不得有法律、行政法规规定禁止的其他情形。

（五）广告行为规范

广告行为是指广告主、广告经营者、广告发布者以及广告代言人在设计、制作、发布广告的过程中所进行的法律行为。

1. 广告合同制度

广告主、广告经营者、广告发布者之间在广告活动中应当依法订立书面合同。

知识拓展 8-4

广告合同应具备的主要条款

广告合同应具备的主要条款如下：①合同主体；②标的和数量、质量；③广告费用；④广告项目完成的期限、地点和方式；⑤广告原材料的提供及规格、数量、质量、交付期限；⑥技术资料、图纸或广告作品提供的期限、质量、数量及保密要求；⑦广告项目的验收标准、方法、期限；⑧违约责任；⑨解决合同纠纷的方式以及补充约定。

2. 涉及他人的规范

广告主或者广告经营者在广告中使用他人名义或者形象的，应当事先取得书面同意；使用无民事行为能力人、限制民事行为能力人的名义或者形象的，应当事先取得其监护人的书面同意。

3. 广告发布登记制度

广播电台、电视台、报刊出版单位从事广告发布业务的，应当设有专门从事广告业务的机构，配备必要的人员，具有与发布广告相适应的场所、设备，并向县级以上地方市场监督管理部门办理广告发布登记。

4. 广告业务的承接登记、审核、档案管理制度

广告经营者、广告发布者应当按照国家有关规定，建立、健全广告业务的承接登记、审核、档案管理制度。

5. 禁止发布广告的情况

法律、行政法规规定禁止生产、销售的产品或者提供的服务，以及禁止发布广告的商品或服务，任何单位或者个人不得设计、制作、代理、发布广告。

6. 广告代言人行为规范

（1）不得为其未使用过的商品或者未接受过的服务作推荐、证明。无论广告代言人是作推荐还是作证明，都需要使用过商品、服务。

（2）不得利用不满 10 周岁的未成年人作为广告代言人。

（3）对在虚假广告中作推荐、证明受到行政处罚未满 3 年的自然人、法人或者其他组织，不得作为广告代言人。

7. 保护未成年人的广告行为规范

（1）不得在中小学校、幼儿园内开展广告活动，不得利用中小学生和幼儿的教材、教辅材料、练习册、文具、教具、校服、校车等发布或者变相发布广告，但公益广告除外。

（2）在针对未成年人的大众传播媒介上不得发布医疗、药品、保健食品、医疗器械、化妆品、酒类、美容广告，以及不利于未成年人身心健康的网络游戏广告。

（3）针对不满 14 周岁的未成年人的商品或者服务的广告不得含有下列内容：劝诱其要求家长购买广告商品或者服务；可能引发其模仿不安全行为。

> **随堂练习 8-10**
>
> 下列（　　）区域可以开展商业广告活动。
>
> A. 某中学操场　　B. 某小学校园　　C. 大学食堂　　D. 某幼儿园内

8. 户外广告规范

我国《广告法》规定，有下列情形之一的，不得设置户外广告：

（1）利用交通安全设施、交通标志的。

（2）影响市政公共设施、交通安全设施、交通标志、消防设施、消防安全标志使用的。

（3）妨碍生产或者人民生活，损害市容市貌的。

（4）在国家机关、文物保护单位、风景名胜区等的建筑控制地带，或者县级以上地方人民政府禁止设置户外广告的区域设置的。

9. 新媒体广告规范

我国《广告法》规定，任何单位或者个人未经当事人同意或者请求，不得向其住宅、交通工具等发送广告，也不得以电子信息方式向其发送广告。利用互联网从事广告活动，适用本法的各项规定。公共场所的管理者或者电信业务经营者、互联网信息服务提供者对其明知或者应知的利用其场所或者信息传输、发布平台发送、发布违法广告的，应当予以制止。

（六）违反广告法的法律责任

1. 违反广告内容准则规定的法律责任

在发布广告中违反法律对广告内容准则的规定，需要承担的法律责任主要是行政责任，即由市场监督管理部门对广告主、广告经营者、广告发布者进行处罚。

（1）违反广告内容基本要求的法律责任。根据《广告法》规定，对违反广告内容基本要求的行为，由市场监督管理部门责令停止发布广告，对广告主处10万元以下的罚款；广告经营者、广告发布者明知或者应知有前款规定违法行为仍设计、制作、代理、发布的，由市场监督管理部门处10万元以下的罚款。广告不具有可识别性的，由市场监督管理部门责令改正，对广告发布者处10万元以下的罚款。

（2）发布法律禁止性广告的法律责任。根据《广告法》规定，发布广告中出现《广告法》禁止性规定的内容，由市场监督管理部门责令停止发布广告，对广告主处20万元以上100万元以下的罚款，情节严重的，并可以吊销营业执照，由广告审查机关撤销广告审查批准文件、一年内不受理其广告审查申请；对广告经营者、广告发布者，由市场监督管理部门没收广告费用，处20万元以上100万元以下的罚款，情节严重的，并可以吊销营业执照、吊销广告发布登记证件。

2. 发布虚假广告的法律责任

（1）民事责任。根据《广告法》规定，发布虚假广告，欺骗、误导消费者，使购买商品或者接受服务的消费者合法权益受到损害的，由广告主依法承担民事责任。关系消费者生命健康的商品或者服务的虚假广告，造成消费者损害的，其广告经营者、发布者、广告代言人应当与广告主承担连带责任。

（2）行政责任。根据《广告法》规定，发布虚假广告的，由市场监督管理部门责令停止发布广告，责令广告主在相应范围内消除影响，处广告费用3倍以上5倍以下的罚款，广告费用无法计算或者明显偏低的，处20万元以上100万元以下的罚款；两年内有3次以上违法行为或者有其他严重情节的，处广告费用5倍以上10倍以下的罚款，广告费用无法计算或者明显偏低的，处100万元以上200万元以下的罚款，可以吊销营业执照，并由广告审查机关撤销广告审查批准文件、一年内不受理其广告审查申请。

（3）刑事责任。根据《广告法》规定，广告主、广告经营者、广告发布者有虚假广告行为，构成犯罪的，依法追究刑事责任。

3. 违反广告行为规范的法律责任

（1）行政责任。根据《广告法》规定，广播电台、电视台、报刊出版单位未办理广告发布登记，擅自从事广告发布业务的，由市场监督管理部门责令改正，没收违法所得，违法所得1万元以上的，并处违法所得1倍以上3倍以下的罚款；违法所得不足1万元的，并处5 000元以上3万元以下的罚款。

（2）民事责任。根据《广告法》规定，广告主、广告经营者、广告发布者有下列侵权行为之一的，依法承担民事责任：①在广告中损害未成年人或者残疾人的身心健康的；②假冒他人专利的；③贬低其他生产经营者的商品、服务的；④在广告中未经同意使用他人名义或者形象的；⑤其他侵犯他人合法民事权益的。承担民事责任的方式主要有停止侵害、赔偿损失、消除影响、恢复名誉、赔礼道歉等。

4. 广告代言人违反广告行为规范的法律责任

根据《广告法》规定，广告代言人在医疗、药品、医疗器械、保健食品广告中作推荐、证明的，为其未使用过的商品或者未接受过的服务作推荐、证明的，明知或者应知广告虚假仍在广告中对商品、服务作推荐、证明的，由市场监督管理部门没收违法所得，并处违法所得1倍以上2倍以下的罚款。

思维导图实训8-4

广告法简介

请同学们结合"广告法简介"相关知识点，参考以下作品进行分组训练。

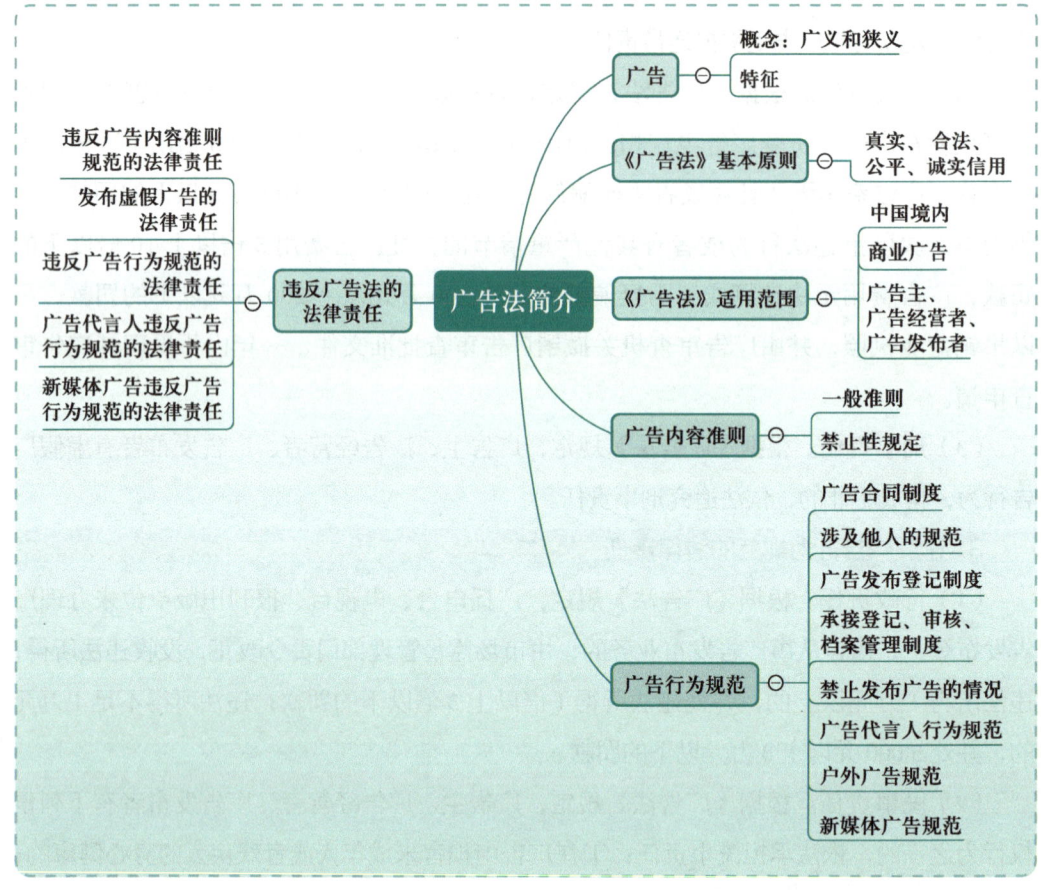

综合案例分析 8-2

珠海市体育中心展销会部分参展商到市信访局上访,主要反映上海广珏展览有限公司以"珠海品牌服装食品博览会暨美食节""中国珠海首届绿色商品博览会"等名义邀请商家参加展览会,但实际名为"中国海洋渔业及名优商品博览会",以 23 天展览期间的名义收取了参展商每个展位 13 000 元费用,但实际展览时间为 19 天、17 天、11 天不等,没有依约定进行广告宣传等问题。

经了解,本次展览会是由广东省渔业协会和珠海市渔业协会主办,广东花城国际展览公司承办,上海广珏展览有限公司负责组织和招商。公安部门初步查证,在招商过程中,上海广珏展览有限公司以"珠海第九届大型品牌服装(食品)博览会"名义印制邀请函等宣传单对外招商。上海广珏展览有限公司实际控制人黄某等人使用未获政府审批的"珠海大型品牌服装(食品)博览会"的宣传单为"中国海洋渔业及名优商品博览会"招商,进行虚假宣传,涉嫌虚假广告。

问:上海广珏展览有限公司的行为是否构成虚假广告?为什么?

模块三　电子商务法律法规简介

一、电子商务法简介

（一）我国电子商务立法概述

《中华人民共和国电子商务法》（简称《电子商务法》）是政府调整企业和个人以数据电文为交易手段，通过信息网络产生的、因交易形式引起的各种商事交易关系，以及与这种商事交易关系密切相关的社会关系、政府管理关系的法律规范的总称。2013年12月27日，全国人大常委会正式启动了《中华人民共和国电子商务法》的立法进程。2018年8月31日，十三届全国人大常委会第五次会议表决通过《电子商务法》，自2019年1月1日起施行。

微课：《中华人民共和国电子商务法》出台

《电子商务法》分为总则、电子商务经营者、电子商务合同的订立与履行、电子商务争议解决、电子商务促进、法律责任、附则7章共89条。本法所称电子商务，是指通过互联网等信息网络销售商品或者提供服务的经营活动。法律、行政法规对销售商品或者提供服务有规定的，适用其规定。金融类产品和服务，利用信息网络提供新闻信息、音视频节目、出版以及文化产品等内容方面的服务，不适用本法。

随堂练习8-11

从最开始的微商到现在网络直播，随着网络不断发展，电商又催生出不少新形态，下面各项属于《电子商务法》的管理范围的是（　　）。

A. 直播销售　　　　B. 代购　　　　　　C. 朋友圈微商
D. 自己建网站卖货　E. 互联网上买卖股票和理财产品

知识拓展8-5

我国电子商务的管理体系

根据《电子商务法》第6条、第7条、第8条，国务院有关部门按照职责分工负责电子商务发展促进、监督管理等工作。县级以上地方各级人民政府可以根据本行政区域的实际情况，确定本行政区域内电子商务的部门职责划分。国家建立符合电子商务特点的协同管理体系，推动形成有关部门、电子商务行业组织、电子商务经营者、消费者等共同参与的电子商务市场治理体系。电子商务行业组织按照本组织章程开展行业自律，建立健全行业规范，推动行业诚信建设，监督、引导本行业经营者公平参与市场竞争。

(二）电子商务经营者概述

电子商务经营者，是指通过互联网等信息网络从事销售商品或者提供服务的经营活动的自然人、法人和非法人组织，包括电子商务平台经营者、平台内经营者以及通过自建网站、其他网络服务销售商品或者提供服务的电子商务经营者。①电子商务平台经营者是指在电子商务中为交易双方或者多方提供网络经营场所、交易撮合、信息发布等服务，供交易双方或者多方独立开展交易活动的法人或者非法人组织。例如，淘宝、京东、拼多多等电子商务平台运营者。②平台内经营者是指通过电子商务平台销售商品或者提供服务的电子商务经营者。例如，在淘宝、京东、拼多多等平台上的第三方商家。③自建、其他网络服务销售商品或者提供服务的电子商务经营者。例如，通过微信、微博等工具销售产品的微商，以及通过抖音或直播提供服务或销售商品的主体。

（三）电子商务经营者的一般法律义务

电子商务经营者的一般法律义务是指电子商务平台经营者、平台内经营者以及通过自建网站、其他网络服务销售商品或者提供服务的电子商务经营者都应当遵循的法律义务。根据《电子商务法》的规定，电子商务经营者的一般法律义务主要有以下几类义务：

1. 电子商务经营者的主体登记与资格审核义务

我国《电子商务法》规定：电子商务经营者应当依法办理市场主体登记。只要是在中国境内开展电子商务活动的，都应当遵守《电子商务法》的规定，包括自建网站或 App 的自营电商，也同样包括公众号、小程序、朋友圈、群、私信、头条、直播、短视频等各种社交与信息媒体销售商品或提供服务的经营者。《电子商务法》规定不需要登记的例外情形包括以下几类：①个人销售自产农副产品；②个人销售家庭手工业产品；③个人利用自己的技能从事依法无须取得许可的便民劳务活动；④个人进行的零星小额交易活动；⑤依照法律、行政法规不需要进行登记的情况。

国家市场监管总局于 2018 年 12 月发布的《关于做好电子商务经营者登记工作的意见》明确指出：电子商务经营者申请登记为个体工商户的，允许其将网络经营场所为经营场所登记。对于在一个以上电子商务平台从事经营活动的，需要将其从事经营活动的多个网络经营场所向登记机关进行登记。允许将经常居住地登记为住所，个人住所所在地的县、自治县、不设区的市、市辖区市场监督管理部门为其登记机关。在具体办理过程中，申请登记为个体工商户的网店经营者一般只需向登记机关提交所在平台出具的网络经营场所证明即可办理相应营业执照。符合要求的网络经营场所证明包含经营者姓名、身份证号、网络经营场所网址三项基本信息，同时加盖平台公章。《电子商务法》的实施降低了此前处于盲区的海外代购等电子商务行为的风险。监管部门将实现对"线上买卖"

监管全覆盖，合法合规的电子商务经营者的正当权益将更有保障，办理了营业执照并依法公示相关信息的网站将获得更多消费者的信任。

2. 依法纳税与办理纳税登记义务

根据《电子商务法》规定，电子商务经营者应当依法履行纳税义务，并依法享受税收优惠。前述提到过的不需要办理市场主体登记的电子商务经营者在首次纳税义务发生后，应当依照税收征收管理法律、行政法规的规定申请办理税务登记，并如实申报纳税。

3. 合法合规经营的义务

根据《电子商务法》规定，电子商务经营者合法合规经营主要体现在以下几个方面：

（1）依法办理行政许可的义务。电子商务经营者从事经营活动，依法需要取得相关行政许可的，应当依法取得行政许可。这意味着所有通过电商销售商品和提供服务的主体都应当依法办理营业执照并依法纳税，相关经营的行业还需要取得一定的行政许可。例如，通过电子商务销售食品的个人，应当在开展业务前依法办理个体工商户登记、营业执照以及食品经营许可证。

知识拓展 8-6

关于网络销售食品的规定

《食品安全法》第 62 条第 1 款规定，网络食品交易第三方平台提供者应当对入网食品经营者进行实名登记，明确其食品安全管理责任；依法应当取得许可证的，还应当审查其许可证。

（2）依法亮照义务。电子商务经营者应当在其首页显著位置，持续公示营业执照信息、与其经营业务有关的行政许可信息，或者上述信息的链接标识。但是属于依照《电子商务法》第 10 条规定的不需要办理市场主体登记情形等信息的除外。

（3）依法开具发票义务。电子商务经营者销售商品或者提供服务应当依法出具纸质发票或者电子发票等购货凭证或者服务单据。电子发票与纸质发票具有同等法律效力。

（4）业务终止提前告知义务。电子商务经营者自行终止从事电子商务的，应当提前 30 日在首页显著位置持续公示有关信息。

（5）依法披露信息义务。电子商务经营者应当全面、真实、准确、及时地披露商品或者服务信息，保障消费者的知情权和选择权。电子商务经营者不得以虚构交易、编造用户评价等方式进行虚假或者引人误解的商业宣传，欺骗、误导消费者。

（6）不可滥用市场支配地位。电子商务经营者因其技术优势、用户数量、对相关行业的控制能力以及其他经营者对该电子商务经营者在交易上的依赖程度等因素而具有市场支配地位的，不得滥用市场支配地位，排除、限制竞争。

（7）合法经营跨境电商义务。电子商务经营者从事跨境电子商务，应当遵守进出口监督管理的法律、行政法规和国家有关规定。

4. 个人信息保护义务

根据《电子商务法》规定，电子商务经营者对个人信息的保护义务主要体现在以下几个方面：

（1）搜索与广告规制义务。电子商务经营者根据消费者的兴趣爱好、消费习惯等特征向其提供商品或者服务的搜索结果的，应当同时向该消费者提供不针对其个人特征的选项，尊重和平等保护消费者合法权益。电子商务经营者向消费者发送广告的，应当遵守《中华人民共和国广告法》的有关规定。

（2）合法收集、使用个人信息。电子商务经营者收集、使用其用户的个人信息，应当遵守法律、行政法规有关个人信息保护的规定。

（3）保护查询权、更正权、删除权。电子商务经营者应当明示用户信息查询、更正、删除以及用户注销的方式、程序，不得对用户信息查询、更正、删除以及用户注销设置不合理条件。电子商务经营者收到用户信息查询或者更正、删除的申请的，应当在核实身份后及时提供查询或者更正、删除用户信息。用户注销的，电子商务经营者应当立即删除该用户的信息；依照法律、行政法规的规定或者双方约定保存的，依照其规定。

（4）数据信息提供与安全保护。有关主管部门依照法律、行政法规的规定要求电子商务经营者提供有关电子商务数据信息的，电子商务经营者应当提供。有关主管部门应当采取必要措施保护电子商务经营者提供的数据信息的安全，并对其中的个人信息、隐私和商业秘密严格保密，不得泄露、出售或者非法向他人提供。

5. 消费者权益保护义务

根据《电子商务法》规定，电子商务经营者对消费者权益的保护义务主要体现在以下几个方面：

（1）提供合法的商品、服务合法。电子商务经营者销售的商品或者提供的服务应当符合保障人身、财产安全的要求和环境保护要求，不得销售或者提供法律、行政法规禁止交易的商品或者服务。

（2）不得随意搭售。电子商务经营者搭售商品或者服务，应当以显著方式提醒消费者注意，不得将搭售商品或者服务作为默认同意的选项。

（3）交付风险。电子商务经营者应当按照承诺或者与消费者约定的方式、时限向消费者交付商品或者服务，并承担商品运输中的风险和责任。但是，消费者另行选择快递物流服务提供者的除外。

（4）收取押金明示并合理退还。电子商务经营者按照约定向消费者收取押金的，应当明示押金退还的方式、程序，不得对押金退还设置不合理条件。消费者申请退还押金，符合押金退还条件的，电子商务经营者应当及时退还。

随堂练习 8-12

下列关于电商经营者的说法正确的有（　　）。
A. 一家做鞋帽的公司在淘宝平台销售，需要办理相关的营业执照
B. 甲同学在朋友圈做化妆品的微商，不需要办理营业执照
C. 一家食品公司在天猫上做零食销售，只需要办理相关的营业执照就可以了
D. 来自农村的某同学，家里生产瓜果蔬菜，他利用平时的闲暇时间在朋友圈销售，也需要办理相关的营业执照

（四）电子商务平台经营者的特定法律义务

电子商务平台经营者是电子商务法规范的主要对象，它最大的特点是为平台内经营者和消费者开展电子商务活动提供了一个巨大的虚拟网络市场，这个市场不仅具有一般商场所具有的商品和服务，有的平台还集合了众多的第三方中间服务商，例如，电子支付、快递物流等。电子商务平台经营者集中反映了电子商务各方主体的经营规则和法律诉求，因此，可以说，《电子商务法》对电子商务行为的规范、管制以及法律责任的认定和处罚在很大程度上就是对电子商务平台经营者的规范与管制。根据《电子商务法》规定，电子商务平台经营者的特定法律义务如下：

1. 主体身份登记、核验及公示义务

电子商务平台经营者对主体身份登记、核验义务不仅是形式审查义务，更是实质审查义务。主体身份登记及核验不限于收取、登记信息，而是要对收取的信息进行核验，即"核实有无+验明真伪"。电子商务平台的主体身份登记及核验义务不仅包括收集、登记相关信息，更为重要的是要验证信息的真实性。在实际生活中，电子商务平台履行主体身份登记、核验及公示义务存在较大的难度，需要做大量工作。

2. 竞价排名和广告标注义务

竞价排名是一项广告投放业务，一般应由电子商务平台和商家通过服务协议和交易规则等双方的合约进行详细约定，属于意思自治范围，只要不违反法律的强制性规定即可。电子商务法对竞价排名机制的规制是建立在保护消费者合法权益的基础上规范和平衡三方利益的需要，是一个初步的原则性规范。

电子商务平台竞价排名和广告标注法律义务包括以下几个方面：①电子商务平台可以开展竞价排名业务，但至少应该向消费者提供价格、销量、信用三种搜索排序方式。电子商务平台可以提供更多的排序方式，但不能不提供或者少提供。②对于采取竞价排名的商品和服务，需要明确标记为"广告"。

3. 电子商务平台的其他法律义务

电子商务平台法律义务规定是《电子商务法》的核心内容之一，涉及参与主体、税务、网络安全、服务协议和交易规则、广告和推广、信用评价、平台责任和知识产权保护机制等。电子商务平台经营者还需要履行其他法律义务，例如，履行报送身份信息和纳税信息、审查处置和报告、网络安全和交易安全保障、交易信息保存、违规处置公示、禁止集中竞价等义务。

（五）电子商务平台经营者的法律责任

1. 禁止滥用平台优势地位的责任

电子商务平台滥用优势地位，损害平台内经营者合法权益的，罚款最高可达200万元。根据《电子商务法》规定，电子商务平台经营者不得利用服务协议、交易规则以及技术等手段，对平台内经营者在平台内的交易、交易价格以及与其他经营者的交易等进行不合理限制或者附加不合理条件，或者向平台内经营者收取不合理费用。

2. 自营业务的规定及法律责任

根据《电子商务法》规定，电子商务平台经营者在其平台上开展自营业务的，应当以显著方式区分标记自营业务和平台内经营者开展的业务，不得误导消费者。电子商务平台经营者对其标记为自营的业务依法承担商品销售者或者服务提供者的民事责任。

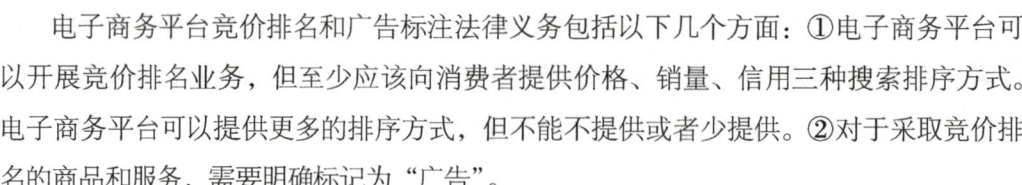

课堂思考 8-5

所谓"二选一"指部分电商平台为了追逐商业利益、打击竞争对手，要求合作商家只能入驻一家网络销售平台，不能同时入驻竞争对手平台。2019年京东起诉天猫滥用市场支配地位，索赔10亿元，唯品会及拼多多以第三人身份加入诉讼被业界称为电商领域的一次"火星撞地球"。

请问：电商平台"二选一"是一种什么性质的行为呢？

现实生活中，很多电商平台采取了混合经营的模式，即一部分商品和服务来源于平台内商家，同时也有一部分商品和服务来源于平台自身。例如，京东除了第三方商家之外，还有很大一部分商品和服务是自己经营的，这就是典型的混合经营模式。在这种情况下，电商平台的法律身份会发生变化，其会从平台角色转变为平台和商家双重角色。当然，其法律义务和法律责任也会相应地发生变化。根据法律规定，对于自营业务，平台有义务对此予以标识，以让消费者能很清楚地辨别自营业务与他营义务；同时，因为平台经营自营业务时具有了商品或服务主体提供者的角色，因此，其应对该业务承担商品或服务提供主体的民事责任。

3. 电子商务平台的连带责任

根据《电子商务法》规定，电子商务平台经营者知道或者应当知道平台内经营者销售的商品或者提供的服务不符合保障人身、财产安全的要求，或者有其他侵害消费者合法权益行为，未采取必要措施的，依法与该平台内经营者承担连带责任。

随堂练习 8-13

2018 年 5 月 23 日，温女士打了一辆顺风车，顺风车车主华先生接了这一单。这一单，华先生能收入 60 余元。某保险公司在顺风车订单生成后，就为乘客温女士赠送了一份机动车驾驶人员意外险。温女士上车后，坐在了副驾驶座上。在行驶中，因华先生操作不当，把车开到了对向车道，后与对向车相撞，造成温女士受伤。经交警认定，华先生负事故全部责任。而温女士的伤情，已构成九级伤残。温女士以机动车交通事故纠纷为由，将华先生、顺风车平台方、保险公司诉至法院，要求三被告承担赔偿责任，要求赔偿医疗费、住院伙食补助、营养费、误工费、伤残赔偿金、精神抚慰金、交通费、鉴定费等，合计 32 万元。请回答以下问题：

（1）在这个案件中，顺风车平台需要承担侵权赔偿责任吗？

（2）在案件中，网约车平台提供的是什么服务？

4. 建立信用评价制度的责任

电子商务平台经营者应当建立健全信用评价制度，公示信用评价规则，为消费者提供对平台内销售的商品或者提供的服务进行评价的途径。不得删除消费者对其平台内销售的商品或者提供的服务的评价，电商平台没有为消费者提供评价途径或者擅自删除评价的最高可面临 50 万元的行政罚款。

课程思政 8-4

网购商品在运输中受损的责任承担

《电子商务法》第 20 条：电子商务经营者应当按照承诺或者与消费者约定的方式、时限向消费者交付商品或者服务，并承担商品运输中的风险和责任。但是，消费者另行选择快递物流服务提供者的除外。

思政启示： 侧重培养学生自主合法创业意识，勇于承担责任与诚实守信的精神。

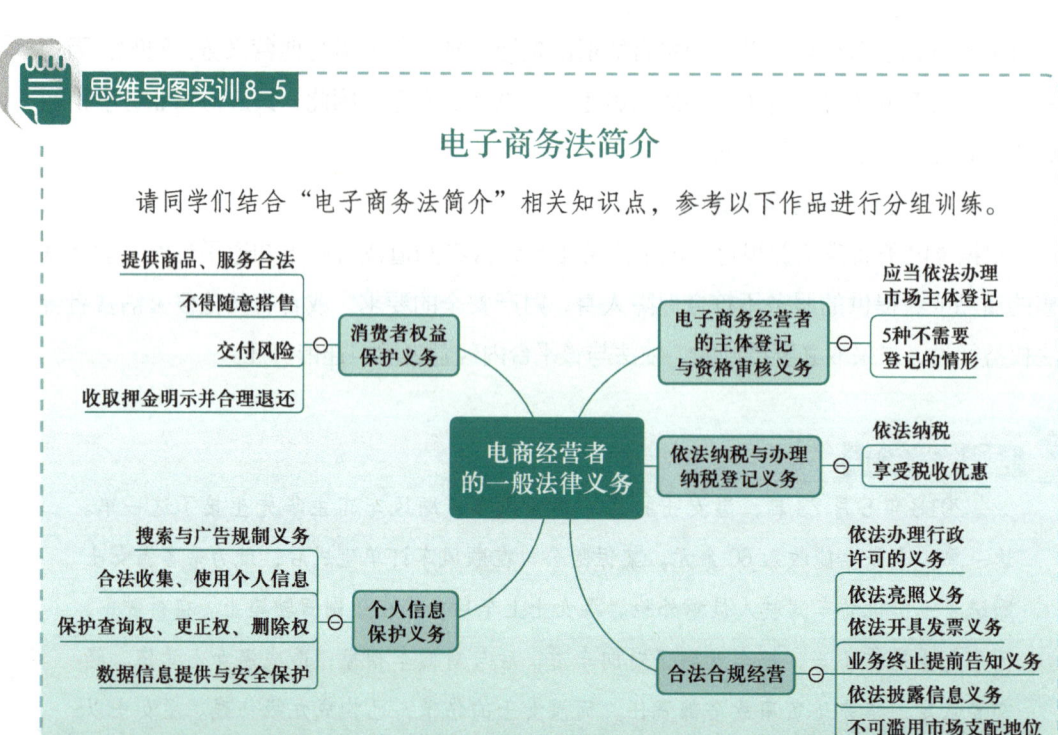

二、跨境电子商务法律实务简介

(一) 跨境电子商务的定义与特点

1. 跨境电子商务的定义

跨境电子商务（Cross-border Electronic Commerce），简称跨境电商，是电子商务应用过程中一种较为高级的形式，是指不同国家和地区的交易双方通过互联网以邮件或者快递等形式通关，将传统贸易中的展示、洽谈和成交环节数字化，实现产品进出口的新型贸易方式，是分属不同关境的交易主体，通过电子商务平台达成交易，进行支付结算，并通过跨境物流送达商品、完成交易的一种国际商业活动。当前主流的跨境电子商务模式有B2B（Business to Business）、B2C（Business to Customer）和C2C（Customer to Customer）三种。

跨境电子商务，是基于互联网和电子信息技术的一种新型国际商务活动。我国跨境电子商务起步于20世纪90年代中后期，当时是以阿里巴巴、生意宝等B2B网站为代表。2000年后，兰亭集势、敦煌、洋码头等网站建立，影响力极强。2015年左右，网易考拉、唯品会、蜜芽、小红书等移动电子商务平台上线，天猫、亚马逊、京东都纷纷进入跨境电子商务的市场。

2. 跨境电子商务的优势与特点

跨境电子商务是运用互联网开展和拓展国际贸易业务，相比传统的国际贸易方式具有环节少、成本低等优势。跨境电子商务的自由化、数字化、即时性、便捷性和协作性等特点，可以更好地促进国际经贸协作和世界经济发展。

我国《电子商务法》规定，国家促进跨境电子商务发展，建立健全适用跨境电子商务特点的海关、税收、进出境检验检疫、支付结算等管理制度，提高跨境电子商务各个环节便利化水平，支持跨境电子商务平台经营者等为跨境电子商务提供仓储物流、报关、报检等服务。国家支持小型微型企业从事跨境电子商务。

微课：
跨境电商相对传统外贸的优势

（二）跨境电子商务的主体

跨境电子商务的经营主体，从货物进出境的层面而言包括跨境电子商务出口企业和跨境电子商务进口企业。具体包括：①自建跨境电子商务销售平台的电子商务出口企业；②利用跨境电子商务第三方平台开展电子商务出口的企业；③为电子商务企业提供交易服务的跨境电子商务第三方平台。按照规定，经营主体要按照现行规定办理注册、备案登记手续。在政策未实施地区注册的电子商务企业可在政策实施地区被确认为经营主体。

海关总署 2016 年第 26 号公告《关于跨境电子商务零售进出口商品有关监管事宜的公告》第 20 条对"参与跨境电子商务业务的企业""电子商务企业""电子商务交易平台企业""电子商务通关服务平台"四个概念进行了定义，通过行为描述和作用阐释等方法，界定了各个主体的范畴。四个主体除电子商务企业之外，其他均以服务为主。从范围来看，四个主体之间有交叉，这主要是由电子商务的性质所决定的。例如，电子商务企业，当它自身以平台身份开展业务时，本身就是平台企业；如果既提供平台服务，又提供支付、配送服务，就兼具平台、物流、支付三重身份。

随堂练习 8-14

小美是中国赴美国留学生，每个学期往返一次美国与中国，于是她每个学期回国的时候总利用朋友圈从事代购的活动。请问：小美是从事跨境电商的主体吗？

（三）跨境电子商务通关的法律法规

我国对跨境电子商务实行通关无纸化作业方式进行申报和管理，根据海关总署《关于跨境电子商务零售进出口商品有关监管事宜的公告》的规定，跨境电子商务的通关管理主要法律法规如下：

1. 信息传输

跨境电子商务零售进口商品申报前，电子商务企业或电子商务交易平台企业、支付企业、物流企业应当分别通过跨境电子商务通关服务平台如实向海关传输交易、支付、物流等电子信息。进出境快件运营人、邮政企业可以受电子商务企业、支付企业委托，在书面承诺对传输数据真实性承担相应法律责任的前提下，向海关传输交易、支付等电子信息。跨境电子商务零售出口商品申报前，电子商务企业或其代理人、物流企业应当分别通过服务平台如实向海关传输交易、收款、物流等电子信息。

2. 进出口报关申报

电子商务企业或其代理人应当提交"海关跨境电子商务零售进出口商品申报清单"（简称"申报清单"），出口采取"清单核放、汇总申报"方式办理报关手续，进口采取"清单核放"方式办理报关手续。"申报清单"与"海关进（出）口货物报关单"具有同等法律效力。

3. 进口商品消费者核实

电子商务企业应当对购买跨境电子商务零售进口商品的个人身份信息进行核实，并向海关提供由国家主管部门认证的身份有效信息。无法提供或者无法核实订购人身份信息的，订购人与支付人应当为同一人。

4. 跨境电子商务出口统计

跨境电子商务零售商品出口后，电子商务企业或其代理人应当于每月10日前将上月结关的申报清单依据清单表头同一收发货人、同一运输方式、同一运抵国、同一出境口岸，以及同一海关商品编码、同一申报计量单位、同一币制规则进行归并，汇总形成"海关出口货物报关单"向海关申报。除特殊情况外，"申报清单"和"海关进（出）口货物报关单"应当采取通关无纸化作业方式进行申报。"申报清单"的修改或者撤销，应当参照海关"海关进（出）口货物报关单"修改或者撤销有关规定办理。

（四）跨境电子商务税收的法律法规

根据财政部、海关总署、国家税务总局《关于跨境电子商务零售进口税收政策的通知》，海关总署《关于跨境电子商务零售进出口商品有关监管事宜的公告》，财政部、税务总局商务部、海关总署《关于跨境电子商务综合试验区零售出口货物税收政策的通知》以及相关法规的规定，跨境电子商务税收的相关征收管理涉及的主要法律法规如下：

1. 跨境电子商务零售进口税收法规

（1）跨境电子商务零售进口商品税种和完税价格。跨境电子商务零售进口商品按照货物征收关税和进口环节增值税、消费税，完税价格为实际交易价格，包括商品零售价格、运费和保险费。

（2）跨境电子商务零售进口税收征税范围。跨境电子商务零售进口税收政策适用于从其他国家或地区进口的、"申报清单"范围内的以下商品：①所有通过与海关联网的电子商务交易平台交易，能够实现交易、支付、物流电子信息"三单"比对的跨境电子商务零售进口商品；②未通过与海关联网的电子商务交易平台交易，但快递、邮政企业能够统一提供交易、支付、物流等电子信息，并承诺承担相应法律责任进境的跨境电子商务零售进口商品。不属于跨境电子商务零售进口的个人物品以及无法提供交易、支付、物流等电子信息的跨境电子商务零售进口商品，按现行规定执行。

（3）跨境电子商务零售进口商品的纳税人和代收代缴人。订购人为纳税义务人，在海关注册登记的电子商务企业、电子商务交易平台企业或物流企业作为税款的代收代缴义务人，代为履行纳税义务。代收代缴义务人应当如实、准确地向海关申报跨境电子商务零售进口商品的商品名称、规格型号、税则号列、实际交易价格及相关费用等税收征管要素。跨境电子商务零售进口商品的申报币制为人民币。

（4）跨境电子商务零售进口商品税收申报、担保。为审核确定跨境电子商务零售进口商品的归类、完税价格等，海关可以要求代收代缴义务人按照有关规定进行补充申报。海关对满足监管规定的跨境电子商务零售进口商品按时段汇总计征税款，代收代缴义务人应当依法向海关提交足额有效的税款担保。海关放行后 30 日内未发生退货或修撤单的，代收代缴义务人在放行后第 31 日至第 45 日内向海关办理纳税手续。

（5）跨境电子商务零售进口商品的减免税。跨境电子商务零售进口商品的单次交易限值为人民币 2 000 元，个人年度交易限值为人民币 2 万元。在限值以内进口的跨境电子商务零售进口商品，关税税率暂设为 0%；进口环节增值税、消费税取消免征税额，暂按法定应缴税额的 70% 征收。超过单次限值、累加后超过个人年度限值的单次交易，以及完税价格超过 2 000 元限值单个不可分割商品，均按照一般贸易方式全额征税。

2. 跨境电子商务零售出口税收法规

（1）退（免）税的纳税人界定。适用财政部和国家税务总局规定退（免）税、免税政策的电子商务出口企业，是指自建跨境电子商务销售平台的电子商务出口企业和利用第三方跨境电子商务平台开展电子商务出口的企业。为电子商务出口企业提供交易服务的跨境电子商务第三方平台，不适用退（免）税、免税政策规定，可按现行有关规定执行。

（2）退（免）税的范围。电子商务出口企业出口货物（财政部、国家税务总局明确不予出口退（免）税或免税的货物除外，下同）同时符合下列条件的，适用增值税、消费税退（免）税政策：①电子商务出口企业属于增值税一般纳税人并已向主管税务机关办理出口退（免）税资格认定；②出口货物取得海关出口货物报关单（出口退税专用），且与海关出口货物报关单电子信息一致；③出口货物在退（免）税申报期截止之日内收汇；④电子商务出口企业属于外贸企业的，购进出口货物取得相应的增值税专用发票、消费税专用缴款书（分割单）或海关进口增值税、消费税专用缴款书，且上述凭证有关内容与出口货物报关单（出口退税专用）有关内容相匹配。

（3）免税的范围。电子商务出口企业出口货物，不符合上述规定条件，但符合下列条件的，适用增值税、消费税免税政策：①电子商务出口企业已办理税务登记；②出口货物取得海关签发的出口货物报关单；③购进出口货物取得合法有效的进货凭证。

（4）申报办理。电子商务出口货物适用退（免）税、免税政策的，由电子商务出口企业按现行规定办理退（免）税、免税申报。

思维导图实训8-6

跨境电商法律实务简介

请同学们结合"跨境电商法律实务简介"相关知识点，参考以下作品进行分组训练。

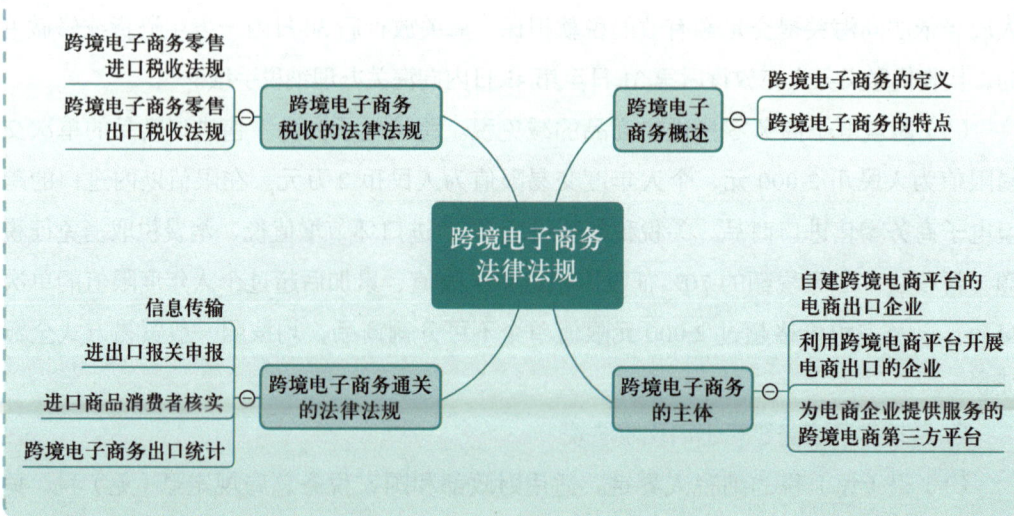

模块四 金融法律法规简介

综合案例分析8-3

2018年，熊某通过某跨境电子商务平台购买了荷兰某品牌奶粉9罐，发现所有产品包装均无中文标签、说明，就此认为跨境电子商务公司违反了《中华人民共和国食品安全法》第97条"预包装食品没有中文标签、中文说明书或者标签、说明书不符合本条规定的，不得进口"的规定。熊某要求跨境电子商务公司退回购买奶粉的货款1 887元，并要求跨境电子商务公司进行10倍赔偿，即人民币18 870元。协调未果，遂向法院提起了诉讼。

该跨境电子商务平台认为，其与熊某的交易方式系跨境电子商务，具有特殊性，是以消费者的名义报关、通关，海关对此种货物也是按照个人行邮物品进行监管和收取关税，不需要提供中文标签。且货物一直处于海关严格监管之下，交易过程合法有效，通关产品也没有质量问题，其不应当承担退还货物和10倍赔偿的责任。请回答以下问题：

（1）跨境电子商务是一种新型的国际贸易方式，与传统的进出口贸易有何重大区别？

（2）跨境电子商务公司是以熊某的名义与费用来处理事务，熊某与跨境电子商务公司之间成立的是委托合同关系还是买卖合同关系？

（3）保税区入驻企业本质上属于境外企业还是境内企业？

模块四　金融法律法规简介

一、证券法简介

（一）证券法概述

1. 证券法的概念

《中华人民共和国证券法》(简称《证券法》)是为规范证券发行和交易行为，保护投资者合法权益，维护社会经济秩序和社会公共利益，促进社会主义市场经济的发展而制定的法律。现行版本于2019年12月28日第十三届全国人民代表大会常务委员会第十五次会议第二次修订，于2020年3月1日起施行。分为总则、证券发行、证券交易、上市公司的收购、信息披露、投资者保护、证券交易场所、证券公司、证券登记结算机构、

微课：
新《证券法》处罚力度加大

证券服务机构、证券业协会、证券监督管理机构、法律责任、附则共14章226条。

2. 证券法的适用范围

在中华人民共和国境内，股票、公司债券、存托凭证和国务院依法认定的其他证券的发行和交易；政府债券、证券投资基金份额的上市交易；资产支持证券、资产管理产品发行、交易的管理办法，由国务院依照证券法的原则规定。在我国境外的证券发行和交易活动，扰乱我国境内市场秩序，损害境内投资者合法权益的，依照证券法有关规定处理并追究法律责任。

随堂练习8-15

证券法的适用范围有（　　）。
A. 我国境内股票的发行和交易　　　B. 我国境内公司债券的发行和交易
C. 政府债券的上市交易　　　D. 政府投资基金份额的上市交易

3. 证券法的基本原则

（1）公开、公平、公正原则。发行人需向公众披露相关信息资料；证券活动当事人的法律地位完全平等；证券管理部门应平等地保护当事人的利益。

（2）自愿、有偿、诚实信用原则。当事人有权按照自己的意愿参与证券活动；证券活动各方主体进行等价交换；当事人需信守承诺。

（3）分业经营、分业管理原则。证券业和银行业、信托业、保险业实行分业经营、分业管理，证券公司与银行、信托、保险业务机构分别设立。国家另有规定的除外。

4. 证券的概念

证券是以证明或设定权利为目的所做成的书面凭证。广义的证券包括资本证券、商品证券和货币证券等。狭义的证券仅指资本证券，即代表对一定资本所有权和一定利益分配请求权的书面凭证，包括股票、债券、证券投资基金份额及其衍生品等。我国《证券法》调整的是狭义证券即资本证券。

5. 证券的种类

（1）股票。股票是股份有限公司公开发行的、用以证明投资者的股东身份和权益的凭证。股票是股份的表现形式，股东以其所持股份享有权利和义务。股票按照不同的标准，可分为不同的种类。按照股票所代表的股东权利不同，分为普通股票和特别股票（如优先股票）；按照股票票面是否记载股东姓名，分为记名股票和无记名股票；按照购买股票的币种不同，分为A股和B股等。

（2）债券。债券是表示债权债务关系的一种书面凭证，是公司、政府等机构依照法定程序发行的、约定在一定期限还本付息的有价证券。按照发行主体，分为政府债券、公司债券、企业债券、金融债券；按照受益方式，分为可转换公司债券、附新股认购权公司债券等；按照偿还期限，分为短期债券、中期债券、长期债券等。

（3）证券投资基金份额。证券投资基金是通过公开发行基金证券，将投资者的资金集中由基金托管人托管，以资产组合方式进行证券投资活动，并由投资者按照出资比例分享所得利益和分担投资风险的制度。证券投资基金按不同标准可分为不同类别，按照基金份额能否赎回，可分为开放型基金和封闭型基金；按照基金的组织形式，可分为契约型基金和公司型基金。

（4）证券衍生品。证券衍生品是原生证券的衍生产品。证券衍生品种按照是否存在发行环节，可分为发行类证券衍生品（如认股权证、可转换债券等）和契约类证券衍生品（股指期货、国债期货等）；按其借助于传统金融产品不同，可分为股票衍生证券（如股票期货、股票期权、股票指数期货、股票指数期权等）、债券衍生证券（债券期货、债券期权等）、利率衍生证券、汇率衍生证券等。

（二）证券发行

1. 证券发行的概念和分类

证券发行，是指证券发行主体以筹集资金为目的，依照法定条件和程序，向社会投资者出售代表一定权利的资本证券的直接融资行为。证券发行市场又称为证券的初级市场、证券的一级市场。证券发行按不同的标准可以作不同的划分。

根据证券类型不同，可分为股票发行、债券发行、基金发行、证券衍生品发行等。根据发行对象不同，可分为公开发行（指发行人通过证券经营机构向发行人以外的不特定社会公众发行证券的行为）和非公开发行。根据证券发行价格与证券票面金额关系可分为平价发行、溢价发行和折价发行。

2. 证券发行的条件

（1）股票发行。公司首次公开发行新股，应当符合下列条件：①具备健全且运行良好的组织机构；②具有持续经营能力；③最近三年财务会计报告被出具无保留意见审计报告；④发行人及其控股股东、实际控制人最近三年不存在贪污、贿赂、侵占财产、挪用财产或者破坏社会主义市场经济秩序的刑事犯罪；⑤经国务院批准的国务院证券监督管理机构规定的其他条件。

（2）债券发行。公开发行公司债券，应当符合下列条件：①具备健全且运行良好的组织机构；②最近三年平均可分配利润足以支付公司债券一年的利息；③国务院规定的其他条件。公开发行公司债券筹集的资金，必须按照公司债券募集办法所列资金用途使用；改变资金用途，必须经债券持有人会议作出决议。公开发行公司债券筹集的资金，不得用于弥补亏损和非生产性支出。

3. 证券发行的程序

（1）报送发行申请文件。发行人报送的证券发行申请文件，应当充分披露投资者作出价值判断和投资决策所必需的信息，内容应当真实、准确、完整。为证券发行出具有关文件的证券服务机构和人员，必须严格履行法定职责，保证所出具文件的真实性、准确性和完整性。

（2）预先披露有关申请文件。发行人申请首次公开发行股票的，在提交申请文件后，应当按照国务院证券监督管理机构的规定预先披露有关申请文件。

（3）证券公开发行注册。国务院证券监督管理机构或者国务院授权的部门依照法定条件负责证券发行申请的注册。证券公开发行注册的具体办法由国务院规定。

（4）核准发行申请。国务院证券监督管理机构或者国务院授权的部门应当自受理证券发行申请文件之日起三个月内，依照法定条件和法定程序作出予以注册或者不予注册的决定，发行人根据要求补充、修改发行申请文件的时间不计算在内。不予注册的，应当说明理由。

（5）公开发行募集文件。证券发行申请经注册后，发行人应当依照法律、行政法规的规定，在证券公开发行前公告公开发行募集文件，并将该文件置备于指定场所供公众查阅。发行证券的信息依法公开前，任何知情人不得公开或者泄露该信息。发行人不得在公告公开发行募集文件前发行证券。

（6）证券承销。证券承销业务采取代销或者包销方式。证券代销是指证券公司代发行人发售证券，在承销期结束时，将未售出的证券全部退还给发行人的承销方式。证券包销是指证券公司将发行人的证券按照协议全部购入或者在承销期结束时将售后剩余证券全部自行购入的承销方式。

（7）发行情况备案。公开发行股票，代销、包销期限届满，发行人应当在规定的期限内将股票发行情况报国务院证券监督管理机构备案。

> 公司首次公开发行新股，向证券交易所报送的文件包括依法经会计师事务所审计的公司最近（　　）的财务会计报告。
> A. 1年　　　　B. 3年　　　　C. 5年　　　　D. 8年

（三）证券交易

1. 证券交易规则

（1）交易标的合法。证券交易当事人依法买卖的证券，必须是依法发行并交付的证券。非依法发行的证券，不得买卖。

（2）交易主体合法。上市公司持有5%以上股份的股东、实际控制人、董事、监事、高级管理人员，以及其他持有发行人首次公开发行前发行的股份或者上市公司向特定对象发行的股份的股东，转让其持有的本公司股份的，不得违反法律、行政法规和国务院证券监督管理机构关于持有期限、卖出时间、卖出数量、卖出方式、信息披露等规定，并应当遵守证券交易所的业务规则。

（3）交易场所合法。公开发行的证券，应当在依法设立的证券交易所上市交易或者在国务院批准的其他全国性证券交易场所交易。非公开发行的证券，可以在证券交易所、国务院批准的其他全国性证券交易场所、按照国务院规定设立的区域性股权市场转让。

（4）交易方式合法。证券在证券交易所上市交易，应当采用公开的集中交易方式或者国务院证券监督管理机构批准的其他方式。

（5）交易服务合法。证券交易场所、证券公司、证券登记结算机构、证券服务机构及其工作人员应当依法为投资者的信息保密，不得非法买卖、提供或者公开投资者的信息，不得泄露所知悉的商业秘密。证券交易的收费必须合理，并公开收费项目、收费标准和管理办法。

知识拓展 8-7

警惕 PT 股和 ST 股

PT 股（Particular Transfer）是指当上市公司因连续 3 年亏损等原因被暂停上市期间，交易所及相关会员在每周五（法定假日除外）为持有或欲购该公司原上市流通股的投资者提供的"特别转让服务"。

ST 股（Special Treatment）意即"特别处理"。该政策针对的对象是出现财务状况或其他状况异常的。

2. 禁止的交易行为

（1）内幕交易行为。证券交易活动中，涉及发行人的经营、财务或者对该发行人证券的市场价格有重大影响的尚未公开的信息，为内幕信息。包括公司的经营方针、经营范围、经营状况、经营外部条件、股权结构、信用评级等发生重大变化；公司的重大投资行为；可能对公司的资产、负债、权益和经营成果产生重要影响的交易活动；公司发生重大债务和未能清偿到期重大债务的违约情况；公司发生重大亏损或者重大损失；公司董事、监事、高级管理人员等发生变动；股东变动；涉及公司的重大诉讼、仲裁；公司或董事、监事、高级管理人员等涉嫌犯罪被依法立案调查。

（2）操纵市场行为。为转嫁风险或获取不正当利益，利用资金、信息等优势滥用职权，影响或者意图影响证券交易价格或者证券交易量。下列手段属于操纵市场：单独或者通过合谋，集中资金优势、持股优势或者利用信息优势联合或者连续买卖；与他人串通，以事先约定的时间、价格和方式相互进行证券交易；在自己实际控制的账户之间进行证券交易；不以成交为目的，频繁或者大量申报并撤销申报；利用虚假或者不确定的重大信息，诱导投资者进行证券交易；对证券、发行人公开作出评价、预测或者投资建议，并进行反向证券交易；利用在其他相关市场的活动操纵证券市场；操纵证券市场的其他手段。

（3）虚假陈述行为。禁止任何单位和个人编造、传播虚假信息或者误导性信息，扰乱证券市场。禁止证券交易场所、证券公司、证券登记结算机构、证券服务机构及其从业人员，证券业协会、证券监督管理机构及其工作人员，在证券交易活动中作出虚假陈述或者信息误导。各种传播媒介传播证券市场信息必须真实、客观，禁止误导。传播媒介及其从事证券市场信息报道的工作人员不得从事与其工作职责发生利益冲突的证券买卖。

（4）欺诈客户行为。禁止证券公司及其从业人员从事下列损害客户利益的行为：违背客户的委托为其买卖证券；不在规定时间内向客户提供交易的确认文件；未经客户的委托，擅自为客户买卖证券，或者假借客户的名义买卖证券；为牟取佣金收入，诱使客户进行不必要的证券买卖；其他违背客户真实意思表示，损害客户利益的行为。

课程思政8-5

证券从业人员进行内幕信息交易的法律责任

《证券法》第191条：证券交易内幕信息的知情人或者非法获取内幕信息的人违反本法第53条的规定从事内幕交易的，责令依法处理非法持有的证券，没收违法所得，并处以违法所得1倍以上10倍以下的罚款；没有违法所得或者违法所得不足50万元的，处以50万元以上500万元以下的罚款。单位从事内幕交易的，还应当对直接负责的主管人员和其他直接责任人员给予警告，并处以20万元以上 200 万元以下的罚款。国务院证券监督管理机构工作人员从事内幕交易的，从重处罚。

参与内幕信息交易行为，不仅会没收违法犯罪所得，还需要缴纳罚款，不仅影响自己的前途，还会牵连主管和其他责任人员，得到的绝不会比付出的更多。脚踏实地、诚实守信才是立足之本。

思政要点： 培养学生树立知法懂法、诚实守信的人生观、价值观。

（四）证券交易相关机构

1. 证券交易所

证券交易所履行自律管理职能，应当遵守社会公共利益优先原则，维护市场的公平、有序、透明。设立证券交易所必须制定章程。证券交易所章程的制定和修改，必须经国务院证券监督管理机构批准。证券交易所必须在其名称中标明"证券交易所"字样。其他任何单位或者个人不得使用证券交易所或者近似的名称。

2. 证券公司

设立证券公司，应当具备下列条件，并经国务院证券监督管理机构批准：①有符合法律、行政法规规定的公司章程；②主要股东及公司的实际控制人具有良好的财务状况和诚信记录，最近三年无重大违法违规记录；③有符合本法规定的公司注册资本；④董事、监事、高级管理人员、从业人员符合本法规定的条件；⑤有完善的风险管理与内部控制制度；⑥有合格的经营场所、业务设施和信息技术系统；⑦法律、行政法规和经国务院批准的国务院证券监督管理机构规定的其他条件。未经国务院证券监督管理机构批准，任何单位和个人不得以证券公司名义开展证券业务活动。

3. 证券登记结算机构

证券登记结算机构为证券交易提供集中登记、存管与结算服务，不以营利为目的，依法登记，取得法人资格。设立证券登记结算机构必须经国务院证券监督管理机构批准。

4. 证券服务机构

会计师事务所、律师事务所以及从事证券投资咨询、资产评估、资信评级、财务顾问、信息技术系统服务的证券服务机构，应当勤勉尽责、恪尽职守，按照相关业务规则为证券的交易及相关活动提供服务。

5. 证券业协会

证券业协会是证券业的自律性组织，是社会团体法人。证券公司应当加入证券业协会。证券业协会的权力机构为全体会员组成的会员大会。

6. 证券监督管理机构

国务院证券监督管理机构依法对证券市场实行监督管理，维护证券市场公开、公平、公正，防范系统性风险，维护投资者合法权益，促进证券市场健康发展。

思维导图实训8-7

证券法简介

请同学们结合"证券法简介"相关知识点，参考以下作品进行分组训练。

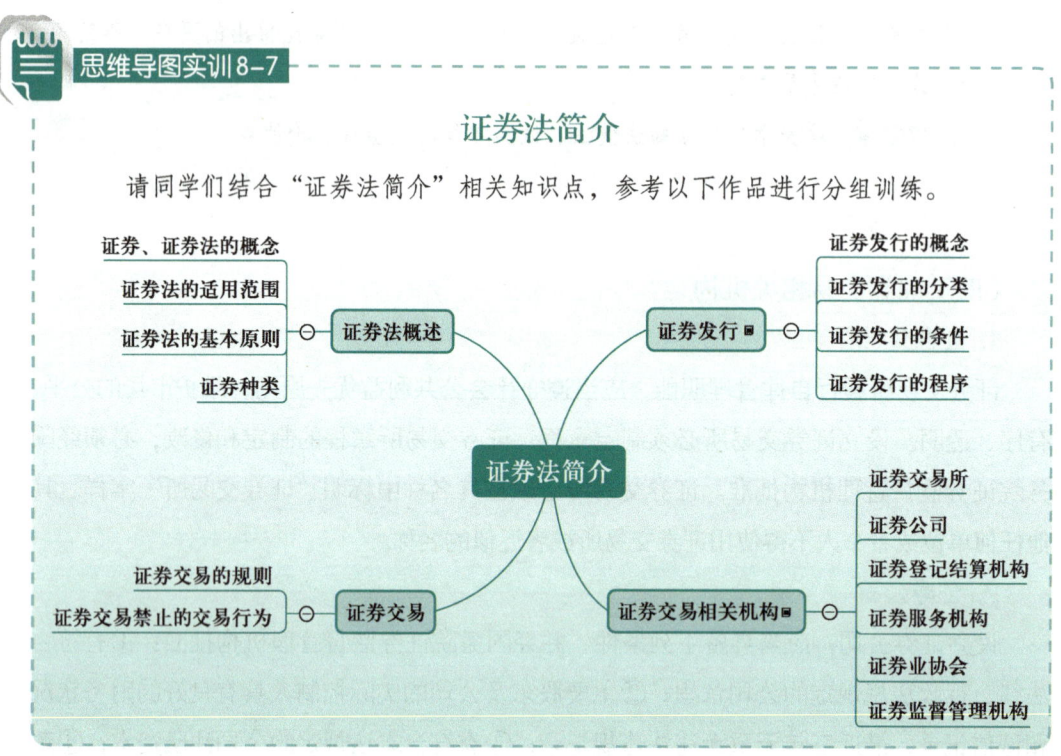

二、保险法简介

（一）保险法概述

1. 保险法的概念

保险法的制定，是为了规范保险活动，保护保险活动当事人的合法权益，加强对保险业的监督管理，维护社会经济秩序和社会公共利益，促进保险事业健康发展。1995年6月第八届全国人民代表大会常务委员会第十四次会议通过《中华人民共和国保险法》（简称《保险法》），同年10月1日正式施行。现为经历了2002年、2009年、2014年、2015年4次修正后的版本。包括总则、保险合同、保险公司、保险经营规则、保险代理人和保险经纪人、保险业监督管理、法律责任、附则共8章内容。在中华人民共和国境内从事保险活动，适用保险法。

2. 保险的概念

保险，是指投保人根据合同约定，向保险人支付保险费，保险人对于合同约定的可能发生的事故因其发生所造成的财产损失承担赔偿保险金责任，或者当被保险人死亡、伤残、疾病或者达到合同约定的年龄、期限等条件时承担给付保险金责任的商业保险行为。

3. 保险的分类

根据保险标的性质不同，分为人身保险与财产保险。人身保险是以人的寿命和身体为保险标的的保险。财产保险是以财产及其有关利益为保险标的的保险。

根据保险人承担责任的次序不同，分为原保险与再保险。保险人对被保险人因保险事故所造成的损失承担直接的、原始的赔偿责任的，为原保险。保险人将其承担的保险业务，以分保形式部分转移给其他保险人的，为再保险。

根据实施的形式不同，分为强制保险与自愿保险。强制保险是指根据法律规定而强制实施的保险。自愿保险是指保险人与被保险人之间的保险关系是完全建立于当事人自由意志之上的。

微课：
《保险法》
司法解释要
点解读

随堂练习 8-17

保险，是指（   ）根据合同约定，向（   ）支付保险费，保险人对于合同约定的可能发生的事故因其发生所造成的财产损失承担赔偿保险金责任，或者当被保险人死亡、伤残、疾病或者达到合同约定的年龄、期限等条件时承担给付保险金责任的（   ）。

A. 投保人，保险人，商业保险行为　　B. 投保人，保险人，商业行为
C. 保险人，投保人，商业保险行为　　D. 投保人，保险人，保险行为

（二）保险法的基本原则

保险法的基本原则贯穿于保险法之中，是人们在保险活动中必须遵循的根本准则。主要有最大诚信原则、保险利益原则、损失补偿原则、近因原则。

1. 最大诚信原则

（1）最大诚信原则的定义。最大诚信原则，是指民法中的诚信原则在保险法中的体现，要求保险活动当事人要向对方充分而准确地告知和保险相关的重要事实。

（2）最大诚信原则的基本内容。包括告知、保证、弃权和禁止反言。告知是指在合同订立之前、订立时及订立后的有效期内，双方当事人应如实申报、陈述重要事实。保证是指投保人或被保险人对在保险期限内的特定事项作为或者不作为向保险人所做的承诺或者担保。弃权是指保险人放弃因保险人或被保险人违反告知或者保证义务而产生的

保险合同解除权。禁止反言是指保险人如果放弃自己的权利,将来不得反悔再向对方主张已经放弃的权利。

2. 保险利益原则

（1）保险利益原则的含义。保险利益原则又称可保利益或可保权益,指投保人或被保险人基于对保险标的上的某种权益,而能享有的财务利益。

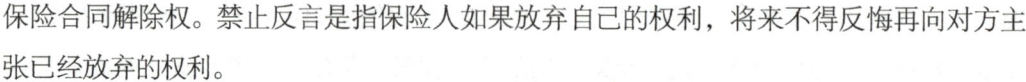

我们去北京游览了故宫博物院后,出于爱护国家财产的动机,自愿交付保险费为故宫投保。想一想,这份保单有效吗?

（2）保险利益原则的意义。保险利益原则的使用可以有效防止和遏制投机行为的发生;保险利益原则的适用是防止道德危险的必备要件;获得和所受损失不相称的利益,将损害保险人的合法利益,更深层次将否认或是减损保险活动的价值。

3. 损失补偿原则

（1）损失补偿原则的含义。损失补偿原则是指保险事故造成保险标的毁损,被保险人遭受的实际经济损失,保险公司应当承担补偿损失的责任。

（2）损失补偿原则的内容。赔偿金额应公平合理、合法合情,并应征得被保险人的同意;损失价值的估计,应以发生危险事故的当时当地市价估计为准则;当损失价值无法估计,或当事人之间出现意见分歧时,可以采用恢复原状或其他方式进行补偿。

4. 近因原则

（1）近因原则的含义。指造成损失是由保险合同中约定的保险事故导致的,且约定保险事故是造成损失的最为直接、最为关键的原因。

（2）近因原则的适用。保险损失由一系列原因引起,则前一原因（即诱因）是否构成"近因"应判断各原因之间是否存在因果关系及性质。多个致损原因,其中对保险事故的发生起直接的、决定性作用的原因是近因。多个致损原因共同作用导致保险事故,则多个原因均是近因。

随堂练习 8-18

保险事故发生后,投保人、被保险人或者受益人以伪造、变造的有关证明、资料或者其他证据,编造虚假的事故原因或者夸大损失程度的,保险人的处理方法是（　　）。

A. 不予赔偿并追究其民事责任

B. 终止保险合同并退还保险费

C. 对其虚报的部分不承担赔偿或者给付保险金的责任

D. 不予赔偿并追究其刑事责任

（三）保险合同

1. 保险合同的概念

保险合同是投保人与保险人约定保险权利义务关系的协议。投保人是指与保险人订立保险合同，并按照合同约定负有支付保险费义务的人。保险人是指与投保人订立保险合同，并按照合同约定承担赔偿或者给付保险金责任的保险公司。

2. 保险合同的履行

保险合同的履行包括保险人、投保人和被保险人的合同权利和义务的履行。

（1）保险人的权利和义务。

保险人的权利如下：①对保险标的的检查、建议权；②投保人、被保险人违约时的增加保险费或合同解除权；③经被保险人同意采取安全预防措施权；④危险增加而增加保险费或合同解除权；⑤代位赔偿请求权。除合同有相反约定外，保险标的部分损失时，保险人有权终止合同。保险人终止合同的，应提前 15 日通知投保人并退还相应的保险费。

保险人的义务如下：①说明告知合同内容、免责条款等的义务；②赔偿和给予保险金的义务；③及时签单的义务；④对于被保险人的任何信息和涉及保险条款相关协定内容等的保密义务。其中承担保险赔偿（给付）的义务是保险人依照法律规定和合同约定所承担的最重要、最基本的义务，也是保险人履行保险合同义务的具体体现。

（2）投保人的权利和义务。

投保人的权利如下：①请求保险人说明保险条款的权利；②合同变更请求权；③投保人在寿险保单权益未转移前享有保单所有人权益，包括现金价值处置权和合同被解除受领退保金权利；④红利选择权；⑤保单效力维持途径选择权；⑥复效请求权；⑦有条件指定和变更受益人的权利。

投保人的义务如下：①如实告知的义务；②按约缴付保险费义务；③危险增加通知义务；④重复保险通知义务；⑤建议被保险人维护标的安全义务；⑥出险通知义务；⑦提供事故证明、资料的义务；⑧其他应履行的义务。

（3）被保险人的权利和义务。

被保险人的权利如下：①决定保险合同是否有效；②指定或变更受益人；③在某些情况下被保险人享有保险金受益权。

被保险人的义务如下：①投保前进行如实告知的义务；②保险事故通知义务；③提供保险事故理赔相关证明、资料的义务；④危险增加或减少通知义务；⑤防灾防损和施救义务；⑥协助保险人行使保险代位权义务。

（四）保险公司

1. 保险公司的设立条件

设立保险公司应当具备下列条件：①主要股东具有持续盈利能力，信誉良好，最近3年内无重大违法违规记录，净资产不低于人民币2亿元；②有符合本法和《中华人民共和国公司法》规定的章程；③有符合本法规定的注册资本；④有具备任职专业知识和业务工作经验的董事、监事和高级管理人员；⑤有健全的组织机构和管理制度；⑥有符合要求的营业场所和与经营业务有关的其他设施；⑦法律、行政法规和国务院保险监督管理机构规定的其他条件。

2. 保险公司的设立程序

（1）提出申请。提出设立保险公司的申请，需要提交书面申请书和相关申请材料。

（2）审查。国务院保险监督管理机构在受理之日起6个月内，作出是否批准的决定。

（3）筹建。申请人收到筹建通知后在1年内完成筹建工作，筹建期间不得从事保险业务。

（4）正式开业申请。申请人在完成筹建后正式向国务院保险监督管理机构提出开业申请，国务院保险监督管理机构自受理之日起60内给予答复。

（5）批准。国务院保险监督管理机构批准开业，并颁发经营保险业务许可证。

（6）工商登记。保险公司在取得经营保险业务许可证之日起6个月内，向工商行政管理部门办理登记。

3. 保险公司的业务范围

（1）人身保险业务，包括人寿保险、健康保险、意外伤害保险等保险业务。

（2）财产保险业务，包括财产损失保险、责任保险、信用保险、保证保险等保险业务。

（3）国务院保险监督管理机构批准的与保险有关的其他业务。

4. 保险公司分业经营规则

保险人不得兼营人身保险业务和财产保险业务。但是，经营财产保险业务的保险公司经国务院保险监督管理机构批准，可以经营短期健康保险业务和意外伤害保险业务。保险公司应当在国务院保险监督管理机构依法批准的业务范围内从事保险经营活动。

思维导图实训 8-8

保险法简介

请同学们结合"保险法简介"相关知识点，参考以下作品进行分组训练。

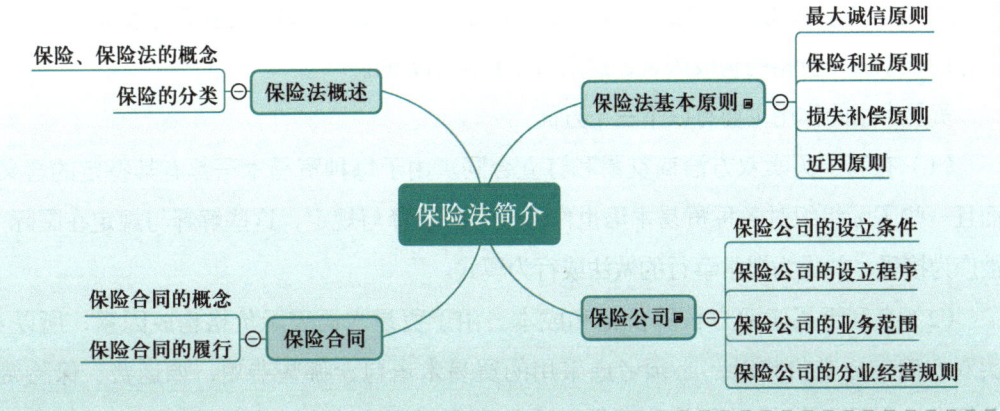

综合案例分析 8-4

2010年8月，王某为丈夫投保了5万元人寿保险，受益人是王某的儿子。2018年3月，王某与丈夫因感情破裂离婚，经法院判决，儿子由王某抚养。离婚后，王某与前夫各自都建立了新的家庭。2019年12月，王某的前夫因意外事故去世，王某得知后向保险公司提出了给付保险金的申请。保险公司认为王某离婚后对前夫已不再具有保险利益，保险合同失效，因此拒赔。

请回答以下问题：

（1）保险公司拒赔的理由是否成立？为什么？

（2）本案应如何处理？为什么？

模块五　国际贸易术语简介

一、国际贸易术语概述

（一）国际贸易术语的含义与作用

贸易术语（Trade Term）又称价格条件、价格术语，是进出口商品价格的一个重要组

微课：
国贸谈判代表讲述中美贸易顺差和逆差

成部分。贸易术语是在长期的国际贸易实践中产生的,是用一个简短的概念或英文字母的缩写,来说明交货地点、商品的价格构成和买卖双方各自办理的手续、承担的有关费用及风险和货物所有权转移的界限。

不同的贸易术语表明买卖双方各自承担不同的责任、费用和风险,而责任、费用和风险的大小又影响成交产品的价格。贸易术语具有两重性,即一方面表示交货条件,另一方面表示成交价格的构成因素,这两者是紧密相关的。

贸易术语的作用主要有以下三个方面:

(1)有利于买卖双方洽商交易和订立合同。由于每种贸易术语都有其特定的含义,而且一些国际组织对各种贸易术语也作了统一的解释与规定,这些解释与规定在国际上被广为接受,并成为惯常奉行的做法或行为模式。

微课:
联合国国贸
中心执行主
任访谈

(2)有利于买卖双方核算价格和成本。由于贸易术语表示价格构成因素,所以买卖双方确定成交价格时,必须考虑采用的贸易术语包含哪些费用,如运费、保险费、装卸费、关税、增值税和其他费用。这就有利于买卖双方进行价格比较和加强成本核算。

(3)贸易术语说明了交货条件,说明买卖双方在货物交接过程中各自承担的责任、费用及风险划分问题。使用贸易术语可以简化交易程序,提高谈判效率,有利于核算价格和成本,同时也有利于双方争议的解决。

贸易术语的一般解释已成为国际惯例,在国际贸易发展过程中,被国际贸易界从业人员和法律界人士所理解和接受,从而成为国际贸易中公认的行为规范的准则,就形成了世界各国商人开展贸易的国际规则和习惯做法。

 随堂练习 8-19

国际贸易中用以表示交易双方风险、责任和费用划分及商品构成的专门用语称为(　　)。

A. 国际惯例　　　B. 贸易术语　　　C. 文字概念　　　D. 外文缩写

(二)国际惯例

有关贸易术语的国际惯例主要有以下五个:

国际法协会于 1928 年在波兰华沙制定了关于 CIF 买卖合同的统一规则,共计 22 条,称为《1928 年华沙规则》。后又经过 1930 年纽约会议、1931 年巴黎会议和 1932 年牛津会议修订为 21 条,称之为《1932 年华沙—牛津规则》。

1919年美国九个大商业团体制定了《美国出口报价及其缩写》。其后,因贸易习惯发生了很大变化,在1940年举行的美国第27届全国对外贸易会议上对该定义作了修订,并于1941年7月31日经美国商会、美国进口商协会和美国全国对外贸易协会所组成的联合委员会通过,称为《1941年美国对外贸易定义修正本》。

《2000年国际贸易术语解释通则》(The Incoterms Rules or International Commercial Terms 2000)简称"INCOTERMS 2000"或《2000通则》是国际商会(ICC)通过其各国家委员会吸取了各行业国际贸易从业者的意见和建议,经1999年7月国际商会第六次修订,自2000年1月1日起正式生效。此通则主要是力求在语言上准确反映国际贸易实务,规范13个术语,按交货地点安排分为E、F、C、D四组。

INCOTERMS 2010较INCOTERMS 2000更准确地标明各方承担货物运输风险和费用的责任条款,令船舶管理公司更易理解货物买卖双方支付各种收费时的角色,有助于避免如今贸易中经常出现的纠纷。

2019年9月10日,国际商会在法国巴黎正式向全球公布了2020年版本的《国际贸易术语解释通则》。这是现行《国际贸易术语解释通则》自2010年生效以来进行的第一次修订。新修订的《国际贸易术语解释通则》将自2020年1月1日起生效。此次公布的《国际贸易术语解释通则》由ICC起草小组进行修订,该起草小组的八名成员分别来自中国、美国、欧盟成员国、澳大利亚和土耳其。

知识拓展 8-8

国际贸易惯例与法律的关系

惯例指的是习惯做法,惯例本身不是法律,而是世界各国商人在长期贸易实践中形成的一些具有普遍意义的习惯性的做法和约定。贸易术语属于惯例。因为贸易术语本身不是法律,合同中可以作出与惯例不符的规定。但买卖双方一旦在合同中同意援引惯例,惯例就对买卖双方有法律约束力。

(三)贸易术语的分类

《2000通则》按照交货地点分为E、F、C、D四组,共13种术语(见表8-1)。

表 8-1 《2000 通则》中 13 种术语

E 组 启运	EXW	EX Works	工厂交货
F 组 主运费未付	FCA	Free Carrier	货交承运人
	FOB	Free On Board	装运港船上交货
	FAS	Free Alongside Ship	船边交货
C 组 主运费已付	CFR	Cost and Freight	成本加运费
	CIF	Cost, Insurance, and Freight	成本、保险费加运费
	CPT	Carriage Paid To	运费付至
	CIP	Carriage and Insurance Paid To	运费、保险费付至
D 组 到达	DAF	Delivered At Frontier	边境交货
	DES	Delivered Ex Ship	目的港船上交货
	DEQ	Delivered At Quay	目的港码头交货
	DDU	Delivered Duty Unpaid	未完税交货
	DDP	Delivered Duty Paid	完税后交货

《2010 通则》将贸易术语分为适用于任何运输方式和水上运输方式的术语两大类，共 11 种术语（见表 8-2）。

表 8-2 《2010 通则》中 11 种术语

适用于任何运输方式的术语		
EXW	Ex Works	工厂交货
FCA	Free Carrier	货交承运人
CPT	Carriage Paid To	运费付至
CIP	Carriage And Insurance Paid To	运费、保险费付至
DAT	Delivered At Terminal	目的地或目的地的集散站交货
DAP	Delivered At Place	目的地交货
DDP	Delivered Duty Paid	完税后交货
FAS	Free Alongside Ship	装运港船边交货
FOB	Free On Board	装运港船上交货
CFR	Cost And Freight	成本加运费
CIF	Cost, Insurance, and Freight	成本、保险费加运费

《2020 通则》共 11 种术语，与《2010 通则》相比较的主要变化如下：

（1）DAT（Delivered at Terminal）术语已被重命名为 DPU（Delivered at Place Unloaded），这是为了反映作为目的地的交货地点可以是任何地方而不仅仅是终点。

（2）CIP 术语的默认保险险别调整为《协会货物保险条款》A 险。

（3）FCA 术语明确要求买方有义务配合签发已装船提单。

（4）FCA、DAP、DPU、DDP 允许自定义运输方式。

（5）在运输责任及费用划分条款中增加安保要求。

（6）将费用划分条款改列在各术语的 A9/B9 项，这样的改变能够使卖方和买方对各自所负担的费用一目了然。

在此次修订中，国际商会旨在通过对各个贸易术语项下规则的介绍性和解释性说明，以及对排版和术语排列顺序的变化使各个术语的内容更加清晰明确，进而鼓励使用者根据其所从事的贸易采用最合适的贸易术语，尤其是避免在非海运贸易中使用海运术语。

随堂练习 8-20

进口商要求说："请你订最好的船运货，并且是最好的航线"，可是出口商却认为因为成本骤增而拒绝这个要求，请问这个问题怎么解决？

A. 出口商不可以因为成本高而拒绝船舶和航线相关的要求。

B. 出口商可以拒绝，因为按国际惯例卖方只需负责按照通常的条件及惯驶的航线，租用常用类型的船舶即可。

（四）FOB 术语

1. FOB 贸易术语的含义

装运港船上交货价（在指定的装运港）。当卖方在指定的装运港把货装上买方定的船，或取得已如此交付的货物，就完成了它的交货任务。一旦装船，买方将承担货物灭失或损坏造成的所有风险（见表 8-3）。

表 8-3　FOB 贸易术语含义

术语	风险转移	运费	保费	出清	进清	运输方式
FOB	装运港船上	买方	买方	卖方	买方	水运

装船作业是一个连续的过程，包括货物从岸上起吊，越过船舷，装入船舱。随着现

代技术的发展,出现了滚装船等作业,使得从前的以"船舷为界"的概念趋于模糊。因此,在 INCOTERMS 2010 把风险转移界限由 Pass the Ship's Rail(船为界)改为 Shipped Board(货装上船)。

> **课堂思考 8-7**
>
> 想一想,FOB 术语中卖方可以完全不负责运输的相关事务吗?

2. 使用 FOB 术语时要注意的问题

(1)该术语卖方要按期完成装运,要与买方指定的货代打交道。因此,务必做好船和货的衔接问题,其中关键点在于及时通知。

(2)FOB 还有变形形式,分别是 FOB Liner Terms(FOB 班轮条件)、FOB Under Tackle(FOB 吊钩下交货)、FOB Stowed(FOB 包括理舱)、FOB Trimmed(FOB 包括平舱)、FOB Stowed and Trimmed(FOB 包括理舱和平舱)。需要指出的是,美国对外贸易修订本的规则类似 INCOTERMS,但 FOB 术语的用法有些不太一样,特别是 FOB Vessel 这一种指在装运港船上交货的形式。美国对外贸易定义修订本在美洲国家有较大影响,所以在与美洲国家商人做生意时要特别注意。

(五)CFR 术语

1. CFR 贸易术语的含义

CFR 术语是指成本加运费在内价,指卖方将货物交至船上,或取得已如此交付的货物,卖方完成交货。卖方必须支付将货物运至指定目的港所必需的费用和运费。CFR 术语与 FOB 术语的区别在于卖方多办了一个租船订舱手续(Chartering and Booking Space)(见表 8-4)。

表 8-4 CFR 贸易术语含义

术语	风险转移	运费	保费	出清	进清	运输方式
CFR	装运港船上	卖方	买方	卖方	买方	水运

随堂练习 8-21

CFR 贸易术语的变形主要是为了解决卸货费用的负担问题。CFR 术语的变形有四种:CFR Liner Terms(CFR 班轮条件)、CFR Landed(CFR 卸到岸上)、CFR Under Ship's Tackle(CFR 吊钩下交货)、CFR Ex Ship's Hold(CFR 舱底交货)。若采用 CFR Landed 成交,当船舶不能靠岸时,驳船费用由(　　)来承担。

A. 买方　　B. 卖方　　C. 船方　　D. 买卖双方

2. 使用 CFR 术语时要注意的问题

CFR 术语由于是卖方负责办理运输手续，买方负责投保，所以卖方在装船后必须及时向买方发出装船通知（Shipping Advice），以便买方办理投保，否则，运输途中的风险和损失将由卖方承担。

（六）CIF 术语

1. CIF 贸易术语的含义

CIF 术语是指成本加保险费、运费，卖方将货物交至船上，或取得以如此交付的货物，卖方完成交货。卖方在过程中必须支付将货物运至指定目的港所必需的运费和保险费。

卖方除了要在合同规定的时间内办理手续外，还比 CFR 术语多办了一个投保手续（Cover Marine Insurance）。CIF 合同跟 CFR 合同不同的地方在于价格要调高，因为卖方多支付了保险费，CIF 报价 =FOB+I+F（见表 8–5）。

表 8–5　CIF 贸易术语含义

术语	风险转移	运费	保费	出清	进清	运输方式
CIF	装运港船上	卖方	卖方	卖方	买方	水运

2. 使用 CIF 术语时要注意的问题

（1）风险划分点和费用划分点相分离。卖方只是负责支付到目的港的运费，但买卖双方风险划分界限仍在装运港货装上船。卖方货装船，取得已装船的海运提单，就完成了它的交货任务，货物运输过程中的风险与卖方无关。

（2）双方没约定的话，卖方负责按通常条件办理租船订舱手续。当合同未对保险事项做出明示时，卖方只需投保最低险别。

国际贸易术语使用应规范严谨

我方用 CFR 术语出口一批货物到非洲吉布提。装船后我公司业务员疏忽，未将装船通知告知买方，导致买方未及时投保，结果货物在运输途中遭遇意外事故，全部灭失。

根据本案谈谈贸易术语的使用是否应该规范严谨？

根据《2020 通则》CFR 规定："卖方必须给予买方关于货物已按规定交至船上的充分通知。"其中，充分通知的含义是指时间上及时、毫不延迟；内容上详尽。由上述分析可知，我方应该承担损失责任。

思政要点：培养学生树立严谨的工作作风、自觉遵守国际交往中的交易规则和交易习惯。

3. FOB、CIF、CFR 三种术语的异同点

相同之处是三个术语都属于装运合同，卖方都在装运港完成交货任务，风险都是货装上船由卖方转移给买方；适用的运输方式相同，都仅适用于水上运输方式；出口清关手续都由卖方办理，进口清关手续都由买方负责办理。

不同之处主要有两个方面：①价格构成不同。CFR=FOB+F（运费）；CIF=CFR+I（保险费）=FOB+F+I。②买卖双方手续办理和费用负担不同。FOB 术语买方办理运输、保险手续；CIF 术语卖方办理运输、保险手续；CFR 术语卖方办理运输手续，保险手续由买方办理。

二、国际贸易典型案例

（一）FOB 术语案例

申威公司出口 500 辆卡车，其中 40 辆是卖给新加坡的大华公司。货物抵运目的港后由承运人负责分拨，合同规定是用 FOB 并遵循国际惯例。但是申威公司的货船在船行途中遇到恶劣天气，有 50 辆卡车被冲进海中，事后申威公司宣布出售给大华公司的 40 辆卡车已在运输途中全部损失。大华公司认为申威公司未履行交货义务，要求赔偿损失，申威公司认为货物已经越过船舷，风险已转移，无须赔偿。试分析案例中的申威公司与大华公司的责任与义务。

关于 FOB 术语中风险转移点，FOB 术语指出，当卖方在指定的装运港把货装上买方定的船，或取得已如此交付的货物，就完成了它的交货任务。一旦装船，买方将承担货物灭失或损坏造成的所有风险，由此申威公司拒赔的理由似乎依据很充分。本案例的关键在于货物有没有特定化，也就是说没有明确指出 500 辆车中具体哪 40 辆是大华公司的货物。如果货物进行特定化了，证明该 50 件中的 40 件是大华公司的货物，那么风险在越过船时转移至大华公司，申威公司无须赔偿。但是，在案例描述中说明，货物抵目的港后由承运人负责划分。由此看来，在货物运输途中，货物并没有特定化，不能证明 50 件损失的货物属于大华公司的货物。因此，大华公司有权力要求索赔，申威公司要承担相应责任。

随堂练习 8-22

就卖方承担的费用而言，下列属于排列顺序正确的是（　　）。
A. FOB>CFR>CIF　　B. CIF>CFR>FOB　　C. CIF>FOB>CFR　　D. FOB>CIF>CFR

（二）CIF 术语案例

大连恒源外贸公司出售一批核桃给数家英国客户，采用 CIF 术语，凭不可撤销即期信用证付款。由于核桃的销售季节性很强，到货的时间会直接影响货物的价格，因此，在合同中对到货时间作了以下规定："10 月份自中国装运港装运，卖方保证载货轮船于 12 月 2 日抵达英国目的港。如载货轮船迟于 12 月 2 日抵达目的港，在买方要求下，卖方必须同意取消合同，如货款已经收妥，则须退还买方。"合同订立后，大连恒源公司于 10 月中旬将货物装船出口，凭信用证规定的装运单据（发票、提单、保险单）向银行收妥货款。不料，轮船在航行途中，主要机件损坏，无法继续航行。为保证如期到达目的港，恒源外贸公司用重金租用大马力拖轮拖带该轮继续前进，但到货仍然较合同限定的最后日期晚了数小时。适遇核桃市价下跌，除个别客户提货外，多数客户要求取消合同。恒源外贸公司最终因这笔交易遭受重大经济损失。

试问：恒源外贸公司与英国客户所签订的合同存在什么问题？

该案例的症结在于到达日期条款。对于出口商来说，其最大错误在于由于自己疏忽同意将这一条款写进了合同。上述合同虽然是以 CIF 术语的形式订立的，但并非真正的 CIF 合同。根据 INCOTERMS 2020，CIF 的交货点在装运港船上，卖方只要在规定时间将货物装上船，就完成了交货义务，所以真正的 CIF 合同属于装运类合同，卖方无须保证货物何时到达何地。由于国际贸易术语是惯例，属于选择性约束力，当事方可以将惯例修改之后写入合同，合同规定高于惯例。本案即属此种情况：合同虽选用 CIF 术语，但同时规定货物保证到达目的港的时间，是一份有名无实的 CIF 合同。这种合同实质上是一种到货类合同。可见本案中卖方拿的是装运类的低价格，承担的却是到达类的高风险。

（三）FCA 术语案例

大兴出口企业按 FCA Shanghai Pudong Airport 条件向巴基斯坦 Arian 进口商出口手表一批，货价 5 万美元，规定交货期为 8 月份，自上海空运至卡拉奇；支付条件为买方凭由卡拉奇联合银行转交的航空公司空运到货通知即期全额电汇付款。大兴出口企业于 8

月 31 日将该批手表运到上海浦东机场交由航空公司收货并出具航空运单，出口企业随即用 E-mail 向巴商发出装运通知。航空公司于 9 月 2 日将该批手表空运到卡拉奇，并将到货通知连同有关发票和航空运单送卡拉奇联合银行。该银行立即通知巴商前来收取上述到货通知等单据并电汇付款。此时，国际市场手表价下跌，巴商 Arian 以大兴出口企业交货延期，拒绝付款、提货。大兴出口企业则坚持对方必须立即付款、收货。双方争执不下，遂提请仲裁。

假如你是仲裁员，你认为应如何处理？请说明理由。

根据 INCOTERMS 2020 对 FCA 的解释，卖方只要将货物交至承运人即完成交货义务，并不负责货物何时运到目的地。本案例中出口企业已于最迟交货期之前将货物运至承运人所在地，因此已完成交货义务，并未延期，因此仲裁员应裁决出口企业胜诉。

思维导图实训 8-9

国际贸易术语简介

请同学们结合"国际贸易术语简介"相关知识点，参考以下作品进行分组训练。

国际贸易术语
- 国际贸易术语的作用
  - 有利于洽谈
  - 有利于核算价格
  - 划分风险与责任
- 国际惯例
  - 《1928年华沙规则》
  - 《1941年美国对外贸易定义修正本》
  - INCOTERMS 2000（分为E、F、C、D四组，共13种）
  - INCOTERMS 2010（按运输方式分类，共11种）
  - INCOTERMS 2020（共11种术语）
- 常见的贸易术语
  - FOB 装运港船上交货
  - CIF 成本+保险费+运费
  - CFR 成本+运费
  - FCA 货交承运人
  - CPT 运费付至
  - CIP 运费、保险费付至

综合案例分析 8-5

XYZ 出口企业以 CIF New York 与美国 CICI 公司订立了 200 套家具的出口合同。合同规定某年 12 月交货。11 月底，ZYX 企业出口商品仓库发生雷击火灾，致使一半左右的出口家具烧毁。XYZ 企业以发生不可抗力事故为由，要求免除交货责任，美方 CICI 公司不同意，坚持要求 XYZ 企业按时交货。XYZ 无奈经多方努力，于次年 1 月初交货，此时 CICI 公司要求索赔。

请回答以下问题：

（1）XYZ 企业要求免除交货责任的要求是否合理？为什么？

（2）美国 CICI 公司的索赔要求是否合理？为什么？

【后疫情时代中的经济法】

1. 受新冠肺炎疫情影响，部分企业可能无法正常进行纳税申报或无力缴纳税款，请问税务部门都有哪些措施解决？

【要点提示】 对受新冠肺炎疫情影响，不能按期办理纳税申报的中小企业，依法准予延期申报；符合延期缴纳税款条件的，依法准予延期缴纳税款，最长期限不超过 3 个月；对受疫情影响，不能在承诺期限内补齐"承诺制"容缺办理税务注销登记资料的，依法准予延长承诺期限等。

2. 关于新冠状肺炎的疾病诊断和治疗方法能通过专利的申请吗？

【要点提示】 不可以。我国《专利法》第 25 条规定，对于疾病诊断和治疗方法将不授予专利权。但是，对于疾病诊断和治疗而发明的各种仪器设备可以授予专利权。

3. 新冠肺炎疫情让人措手不及，在疫情过后也让不少人意识到了保险的重要性，我们该如何配置保险呢？

【要点提示】 理财专家建议，在保障对象上，要先成人后小孩；在保险产品上，要先保障后储蓄（养老或教育金）；在保险范围上，要先保人后保财，因为人是财产的创造者，所以首先要完善人的保障，然后再给自己的家庭财产上保险。

【同步练习】

一、单选题

1. 甲公司向乙公司购买货物，收到乙公司发来的货物后，将出票人为丙公司、收款人为甲公司的商业汇票背书转让给乙公司以抵顶货款。上述行为充分体现了票据的（　　）。

　　A. 支付功能　　B. 信用功能　　C. 结算功能　　D. 融资功能

2. 根据《税收征收管理法》的规定，对于生产经营规模较小又确无建账能力，经主管税务机关审核批准可以不设置账簿的小型纳税人，应采用的征收方式是（　　）。

A. 查定征收　　B. 查验征收　　C. 代收代缴　　D. 定期定额征收

3. 下列行为中不视为侵犯专利权的是（　　）。

　　A. 为生产经营的目的使用不知是假冒的专利产品

　　B. 购进假冒的专利产品再进行销售的

　　C. 在专利人的专利申请日以前从事相同产品的制造，在专利授权后扩大该产品的生产规模

　　D. 专为科学实验的目的使用他人的专利

4. 广告法的使用范围是（　　）。

　　A. 广告主　　B. 广告经营者　　C. 广告发布者　　D. 以上都是

5. 下列不属于《电子商务法》所称的电子商务经营者的是（　　）。

　　A. 某微商通过在朋友圈卖货经营

　　B. 某物流公司与淘宝卖家合作做货物运输经营

　　C. 某公司自己建立网站做汽车零配件销售

　　D. 某同学在抖音上做直播销售货物

6. 作为我国的电子商务经营者，以下各项不是义务的是（　　）。

　　A. 依法纳税　　　　　　　　B. 把营业执照放置在页面

　　C. 小额交易不开发票　　　　D. 终止电商业务的，提前30天公示

7. 某上市公司高层管理人员得知公司即将实行资产重组，便令其妻购入公司股票，3个月后抛出，获利丰厚。该行为属于（　　）。

　　A. 欺诈客户　　B. 虚假陈述　　C. 内幕交易　　D. 操纵市场

8. 关于保险合同是否成立，下列说法正确的是（　　）。

　　A. 保险人签发了保险单，保险合同方可视为成立

　　B. 只要投保人按规定填写了投保单，保险合同即可视为成立

　　C. 只有投保人交付了保险费，保险合同方可视为成立

　　D. 投保人提出保险要求，经保险人同意承保，并就合同的条款达成一致，保险合同即可视为成立

9. 就卖方承担的风险而言（　　）。

　　A. CIF 比 CFR 大　　　　　B. CIF 与 CFR 相同

　　C. CIF 比 CFR 小　　　　　D. 有时 CIF 大，有时 CFR 大

10. FOB 与 CRF 术语的主要区别在于（　　）。

　　A. 风险划分的界限不同

　　B. 办理运输的责任方不同

C. 办理货运保险的责任方不同

D. 办理进、出口通关手续的责任方不同

二、多选题

1. 票据权利是指持票人向票据债务人请求支付票据金额的权利。该权利包括（   ）。

   A. 付款请求权   B. 追索权

   C. 更改非主要记载事项权   D. 委托签章权

2. 根据《税收征收管理法》的规定，税务机关在税款征收中，根据不同情况，有权采取的措施有（   ）。

   A. 加收滞纳金   B. 责令提供纳税担保

   C. 采取强制执行措施   D. 吊销营业执照

3. 工程师李某在甲公司的职责是研发计算机键盘。下列说法错误的是（   ）。

   A. 李某利用下班时间研发的新键盘的专利申请权属于甲公司

   B. 李某没有利用甲公司物质技术条件研发的新键盘，其专利申请权属于李某

   C. 李某利用单位物质技术条件研发出的新型手机，其专利申请权属于李某

   D. 如果李某辞职后到乙公司研发新键盘，其专利申请权属于乙公司

4. （   ）广告不可以利用中小学生和幼儿的教材、教辅材料、练习册、文具、教具、校服、校车等发布或者变相发布广告。

   A. 培训   B. 食品   C. 公益   D. 教辅材料

5. 下列属于《电子商务法》所称的电子商务经营者的有（   ）。

   A. 某电子商务平台

   B. 某司机通过滴滴打车平台提供出租车服务

   C. 某同学利用朋友圈做跨国代购

   D. 某同学自建网站进行产品销售

6. 作为电子商务平台经营者的淘宝，对在其平台上开店的商户的行为中符合法律规定的是（   ）。

   A. 核查与登记主体身份

   B. 根据消费者的兴趣推荐商品和服务

   C. 对侵害消费者生命健康的商品，承担相应的连带责任

   D. 将不利于商家的用户评价删除

7. 证券法的调整对象包括（   ）。

A. 证券发行关系　　　　　　B. 证券交易关系
C. 上市公司经营关系　　　　D. 证券监管关系

8. 人身保险合同中，保险人不承担保险金给付责任的情形有（　　　）。
A. 被保险人故意犯罪导致的自身残废
B. 第三人的行为导致被保险人死亡，受益人放弃追偿权的
C. 被保险人因车祸受伤
D. 受益人为获得保险金而杀害被保险人

9. FOB 贸易术语的变形是（　　　）。
A. FOB 班轮条件　　　　　　B. FOB 包括平舱、理舱
C. FOB 包括理舱　　　　　　D. FOB 吊钩下交货

10. 下列贸术语中由卖方承担运费的有（　　　）。
A. FOB　　　B. CFR　　　C. CIP　　　D. CIF

三、判断题

1. 持票人不能出示拒绝证明、退票理由书或者未按照规定期限提供其他合法证明的，丧失对所有前手的追索权。（　　　）

2. 企业所得税的征收管理，适用《税收征收管理法》。（　　　）

3. 某面包店开业之初，为扩大影响力，出钱雇人排队抢购，这样的销售盛况也频频出现在各网络平台上，附近同类店家生意随之惨淡，这样的行为已经构成了虚假宣传。（　　　）

4. 广告中可以使用"国家级""最高级""最佳"等用语，以达到最佳的宣传效果。（　　　）

5. 在电商交易过程中，因为物流公司的原因致使货物损坏了，导致消费者没能收到完整的货物，责任应该由物流公司承担。（　　　）

6. 淘宝平台以及平台内经营者，可以根据情况删除用户的评价信息。（　　　）

7. 设立证券公司不用经金融监管部门批准即可。（　　　）

8. 在没有指定受益人的情况下，保险金可作为被保险人的遗产。（　　　）

9. 如果买方想采用铁路运输，愿意办理出口手续并承担其中的费用，买方可以采用 FCA 贸易术语。（　　　）

10. 按照 CIF 术语成交时，卖方承担的风险转移在先，而责任和费用转移在后。（　　　）

参考文献

[1] 华本良.经济法概论[M].7版.大连：东北财经大学出版社，2019.

[2] 潘慧明，吴红玲.经济法[M].4版.杭州：浙江大学出版社，2019.

[3] 刘旭东，赵红梅.金融法规概论[M].2版.北京：高等教育出版社，2016.

[4] 韩雪琴，李梦钧.经济法概论[M].4版.大连：东北财经大学出版社，2017.

[5] 孙长坪.经济法律基础与实务[M].2版.北京：高等教育出版社，2015.

[6] 财政部会计资格评价中心.经济法基础[M].北京：经济科学出版社，2019.

[7] 中国注册会计师协会.经济法[M].北京：中国财政经济出版社，2019.

[8] 孙祥和.电子商务法律实务[M].2版.北京：中国人民大学出版社，2019.

[9] 徐静珍.国际贸易实务[M].4版.大连：东北财经大学出版社，2019.

[10] 李喜燕.会展法规与实务[M].武汉：华中科技大学出版社，2019.

郑重声明

高等教育出版社依法对本书享有专有出版权。任何未经许可的复制、销售行为均违反《中华人民共和国著作权法》，其行为人将承担相应的民事责任和行政责任；构成犯罪的，将被依法追究刑事责任。为了维护市场秩序，保护读者的合法权益，避免读者误用盗版书造成不良后果，我社将配合行政执法部门和司法机关对违法犯罪的单位和个人进行严厉打击。社会各界人士如发现上述侵权行为，希望及时举报，本社将奖励举报有功人员。

反盗版举报电话　　（010）58581999　58582371　58582488
反盗版举报传真　　（010）82086060
反盗版举报邮箱　　dd@hep.com.cn
通信地址　　北京市西城区德外大街4号
　　　　　　高等教育出版社法律事务与版权管理部
邮政编码　　100120

防伪查询说明

用户购书后刮开封底防伪涂层，利用手机微信等软件扫描二维码，会跳转至防伪查询网页，获得所购图书详细信息。用户也可将防伪二维码下的20位密码按从左到右、从上到下的顺序发送短信至106695881280，免费查询所购图书真伪。

反盗版短信举报

编辑短信"JB，图书名称，出版社，购买地点"发送至10669588128

防伪客服电话

（010）58582300

资源服务提示

方式一：

访问国家精品开放课程共享平台——爱课程网（http://www.icourses.cn），以前未在本网站注册的用户，请先注册。用户登录后，在"中国大学MOOC"频道搜索本书对应课程"经济法"（主持人：黄亚宇）进行在线学习。

方式二：

授课教师如需获得本书配套辅教资源，可致电资源服务支持电话，或电邮至指定邮箱，申请获得相关资源。

资源服务支持电话：010-58581854　邮箱：songchen@hep.com.cn

全国高职经管论坛QQ群：101187476